《Do it! 건축 BIM을 위한 Revit 입문》
예제 미리 보기

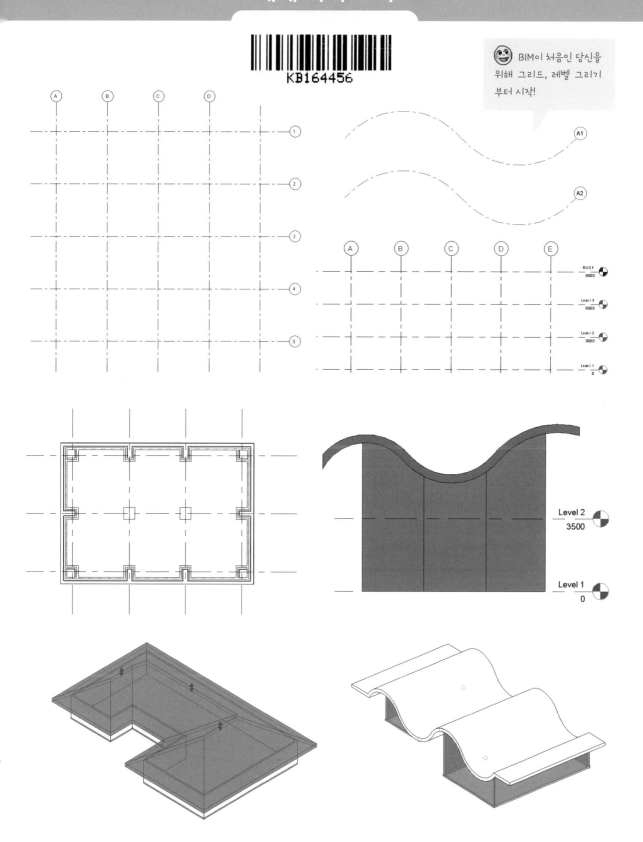

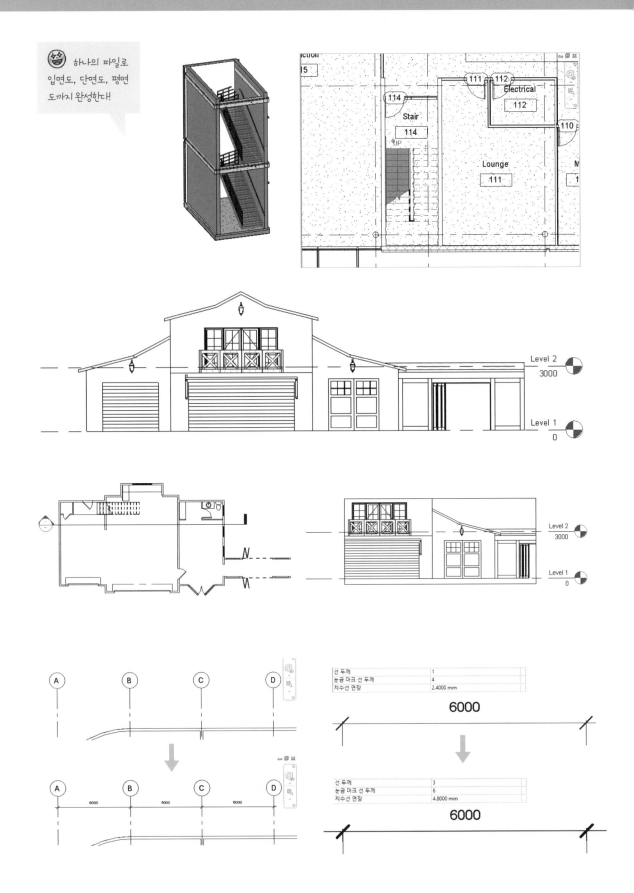

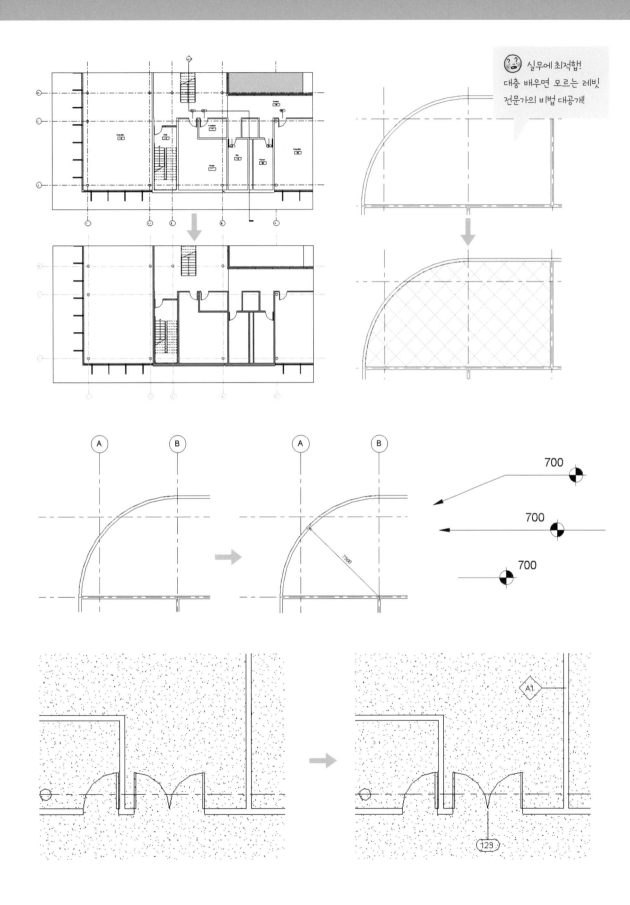

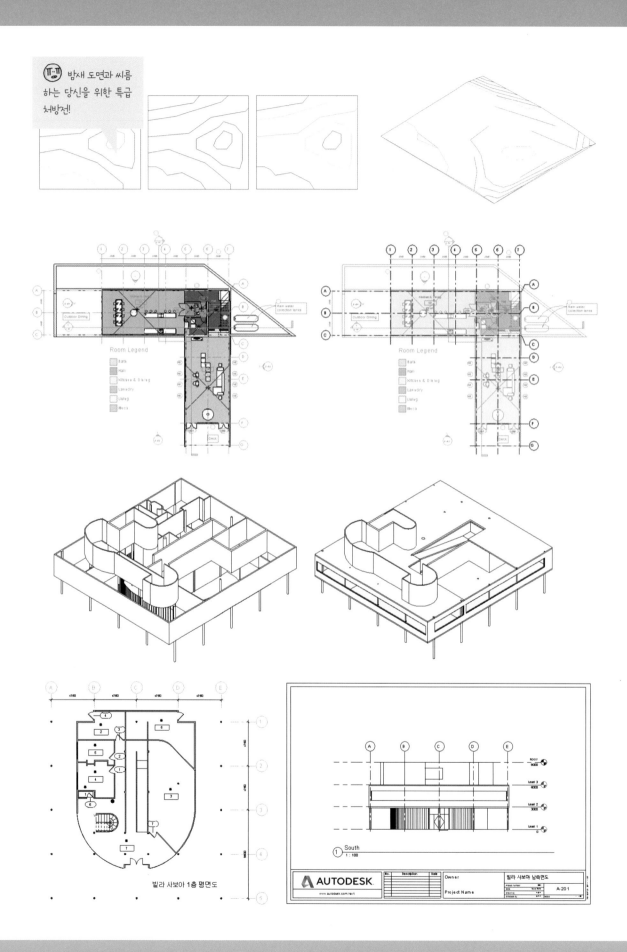

Room Legend

Bath
Hall
Kitchen & Dining
Lavadry
Living
Deck

빌라 사보아 1층 평면도

AUTODESK.
www.autodesk.com/revit

South
1 : 100

빌라 사보아 남측면도

A-201

세상의 속도를
따라잡고 싶다면

Do it!

건축 BIM을 위한

Revit 입문

그리드부터 **실전 프로젝트**까지 **7일 완성!**

모든 버전 가능!

레빗 2014부터
2024까지!

장동수 지음

이지스 퍼블리싱

세상의 속도를 따라잡고 싶다면 **Do it!**
변화의 속도를 즐기게 될 것입니다.

Do
it!

Do it!
건축 BIM을 위한 Revit 입문

개정판 발행 • 2020년 5월 12일
개정판 3쇄 • 2024년 3월 4일

지은이 • 장동수
펴낸이 • 이지연
펴낸곳 • 이지스퍼블리싱(주)
출판사 등록번호 • 제313-2010-123호
주소 • 서울특별시 마포구 잔다리로 109 이지스빌딩 4층
대표 전화 • 02-325-1722 | **팩스 •** 02-326-1723
홈페이지 • www.easyspub.co.kr | **페이스북 •** www.facebook.com/easyspub
Do it! 스터디룸 카페 • cafe.naver.com/doitstudyroom | **인스타그램 •** instagram.com/easyspub_it

총괄 • 최윤미 | **기획 및 책임 편집 •** 이수진, 유신미 | **교정교열 •** 강민철, 박진영 | **표지 및 내지 디자인 •** 트인글터
마케팅 • 박정현, 한송이, 이나리 | **베타테스트 •** 강소라, 신진욱, 이재익
인쇄 • 보광문화사 | **독자지원 •** 오경신 | **영업 및 교재 문의 •** 이주동, 김요한(support@easyspub.co.kr)

ISBN 979-11-6303-160-4 13000
가격 22,000원

앞서 가는 방법의 비밀은
시작하는 것이다.

The secret of getting ahead is
getting started.

마크 트웨인
Mark Twain

캐드 장인(匠人)은 그만!
이제는 레빗으로 설계하는 시대가 온다

"설계 도중 기둥 사이즈가 바뀌었다!" 당신이 캐드로 설계하고 있었다면 각 층 평면도를 수정하고 이에 맞춰 단면도와 입면도, 부분 평면도, 3D 모델링까지 수정해야 합니다. 하지만 만약 당신이 레빗으로 설계한다면? 간단한 모델링 수정만으로도 모든 도면이 수정됩니다! 똑똑한 레빗이 수정된 기둥 정보를 모든 도면에 자동으로 적용해 주기 때문이죠. 이렇게 알아서 고쳐주니 작업 능률도 높아지고 '혹시 실수로 수정을 빼먹으면 어쩌지'하는 걱정도 하지 않아도 됩니다.

제도판에 도면을 그려본 적 있나요? 그야말로 '장인 정신'으로 하나하나 손으로 그려야 했죠. 제도판에서 벗어나 캐드로 컴퓨터에 도면을 그릴 때는 어땠나요? 마우스로 그린 선은 복사만 하면 그대로 옮겨져 작업 속도가 눈부시게 빨라졌습니다. 이렇게 손으로 제도판에 도면을 그리던 때 컴퓨터로 도면을 그리는 프로그램인 오토캐드(AutoCAD)는 가히 혁신적이었습니다. 하지만 이젠 건축계에 새로운 바람이 불고 있습니다. 바로 BIM(Building Information Modeling)입니다. 그리고 그 중심에는 BIM을 실현하는 프로그램인 레빗(Revit)이 있습니다.

실무 최전선에서 검증받은
초보자가 꼭 알아야 할 10가지!

레빗에는 수많은 기능이 있습니다. 그리고 대부분의 책들은 이 많은 기능을 모두 담아 이미 가득 찬 초보자들의 머릿속에 넣으려 애씁니다. 가장 중요한 내용은 미처 다 소화하지도 못했는데 말이죠. 그로 인해 배워도 배운 것 같지 않고 막상 실무에서 대면하면 막막했던 사람이 한둘이 아닐 것입니다.
하지만 이 책은 다릅니다. 10년이 넘게 레빗을 사용한 끝에 얻은 경험을 토대로 실무 최전선에서 검증받은 내용만 선별해 '초보자가 우선적으로 알아야 할 10가지'를 담았습니다. 실무에서 곧바로 레빗을 다룰 사람들에게 했던 강의에서 수없이 피드백 받은 결과물이죠!

"그래서 실제로 어떻게 쓰는데?"
어디서도 들을 수 없는 실무자의 이야기!

"이론과 실제는 다르다."는 말처럼 실무에서 실제로 레빗을 사용하면 많은 시행착오와 어려움을 겪습니다. '지식'이 '경험'을 이기지 못하는 것이죠. 하지만 이 책에는 지식뿐만 아니라 국내·외 대형 설계 사무소의 레빗 매니저로서의 경험이 담겨 있습니다. [장 선배의 노트] 코너는 본문 중간 중간에 나와 실수할 수 있는 부분과 질문이 생길 것을 미리 알아채 알려주며 같은 작업이라도 효율적으로 할 수 있도록 귀띔해 주기도 합니다.

그리고 무엇보다도 현장의 목소리를 들려줍니다. 예를 들어 "건축 기둥을 만들 때 룸 경계라는 옵션은 ○○ 라는 의미인데 실무에서는 보통 체크한 상태로 사용한다."는 식이죠. 실무자에게 필요한 것은 '단순한 기능 설명'이 아니라 '그래서 실무에선 어떻게 사용하는가'라는 걸 제가 누구보다 잘 알기 때문입니다. 어디서 들을 수도 찾을 수도 없는 현장의 목소리는 이 책으로 레빗을 배우는 내내 친절한 '장 선배'가 되어줄 것입니다.

캐드를 몰라도 BIM을 몰라도 OK!
기초를 넘어 거장의 작품을 내 손으로!

이 책은 BIM의 'B'자도 몰라도 볼 수 있습니다. 본격적인 프로그램을 배우기에 앞서 BIM과 레빗에 관해 많은 사람들이 오해하고 혼동하는 개념을 잡아주기 때문입니다. 이뿐만 아니라 캐드를 배운 적이 없어도 시작할 수 있습니다. 이 책은 캐드를 모르는 사람이 본다는 전제로 쓰여서 아주 기초적인 마우스 다루는 방법부터 시작합니다. 그리드부터 하나하나 그리기 시작해 실습을 따라하다 보면 어느덧 레빗으로 번듯한 도면을 만들 수 있지요.

어디 기초 예제뿐인가요? 각 장의 끝에는 현대 건축의 걸작 '빌라 사보아(Villa Savoye)'를 직접 내 손으로 만들어 보는 [도전! 미션] 코너도 있습니다. 앞에서 배운 내용을 복습하는 동시에 실제 건물에 적용해 온전히 자신의 것으로 체화시키는 것이지요. 만약 미션을 수행하다가 막힌다면? QR코드를 찍어 해답 동영상을 확인할 수 있습니다.

레빗으로 만든
빌라 사보아를
확인해 보세요!

감사의 말

먼저 이 책이 출판되도록 많은 도움을 주신 이지스퍼블리싱의 이지연 대표님과 독자의 입장에서 편집하느라 고생하셨던 이수진 편집자님께 깊은 감사의 인사를 전합니다. 또한 항상 곁에서 든든한 힘과 위로가 되어 주는 아내 혜영과 두 아들 기준, 여준, 그리고 언제나 기도와 사랑으로 품어 주시는 두 분의 어머님을 비롯한 양가 부모님과 가족에게도 특별한 감사와 사랑을 전하고 싶습니다. 마지막으로 언제나 제 삶을 선하신 계획과 능력으로 인도하시는 하나님 아버지께 이 책의 모든 영광을 드립니다.

장동수 드림

BIM이라는 밀린 숙제를 해결하는 가장 빠른 방법!

설계 소프트웨어를 오토캐드에서 레빗으로 전환하는 것은 그야말로 오래 쌓아둔 밀린 숙제이며 꼭 해결해야 하는 미션입니다. 이 책의 저자는 **BIM의 선두주자인 미국 유수의 대형 설계 사무소에서 레빗으로의 설계 시스템 전환을 경험한 자신의 최신 경험을 쉽게 엮어냈습니다.** 기존에 기능만 나열한 책과 차원이 다른 이 책은 레빗으로의 첫 걸음을 떼게 해줄 것입니다!

- (주)희림종합건축사사무소 전무이사 **유혜정**

국내를 넘어 미국까지 섭렵한 전문가에게 배우세요!

BIM을 아는 사람은 꽤 있습니다. 하지만 BIM에서 중요한 것은 '얼마나 많은 프로젝트에서 사용해 봤느냐' 입니다. 이 책의 저자는 BIM이 생소하던 시기부터 독학으로 시작해 **국내 대형 설계사무소를 넘어 미국 굴지의 대형 설계사무소까지 날아가 디자이너부터 레빗/BIM 매니저까지 경력을 두루 갖춘 전문가 중의 전문가입니다.** 이런 저자에게 살아있는 BIM의 매력을 배우는 건 더없이 좋은 기회입니다.

- Adrian Smith and Gordon Gill Architecture 미국 건축사 **김창훈**

오토캐드 신봉자에게 레빗을 가르친 고수 중의 고수!

저자는 RTKL과 같은 대형 건축사무소에서 일하며 레빗을 가르쳤습니다. **20-30년 간 오토캐드만 신봉했던 최고참들에게도 가르쳐 줄 정도이니 '고수 중의 고수'**라고 할 수 있겠죠. 이미 레빗 열풍이 시작된 미국처럼 한국에도 곧 '레빗 앓이'가 시작될 것입니다. 실무에서 레빗을 준비 중인 모든 분들이 마땅히 소장해야 할 지침서로서 적극 추천합니다!

- Goettsch Partners 친환경인증 기술사 **알렉스 강**

레빗의 정수를 담은 진정한 기본서!

레빗은 그 기초를 제대로 이해하지 않고 무턱대고 달려들면 협업의 극대화는커녕 오히려 캐드보다도 작업의 효율성이 떨어질 수 있습니다. 하지만 이 책은 **기본에 충실한 설명에 저자의 풍부한 실무 경험을 더해 최고의 레빗 레시피를 선사합니다!**

- Adrian Smith and Gordon Gill Architecture 미국 건축사 **박종필**

건축계에 몸담고 있다면 레빗을 주목하세요!

요즘 전 세계적으로 레빗의 활용도가 빠른 속도로 증가하고 있습니다. 이런 시점에서 다년 간 미국에서 레빗 매니저로 활동하고 있는 저자에게 **레빗 사용법을 배운다면 건설계의 어느 직종에서나 많은 도움이 될 것입니다.** 이 책의 체계적인 실습과 알아두면 좋을 팁은 실무에서 레빗을 활용하는 내내 친절한 가이드라인이 되어줄 것입니다!

- SmithGroup JJR 미국 건축사 **박대선**

실질적인 팁과 정확한 개념 정리가 가득한 책!

레빗은 건축의 패러다임을 바꾼 차세대 프로그램입니다. 특히 실무에서 더욱 빛을 발하는 레빗은 건축 실무에서 필수가 되어가고 있습니다. **이 책은 헷갈릴 수 있는 개념을 철저히 실무자 관점에서 정확히 잡아주어 개념이 흔들릴 때 두고두고 펼쳐볼 책입니다.** 건축을 시작하는 학생부터 졸업을 준비하는 학생, 그리고 캐드에서 레빗으로의 전환을 꾀하는 실무자들에게도 적극 추천합니다!

- Cordogan Clark & Associates 미국 건축사 **정강욱**

"이 책을 미리 읽어본 베타테스터의 한 마디"

현장에서 실수를 연발해 깨달았을 만한 내용이 가득해요!

독학으로 레빗을 공부할 때는 특정 건물에 국한된 내용뿐이라 머릿속에 남아있는 것이 거의 없었습니다. 하지만 이 책은 달랐습니다. 책의 중간 중간에 나오는 [장 선배의 노트]는 초보자가 가질 수 있는 의문을 바로 해소해 주어 독학 시에 답답했던 마음을 뻥 뚫어주었습니다. 또한 [공동작업] 부분은 직접 현장에서 실수를 연발해 깨달았을 만한 내용을 담고 있어 사회 초년생들과 초보자들에게 꼭 읽어 보라고 권하고 싶습니다!

- 건축사무소 사보 **이재익**

초보자가 보기에 더 없이 친절해요!

과정을 하나하나 보여주는 자세한 그림은 물론 헷갈릴 틈이 없는 정확한 설명과 각 기능마다 직접 실습해 볼 수 있는 예제는 제게 꼭 필요한 것이었습니다. 또한 각 장의 끝에 있는 [도전! 미션]에서는 빌라 사보아를 직접 만들어 실력이 한층 더 자라는 느낌이 들었습니다. 레빗을 처음 접하는 초보자들에게 이 책을 적극 추천합니다!

- 레빗을 처음 배운 대학생 **신진욱**

옆에 두고 언제든 필요한 부분을 찾아서 볼 수 있는 책!

시중에 나와 있는 다른 책들은 무작정 특정 실무 예제로 들어가 다른 프로젝트에서 적용하기 힘들었습니다. 하지만 이 책은 실습에서 선택하지 않은 다른 옵션까지 알려줍니다. 초보자뿐만 아니라 레빗을 사용해 온 중급 이상의 사용자들도 곁에 두고 언제든 펼쳐보기 좋은 책입니다.

- 건축 설계 11년차 **강소라**

정석 16일 코스

오토캐드도 모르고 BIM도 처음이라면? 정석대로 배우자!

이 계획표대로 학습하면 아무것도 모르는 초보자도 기초 모델링부터 도면화 작업까지 자유자재로 레빗을 다룰 수 있습니다!

1일차 월 일	2일차 월 일	3일차 월 일	4일차 월 일
01 레빗과의 첫 만남	02-1 ~ 02-2 그리드와 레벨	02-3 2D 범위와 3D 범위	03 기둥과 벽

5일차 월 일	6일차 월 일	7일차 월 일	8일차 월 일
04-1 ~ 04-2 바닥 생성하고 수정하기	04-3 지붕 생성하고 수정하기	05-1 ~ 05-2 모델링 수정하기	05-3 모델링 수정하기

9일차 월 일	10일차 월 일	11일차 월 일	12일차 월 일
06 뷰와 시트	07-1 뷰 패널	07-2 ~ 07-3 가시성/그래픽	08-1 ~ 08-2 치수, 상세정보 넣기

13일차 월 일	14일차 월 일	15일차 월 일	16일차 월 일
08-3 ~ 08-4 문자, 태그 넣기	09 룸과 면적	10 공동작업	부록 패밀리

속성 7일 코스

오토캐드를 다룰 줄 알면 7일 만에 OK!

레빗을 단기간에 빠르게 배워야 한다면 여기를 주목하세요!
빠르게 달리면 3일 만에도 끝낼 수 있답니다!

1일차	2일차	3일차	4일차
월 일	월 일	월 일	월 일
01 레빗과의 첫 만남 ~ 02 그리드와 레벨	03 기둥과 벽	04 바닥과 지붕	05 수정 탭 ~ 06 뷰와 시트

5일차	6일차	7일차	
월 일	월 일	월 일	
07 가시성/그래픽	08 주석	09 룸과 면적 ~ 10 공동작업	와우!

이 책은 이렇게 활용하세요!

예제 파일 [www.easyspub.com] → [자료실]
사용자의 환경을 고려해 예제 파일을 2017, 2020, 2021 버전으로 제공합니다. 홈페이지의 [자료실]에서 버전에 맞는 예제 파일을 다운로드해 사용하세요! (가능하면 2021 버전을 쓸 것을 권장합니다)

질문답변 [www.easyspub.com] → [질문답변]
책에 관해 궁금한 점이 있다면 [질문답변] 게시판에 질문을 올려주세요. 담당자가 확인하고 답변해 드립니다.

[잠깐!] 낮은 버전에서 저장한 파일을 열 때는 모델이 업그레이드됩니다.

만약 2017 버전 파일을 2021 버전에서 연다면 오른쪽과 같은 팝업 창이 뜨면서 업그레이드됩니다. 한 번 업그레이드한 파일은 다시 낮은 버전으로 저장할 수 없으니 주의하세요!

목차

둘째마당

모델을 자르면 끝!
도면으로 만들기

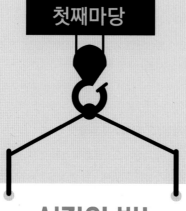

첫째마당

시작이 반!
기초 모델링하기

공동 작업하기

도면으로 만들기

기초 모델링하기

설계 구상하기

여러분은 건축 설계를 어떻게 하시나요? 머리를 감싸쥐고 오토캐드로 도면을 그린 다음, 다른 3D 프로그램으로 도면을 불러와 모델링을 하지 않나요? 그러다가 수정할 부분이 생기면 어쩌죠? 두 프로그램을 번갈아 가면서 수정하느라 밤을 새는 일이 하루 이틀이 아닐 것입니다. 하지만 BIM으로 설계하면 작업 시간이 반으로 줄어듭니다. 도면과 모델링이 한 프로그램에서 한번에 이루어지기 때문입니다. 이제 도면을 전부 그리고 이를 바탕으로 3D 모델링을 올려야 한다는 고정관념을 깰 시간입니다.

01 레빗과의 첫 만남

이 장에서는 레빗을 사용하기에 앞서 혼동하기 쉬운 BIM과 레빗의 개념을 살펴보고 레빗의 특징과 작업 흐름을 알아보겠습니다. 또한 기존에 많이 사용하던 오토캐드에 비해 어떤 장점이 있는지도 살펴보겠습니다. 그다음에는 레빗의 기본 요소와 인터페이스를 살펴보고 레빗을 이해하고 기초를 다지는 데 초점을 맞추겠습니다.

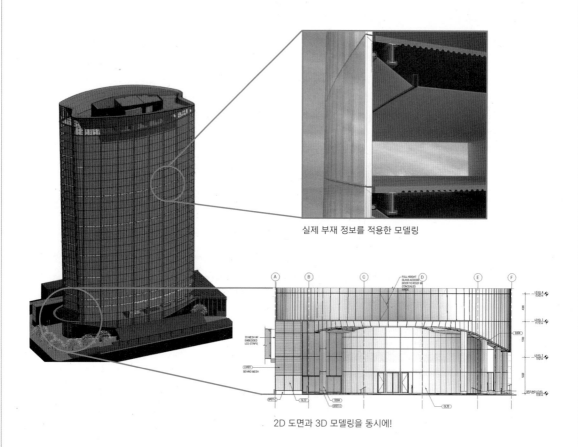

실제 부재 정보를 적용한 모델링

2D 도면과 3D 모델링을 동시에!

01-1 BIM 설계의 일인자, 레빗   01-2 레빗 설치하기   01-3 레빗 인터페이스 살펴보기

01-1 BIM 설계의 일인자, 레빗

BIM이 뭔가요?

BIM이라는 단어를 들어본 적 있나요? BIM은 Building Information Modeling의 약자로 3D로 건물을 디자인하고 건설해 통합적으로 운영, 관리하는 일련의 과정을

> ▶ BIM은 레빗, 캐드 등으로 만든 3D 모델과 데이터를 사용해 건물을 디자인, 운영, 관리하는 통합 과정이라고 이해하면 됩니다.

일컫는 말입니다. 즉, 건물의 정보와 외형을 하나의 복합적인 시스템으로 생각하는 방식이죠. 이렇게 BIM 시스템으로 설계하면 건축과 설비, 구조 등 여러 분야의 협력사들과 효율적으로 의견을 조율하고 디자인을 완성해 나갈 수 있습니다. 각각의 도면이 아닌 하나의 시스템 안에서 소통하기 때문이죠.

Building Information Modeling

| 건물의 | 정보를 종합해 | 모델링하는 통합 설계 시스템 |

| 계획 설계 | 기본 설계 | 실시 설계 | 건설 | 운영·관리 |

이렇게 BIM으로 설계할 때 3D 모델을 만드는 가장 대표적인 건축 소프트웨어가 바로 레빗(Revit)입니다.

> ▶ BIM은 수년 전 3D 디자인 프로그램 전문 업체인 오토데스크(AUTODESK)에서 사용하기 시작해 지금은 대중화된 용어입니다.

건축	건설
레빗 (Revit) **R**	나비스웍스 (Navisworks) **N**
아키캐드 (Graphisoft ArchiCAD)	솔리브리 모델 체커 (Solibri Model Checker) **SOLIBRI**
벤틀리 아키텍처 (Bentley Architecture)	벤틀리 컨스트럭심 (Bentley Constructsim)

BIM 관련 소프트웨어

레빗으로 설계하면 어떤 점이 좋나요?

오랫동안 건축 분야에서 사용하던 오토캐드(AutoCAD)의 자리가 최근 레빗에게 점점 넘어가고 있습니다. 하지만 오토캐드와 레빗 중 어느 프로그램이 더 좋은지는 여전히 의견이 분분합니다. 아무래도 오토캐드를 오래 사용해 익숙해져서 그런 점도 있지만 레빗이 아직 완전히 자리잡지 못한 상황이어서 그럴 수도 있습니다.

▶ 보통 '오토캐드'를 '캐드'라고 하므로 이후부터는 '캐드'라고 쓰겠습니다.

그렇다면 레빗이 오토캐드와 어떤 점이 다르고 장점은 무엇인지 살펴보겠습니다.

오토캐드 작업 화면

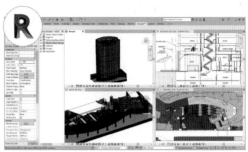

레빗 작업 화면

1. 효율성

캐드는 2D 도면을 그리는 소프트웨어이므로 사용자가 그리는 선 하나하나가 모여서 도면이 됩니다. 반면, 레빗을 사용하면 건물을 3D로 통합적으로 디자인하고 만들 수 있습니다.

▶ 캐드는 3D 표현도 가능하지만 일반적으로 2D로 도면을 생성할 때 주로 사용합니다.

예를 들어 벽을 그리려면 캐드에서는 두 개의 선을 그리면 되지만, 레빗에서는 실제 벽의 유형과 높이, 두께를 비롯한 다양한 정보를 정해 3D 벽을 만듭니다.

설계 단계별 작업 흐름도

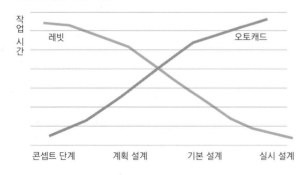

모델 정보를 일일이 선택해야 하므로 프로젝트 초기 단계에서는 레빗이 캐드보다 시간과 노력이 더 많이 필요합니다. 그러나 기본 모델링 작업이 끝난 뒤, 실시 설계 단계에서는 레빗이 훨씬 더 효율적입니다.

캐드에서는 각 도면을 다른 파일에 저장하고 같은 부분이라도 도면에 따라 반복해서 그려야 하지만 레빗에서는 뷰를 설정하면 도면이 바로 만들어집니다. 일일이 도면을 그리는 시간을 획기적으로 줄일 수 있죠.

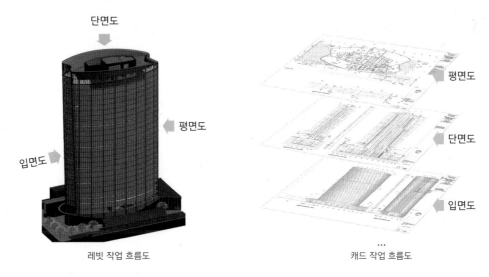

레빗 작업 흐름도   캐드 작업 흐름도

2. 일관성 및 정확성

레빗은 캐드에 비해 도면 전체의 일관성이나 정확성을 유지하는 데도 좋습니다. 3D 모델 정보만 수정하면 해당 부분을 보여주는 모든 뷰가 자동으로 업데이트되기 때문입니다.

구조에서 보(Beam)의 크기가 바뀌었을 경우를 가정해 보겠습니다. 캐드에서는 보가 표현되는 모든 도면을 하나씩 열어 수정해야 하고, 만약 업데이트하지 않은 도면이 있다면 전체 도면의 정확성과 일관성에도 문제가 생길 수 있습니다. 하지만 레빗은 3D 모델 상태에서 보를 선택해 원하는 크기로 바꾸면 모든 뷰에서 자동으로 업데이트되므로 매우 손쉽고 빠르게 수정할 수 있습니다.

이처럼 레빗은 장기적으로 볼 때 캐드에 비해 노력과 시간을 훨씬 직게 들이며 프로젝트를 관리할 수 있으며 도면 사이의 일관성과 정확성을 유지하는 데도 효과적입니다.

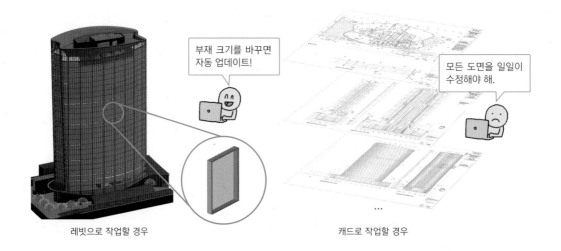

레빗으로 작업할 경우   캐드로 작업할 경우

3. 협업 극대화

캐드의 가장 큰 단점은 협업이 쉽지 않다는 점입니다. 캐드에서는 2명 이상의 사용자가 같은 파일을 동시에 열어 작업하고 저장할 수 없습니다. [읽기 전용]으로 열거나 사용자가 파일을 닫을 때까지 기다려야 하죠. 이에 반해 레빗은 프로젝트 파일을 공동으로 작업할 수 있도록 설정하면 여러 사람이 동시에 열어 작업하거나 저장할 수 있습니다. 또한 다른 사용자가 작업한 내용도 쉽게 확인할 수 있으므로 대형 프로젝트에서 매우 효과적입니다.

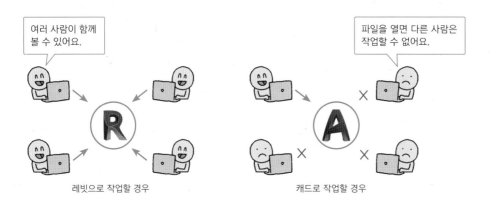

레빗으로 작업할 경우   캐드로 작업할 경우

레빗의 현재와 미래

미국에서 레빗은 몇 년 전만 하더라도 대기업에서만 사용했지만 지금은 대다수 건축사무소에서 사용할 정도로 빠르게 정착되고 있습니다. 레빗이 처음 나왔을 때에는 캐드가 익숙했으므로 콘셉트 단계는 캐드로 진행하고 기본 설계 단계에서 레빗으로 바꾸는 경우가 많았습니다. 하지만 지난 몇 년간 많은 시행착오를 거치면서 대형 건축사무소에서는 거의 모든 프로젝

트를 콘셉트 단계부터 레빗으로 진행하고 있습니다. 초창기에 레빗을 확신하지 못했던 회사들도 이제는 레빗이 캐드보다 장점이 많다는 것을 조금씩 이해하고 레빗을 더 많이 사용하고 있습니다. 앞으로도 레빗이 캐드의 자리를 대체할 것으로 보입니다.

우리나라에서는 아직까지 대형 건축사무소를 중심으로 레빗을 사용하고 있습니다. 하지만 조달청이 2016년부터 BIM을 의무화하겠다고 발표함에 따라 레빗 수요가 늘고 있습니다. 대형 프로젝트부터 도입될 BIM 설계 의무화는 중소형 프로젝트까지 서서히 확대될 전망입니다. 이런 추세를 봤을 때 수년 내 레빗 사용률이 급증할 것으로 예상됩니다.

레빗은 다양한 프로그램과 연동해 사용할 수 있고 기존 캐드와 완전히 다른 작업 방식이므로 캐드에 익숙한 사용자라면 레빗을 처음 사용할 때 조금 어려울 수도 있습니다. 따라서 레빗의 모든 기능을 한번에 다 이해한 후에 사용하는 것보다는 가장 기본적이고 필요한 기능부터 하나씩 차근차근 배우는 게 좋습니다.

이 책은 레빗을 단순히 소프트웨어로 접근하는 것이 아니라 실무적인 관점에서 가장 많이 사용하면서 꼭 필요한 기능을 우선 살펴보고 쉽게 이해하는 데 중점을 두었습니다. 이 책에서 소개하는 레빗의 기능을 끝까지 배우면 중급 이상의 기능이나 작업 방식도 어렵지 않게 익힐 수 있습니다.

01-2 레빗 설치하기

레빗은 오토데스크 홈페이지인 https://www.autodesk.co.kr/에서 다운로드 받을 수 있습니다. 홈페이지 화면 오른쪽 상단에는 [무료 체험판] 메뉴가 있으며, 메인 화면에서 아래로 스크롤하면 [학생용 무료 소프트웨어] 메뉴도 볼 수 있습니다. 현재 재학생이라면 홈페이지 교육 커뮤니티에 가입하고 인증받아 학생용 무료 소프트웨어를 다운로드 받을 수 있습니다. 오토데스크는 학생들에게 3년 동안 소프트웨어를 무료로 제공하기 때문에 체험판이 아닌 정식 버전을 아무 제약 없이 사용할 수 있습니다. 학생이 아닌 경우, 무료 체험판을 다운로드 받아 설치하면 30일 동안 사용할 수 있습니다.

[무료 체험판] 페이지로 넘어가 프로그램을 다운로드 받아 보세요!

직접 해보세요! 레빗 체험판 설치하기

1. 무료 체험판을 다운로드받아 레빗 설치 파일을 실행하세요. 레빗이 설치될 폴더를 확인한
후, [설치] 버튼을 누릅니다.

[설치] 파일을 다운로드하세요!

2. 레빗이 설치되면 [시작] 버튼을 눌러서 설치한 레빗을 실행합니다.

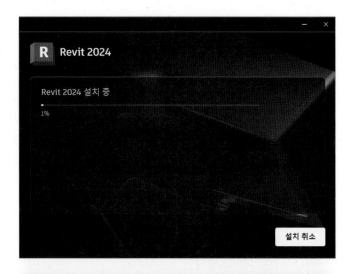

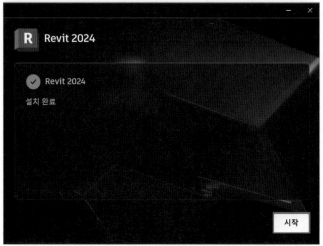

👋 **장석배의 노트** 라이브러리, 애드인 등도 설치해야 하나요?

컴퓨터에 용량이 충분하다면 모든 항목을 체크하길 권하지만 용량 제약이 있다면 라이브러리(Library)나 애드인(Add-in) 등은 설치하지 않아도 레빗을 사용하는 데 큰 문제는 없습니다. 콘텐츠 라이브러리(Contents Libraries)는 패밀리 파일을 의미하고 재료 라이브러리(Material Library)는 렌더링과 관련해 필요하므로 고급 사용자가 아니라면 없어도 기본 기능에는 아무 제약이 없습니다. 그러나 새로운 패밀리를 직접 만들거나 기존 패밀리를 수정해야 한다면 모두 설치하는 것이 바람직합니다.

01-3 레빗 인터페이스 살펴보기

설치가 완료된 후 레빗을 실행하면 아래와 같은 화면이 나타납니다.

참고로 위 화면에서 템플릿 부분은 보이지 않습니다.

레빗에서 파일 유형은 크게 모델(*.rvt), 패밀리(*.rfa), 템플릿(*.rte) 세 가지로 나눌 수 있습니다.

▶ 레빗을 설치할 때 콘텐츠 라이브러리를 선택해 설치해야 위와 같은 화면이 나옵니다.

▶ 패밀리, 개념 매스에 대한 자세한 설명은 부록 01을 참고하세요.

❶ 모델(프로젝트) - 레빗에서 만든 모든 정보를 저장한 파일입니다.
미리 설정해 둔 템플릿 파일을 열어 작성하거나 새 프로젝트를 만들 수 있습니다.

❷ 패밀리 - 실제 재료와 구체적인 치수가 설정된 구성 요소를 담고 있는 파일입니다. 주로 빌딩 디자인을 할 때 프로젝트에 로드(load)해 사용합니다. 벽, 창문, 계단, 가구, 문 등의 모든 구성 요소들이 패밀리에 포함되며 매개변수를 이용해 다양한 크기나 유형을 하나의 패밀리 안에서 설정할 수도 있습니다.

❸ 템플릿 - 사용자가 프로젝트 파일 내에서 사용할 그래픽이나 주석 요소(치수선 스타일, 도면에서 사용한 폰트 등), 시스템 패밀리 등의 설정을 미리 저장해 놓은 파일로, 같은 그래픽이나 스타일을 유지하기 위해 사용합니다.

이제 새 프로젝트를 만들어 인터페이스를 살펴보겠습니다.

1. 먼저 모델 부분의 [새로 만들기...]를 클릭합니다.

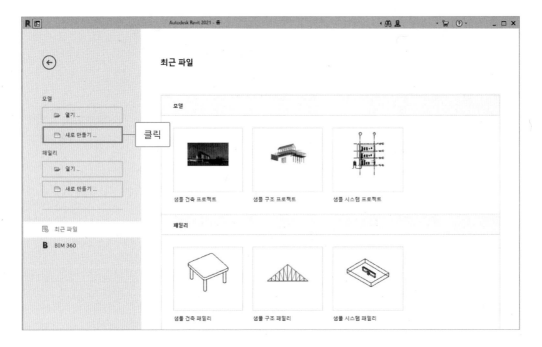

2. [새 프로젝트] 팝업 창이 나타나면 [템플릿 파일] 항목은 〈없음〉을 선택하고 [프로젝트]가 선택된 상태에서 [확인] 버튼을 누릅니다.

▶ 템플릿이 있는 경우, [템플릿 파일]에서 원하는 파일을 선택할 수 있습니다.

3. [정의되지 않은 측정 시스템] 팝업 창이 나타나는데 여기서 [영국식(인치)]이나 [미터법(밀리미터)] 중 원하는 도면 단위를 선택하면 됩니다. 한국에서는 보통 밀리미터를 사용하므로 [미터법]을 누르겠습니다.

정의되지 않은 측정 시스템
프로젝트에서 사용할 측정 시스템은 무엇입니까?

→ 영국식
→ 미터법

4. 새 프로젝트를 생성한 모습입니다.

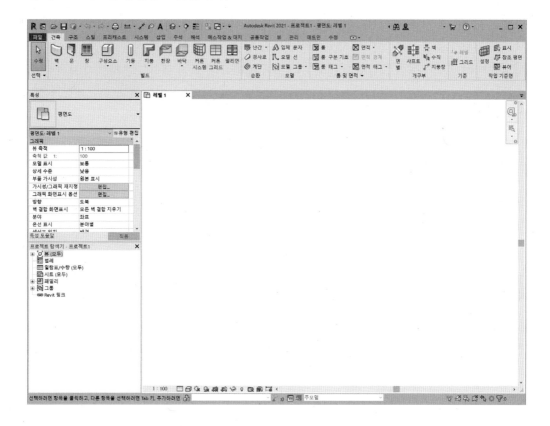

레빗 인터페이스 알아보기

어떤 프로그램을 사용하든 기본은 바로 프로그램의 인터페이스를 이해하는 것입니다. 레빗
도 캐드처럼 프로그램에 약간만 적응하면 키보드 단축키를 많이 쓰기 때문에 인터페이스를
사용할 일이 별로 없지만 그래도 레빗의 구조를 이해해야 좀 더 정확하고 올바르게 사용할 수
있습니다.

직접
해보세요!

파일 열어 인터페이스 익히기

새 프로젝트를 열었으니 레빗의 인터페이스를 익혀 보겠습니다.

신속 접근 도구 막대

리본 영역

옵션 막대

특성 창

뷰 탭 - 현재 레빗 프로젝트에서
열리는 모든 뷰를 탭 형식으로 보
여 줍니다. 레빗 2019 버전부터
추가된 부분입니다.

도면 영역 - 레빗 프로젝트에서 실
제로 도면을 그리는 영역입니다.

프로젝트 탐색기

뷰 조절 막대

작업 세트 - 현재의 작업 세트를
확인하고 다른 작업 세트로 변경
할 때 사용합니다.

▶ 작업 세트는 캐드의 레이어와
비슷한 개념입니다. 자세한 설명
은 336쪽을 참고하세요.

설계 옵션 - 여러 개의 디자인 옵
션 중 원하는 옵션을 선택해 도면
영역에 나타낼 때 사용합니다.

1. 신속 접근 도구 막대 살펴보기

먼저 프로그램 창의 맨 위쪽에는 신속 접근 도구 막대가 있습니다. 신속 접근 도구 막대라는 이름에서 짐작되듯이 자주 사용하는 기능을 추가해 기능을 빠르게 사용할 때 사용합니다. 프로젝트를 저장하거나 3D 뷰로 이동할 때 또는 열려 있는 여러 개의 창을 한꺼번에 닫을 때 많이 이용합니다. 신속 접근 도구 막대에서 [저장] 버튼을 눌러 프로젝트를 저장해 보겠습니다.

2. [저장] 버튼을 누르면 나타나는 팝업 창에서 [파일 이름]에 [파일 저장 연습]이라고 입력하고 [저장]을 누르면 프로젝트가 저장됩니다.

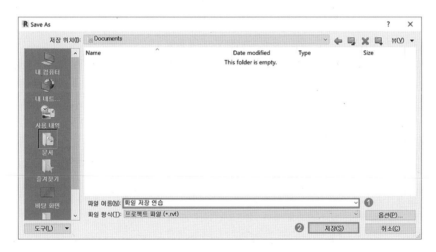

3. 리본 영역 살펴보기

신속 접근 도구 막대 바로 아래에 리본 영역이 있습니다. 리본 영역에는 기본적으로 14개의 탭(Tab)이 있으며 하나의 탭은 여러 개의 패널(Panel)로 구성되어 있고 각 패널에는 레빗이 제공하는 모든 기능의 아이콘이 있습니다. 단축키를 쓰지 않는 이상 명령을 실행하기 위해서는 리본 영역에 있는 해당 탭과 패널로 이동해 아이콘을 클릭해야 합니다.

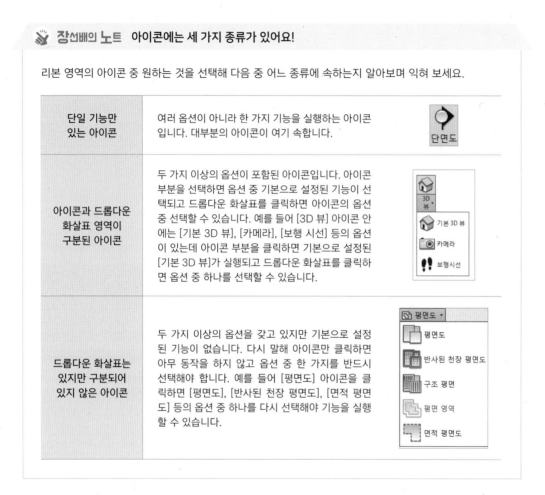
4. 옵션 막대 살펴보기

리본 영역 바로 아래에는 옵션 막대가 있는데요. 항상 보이는 것이 아니라 명령을 실행할 때
만 해당 기능의 옵션이 나열되어 나타납니다. [건축 탭 → 빌드 패널 → 벽]을 선택해 옵션 막
대를 나타내 보세요.

5. 뷰 탭 살펴보기

도면 영역의 윗부분에는 뷰 탭이 있는데요. 레빗 2019 버전부터 추가된 기능으로 현재 프로젝트 파일에서 열리는 모든 뷰를 탭 형식으로 보여줍니다. 뷰 탭에는 뷰의 이름이 표시되고 뷰의 종류에 따라 각기 다른 아이콘이 나타나므로 현재 어떤 종류의 뷰가 열려 있는지 쉽게 파악할 수 있습니다.

뷰 탭의 위치

뷰 탭에 나타나는 아이콘 종류

6. 뷰 조절 막대 살펴보기

도면 영역의 바로 아래에는 뷰 조절 막대가 있는데요. [축척], [상세 수준], [비주얼 스타일], [임시 숨기기/분리] 등 각 뷰에서 그래픽을 조절하거나 작업할 때 많이 사용하는 기능이 여기 있습니다. 뷰의 [축척]을 클릭해 [1:200]으로 수정해 보겠습니다.

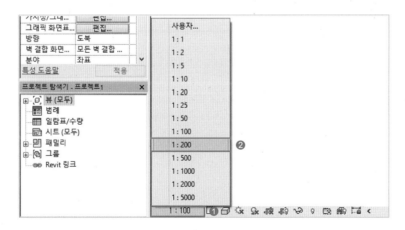

7. 특성 창 살펴보기

도면 영역의 왼쪽에는 특성 창이 있는데요. 여기서는 해당 요소나 뷰의 각종 특성을 나타내는 매개변수 정보를 볼 수 있고 필요하면 수정할 수도 있습니다. 지금은 요소를 선택하지 않았기 때문에 요소의 정보가 아닌 현재 연 뷰의 정보를 보여줍니다.

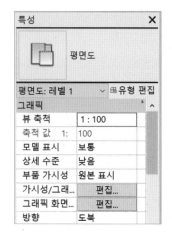

8. 프로젝트 탐색기 살펴보기

프로젝트 탐색기는 프로젝트 내에 존재하는 모든 뷰, 패밀리, 시트, 일람표 등의 정보를 보여주는 창입니다. 프로젝트 탐색기의 각 이름 앞에 있는 [+]는 해당 정보를 축소해 보여주고 있다는 의미이고 [−]는 해당 정보를 확장해 모두 보여주고 있다는 뜻입니다. 따라서 [+]를 클릭해 [−]로 만들면 모든 해당 정보를 확장해 볼 수 있습니다.

👏 **장선배의 노트** 화면 왼쪽에 특성 창과 프로젝트 탐색기 창이 보이지 않아요!

보통 프로젝트 탐색기와 특성 창이 자동으로 나타나지만 보이지 않는 경우, [뷰 탭 → 창 패널 → 사용자 인터페이스]를 클릭해 [프로젝트 탐색기]와 [특성] 박스를 체크하면 나타납니다.

레빗의 세 가지 구성 요소

실무에서 레빗을 사용하려면 레빗을 구성하는 요소가 무엇인지 파악하고 각 요소의 특징을 이해해야 합니다. 여러 사람과 작업할 때 구성 요소를 혼동하면 혼란이 생기거나 프로젝트 파일이 손상되는 등 여러 문제가 발생할 수 있기 때문입니다.

레빗을 구성하는 요소는 세 가지로 분류할 수 있습니다. 이제부터 각 구성 요소를 알아보겠습니다.

 직접 해보세요! 샘플 파일을 불러와 레빗 요소 확인하기

:: 예제 파일 [01장] 폴더/[본문 실습] 폴더/rac_basic_sample_project.rvt

1. 모델 요소 살펴보기

모델 요소는 레빗에서 3D로 표현되는 대부분의 구성 요소로 주로 건물 디자인을 표현하기 위해 사용합니다. 3D로 표현되는 대부분이 모델 요소에 포함되며 거의 모든 뷰에서 확인할 수 있습니다.

예제 파일을 열고 프로젝트 탐색기에서 [평면 → Level 1]을 더블 클릭해 모델 요소를 확인해 보세요. 벽, 문, 창, 가구, 계단 등의 요소들이 모델 요소에 속합니다.

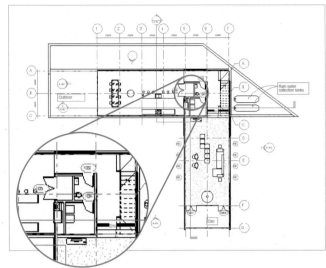

● 책의 그림은 내용 전달을 위해 임의로 그래픽을 조절한 것으로 실제 화면과 다를 수 있습니다.

2. 기준 요소 살펴보기

기준 요소는 프로젝트의 기준이 되는 요소를 말합니다. 그리드와 레벨, 참조 평면 등이 여기에 속합니다. 앞에서 펼친 [Level 1]에서 보이는 그리드가 기준 요소에 해당하며 특정 뷰에서 생성해도 프로젝트의 모든 뷰에서 볼 수 있다는 것이 특징입니다.

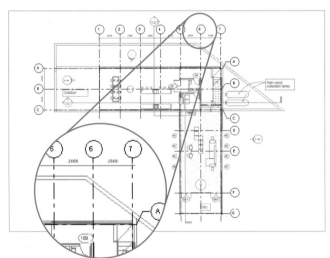

3. 뷰 특정 요소 살펴보기

뷰 특정 요소는 각 뷰에서만 보이고 3D 뷰에서는 나타나지 않는 요소를 말합니다. 문자, 치수와 태그 등의 주석 요소와 상세 선, 채워진 영역, 2D 상세 요소 등이 여기에 속합니다.

이번에는 프로젝트 탐색기에서 [평면 → Level 2]를 더블 클릭해 뷰 특정 요소를 찾아보겠습니다. 이 뷰에서 보이는 문자, 치수, 태그 등이 뷰 특정 요소에 해당하며 이 뷰에서 생성한 뷰 특정 요소는 다른 뷰에서 보이지 않습니다.

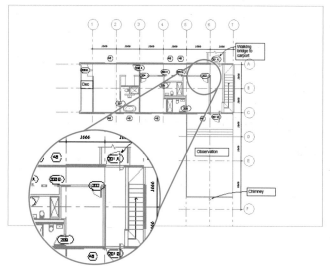

모델 요소를 생성하고 수정할 경우, 드래프팅 뷰를 제외한 모든 해당 뷰에서 업데이트된 정보를 확인할 수 있습니다. 반면, 뷰 특정 요소는 그 이름처럼 생성한 특정 뷰에만 보이고 다른 뷰에는 영향을 미치지 않습니다. 또한 3D 뷰에서는 모델 요소들만 확인할 수 있고 뷰 특정 요소나 기준 요소를 볼 수 없습니다. 그러나 주석 요소 중 치수는 3D 뷰에서도 필요하면 생성할 수 있습니다.

👋 **장선배의 노트** 레빗 2019 버전부터는 3D 뷰에서 레벨을 볼 수 있습니다

레빗 2019 버전부터는 3D 뷰에서도 기준 요소인 레벨을 볼 수 있습니다. 또한 필요에 따라서 치수와 태그 같은 뷰 특정 요소도 배치할 수 있습니다. 단, 뷰 특정 요소를 배치하려면 3D 뷰가 잠금 상태로 설정되어 있어야 합니다.

레빗에서 뷰 특정 요소는 특정 뷰에만 국한되기 때문에 공동작업을 하는 프로젝트에서 작업 세트를 지정할 수 없습니다. 이에 반해 모델 요소와 기준 요소는 작업 세트를 일일이 지정할 수 있으므로 공동작업 프로젝트의 경우, 작업 세트를 확인하면서 작업해야 합니다. 작업 세트를 제대로 지정하지 않으면 나중에 그래픽을 정리하거나 다른 사람이 작업할 때 혼동을 일으킬 수 있기 때문입니다.

▶ 작업 세트에 대한 자세한 내용은 336쪽을 참고하세요.

마우스 사용법

레빗에서 마우스를 다루는 방법은 캐드와 같습니다. 앞에서 불러온 샘플 도면으로 마우스 조작을 손에 익혀보겠습니다.

직접 해보세요! 샘플 파일을 불러와 마우스 다루기

:: 예제 파일 [01장] 폴더 / rac_basic_sample_project.rvt

예제 파일을 열고 프로젝트 탐색기에서 [평면 → Level 1]을 더블 클릭해 뷰를 이동합니다.

1. 화면 확대/축소하기

도면 영역에서 마우스 휠을 위쪽으로 스크롤하면 뷰가 확대되며 아래쪽으로 스크롤하면 뷰가 축소됩니다. 도면 영역에 마우스를 두고 직접 스크롤해 보세요.

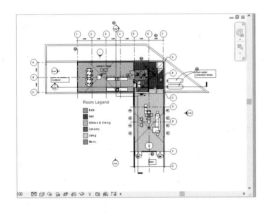
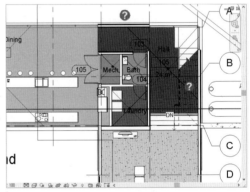

마우스 휠을 위쪽으로 스크롤해 뷰가 확대된 모습

2. 화면 이동하기

마우스 휠을 누른 채 특정 방향으로 드래그하면 드래그한 방향으로 전체 뷰가 이동합니다. 도면 영역에서 직접 휠을 누른 채 왼쪽으로 드래그해 보세요.

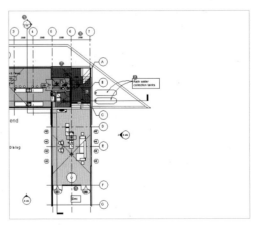

왼쪽으로 드래그해 화면을 이동한 모습

3. 객체 선택하기

도면 영역에서 객체를 선택할 때 캐드와 마찬가지로 왼쪽에서 오른쪽으로 드래그하면 사각형 안에 모두 들어온 객체만 선택되고 오른쪽에서 왼쪽으로 드래그하면 사각형의 일부라도 닿는 객체까지 모두 선택됩니다.

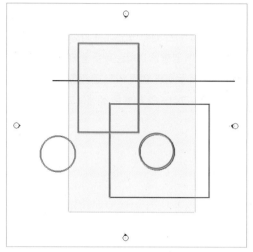

왼쪽에서 오른쪽으로 드래그

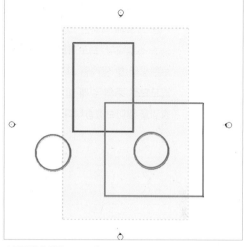

오른쪽에서 왼쪽으로 드래그

4. 3D 뷰 회전하기

신속 접근 도구 막대에서 [기본 3D 뷰]를 클릭해 3D 뷰로 이동합니다. 3D 뷰에서 뷰를 회전할 때는 키보드의 Shift 를 누른 상태에서 마우스 휠을 눌러 드래그하면 됩니다. 이 기능도 캐드와 같기 때문에 캐드를 사용해 봤다면 레빗의 마우스 사용법에 쉽게 적응할 수 있습니다.

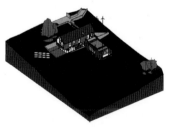

이 장에서는 본격적으로 레빗을 배우기 전 레빗을 설치하고 기본적인 인터페이스 및 사용 방법을 살펴보았습니다. 다음 장에서는 레빗 프로젝트에서 가장 기본적인 요소이자 프로젝트에 가장 큰 영향을 미치는 그리드와 레벨을 살펴보겠습니다.

02 그리드와 레벨

기준 요소에 속하는 '그리드(Grid)'와 '레벨(Level)'은 건축 도면에서 가장 기본이 되는 요소입니다. 프로젝트 안에 있는 모든 뷰(View)에 영향을 미치는 매우 중요한 요소죠. 모델링의 첫 단계인 그리드와 레벨을 제대로 다루지 못하면 여러 가지 문제를 일으킬 수 있으므로 주의 깊게 살펴봐야 합니다. 이 장에서는 그리드와 레벨을 생성하고 수정하는 방법을 알아보겠습니다.

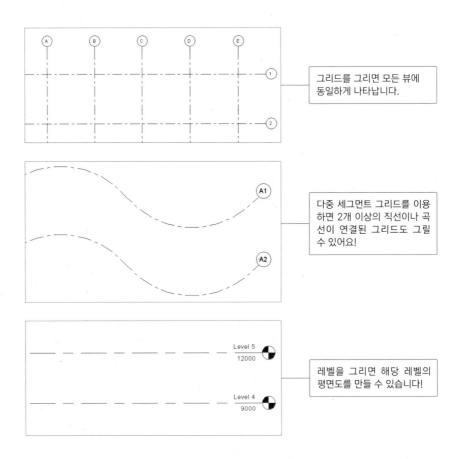

그리드를 그리면 모든 뷰에 동일하게 나타납니다.

다중 세그먼트 그리드를 이용하면 2개 이상의 직선이나 곡선이 연결된 그리드도 그릴 수 있어요!

레벨을 그리면 해당 레벨의 평면도를 만들 수 있습니다!

기초
모델링하기

그리드와
레벨

기둥과
벽

바닥과
지붕

02-1 그리드 생성하고 수정하기

기준 요소인 그리드(Grid)는 모든 뷰에 영향을 미칩니다. 다시 말해 프로젝트 콘셉트 단계부터 시공 단계에 이르기까지 기준이 되는 가장 중요한 요소라고 할 수 있습니다. 그럼 이제 간단한 그리드를 직접 만들고 수정해 보겠습니다.

⊙ 기준 요소에 관한 자세한 설명은 01장을 참고하세요.

그리드 연습하기

:: 예제 파일 [02장] 폴더/[본문 실습] 폴더/Grid-1.rvt

프로젝트를 시작할 때 모델링에 앞서 그리드와 레벨을 생성해야 합니다. 먼저 그리드를 생성하는 방법을 살펴보겠습니다.

완성된 모습

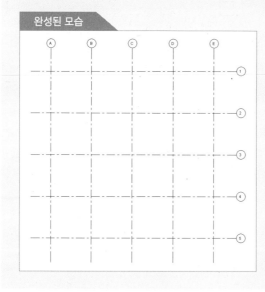

⊙ 리본 영역
[건축 탭 → 기준 패널 → 그리드]

⊙ 그리드 단축키 [GR]

1. 예제 파일을 열고 프로젝트 탐색기에서 [평면 → Level 1]이 열려 있는지 확인합니다.

2. 리본 영역 선택하기

그리드를 생성하기 위해 [건축 탭 → 기준 패널 → 그리드]를 선택합니다.

3. 도면 영역에서 수평 방향으로 시작점과
끝점을 차례로 선택해 오른쪽 그림과 같이
[그리드 1]을 생성합니다. Esc를 누릅니다.

👋 **장선배의 노트** 그리드 머리와 꼬리는 어떻게 정해지나요?

먼저 선택하는 지점이 그리드의 꼬리 부분이 되고 나중에 선택하는 지점
이 그리드의 머리가 됩니다. 물론 그리드를 생성한 후에도 수정할 수 있
지만 레빗의 기본 설정을 기억해 두면 나중에 번거롭게 다시 수정할 필
요가 없습니다.

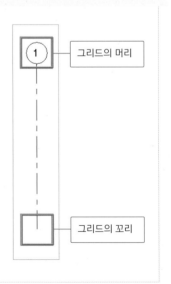

4. 그리드 복사하기

생성한 [그리드 1]을 6,000 간격으로 복사해 [그리드 2]를 생성하겠습니다. [그리드 1]을 선택한 후 [수정 | 그리드 탭 → 수정 패널 → 복사]를 클릭합니다. 도면 영역에서 시작점을 선택하고 아래쪽으로 6,000 떨어진 끝점을 선택합니다.

▶ [복사] 기능에 대한 자세한 설명은 05장을 참고하세요.

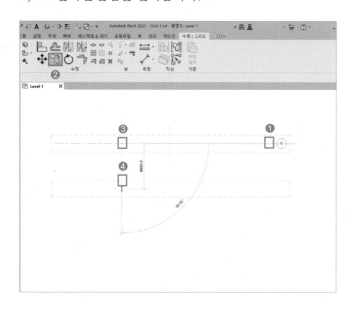

5. 같은 방법으로 [그리드 3], [그리드 4], [그리드 5]를 생성합니다.

6. 이번에는 수직 방향으로 [그리드 A]를 생성하기 위해 [건축 탭 → 기준 패널 → 그리드]를 선택하고 도면 영역에서 시작점과 끝점을 클릭합니다. Esc를 눌러 그리드 생성을 종료합니다.

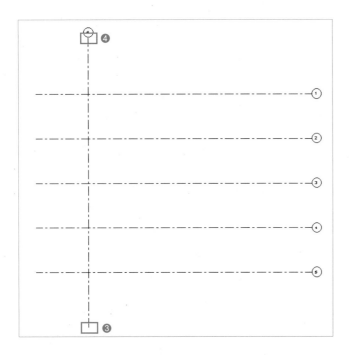

👋 **장선배의 노트**   레빗에는 직교 모드가 없나요?

레빗은 캐드와 달리 마우스 위치에 따라 직각이나 평행한 각도를 자동으로 잡아주므로 직교 모드를 거의 사용하지 않습니다. 그래도 캐드처럼 직교 모드를 일시적으로 활성화하고 싶다면 그리드를 그릴 때 Shift를 누르면서 그리면 됩니다. 캐드에서는 직교 모드를 켜고 끌 수 있는 반면, 레빗에서는 계속 직교 모드를 유지하는 방법이 없습니다.

7. 그리드 이름 바꾸기

생성된 그리드의 이름은 레빗의 기본 설정에 의해 [그리드 6]이 되는데요. 그리드의 이름을 바꾸기 위해 그리드 머리의 숫자 [6]을 더블 클릭해 [A]로 바꿉니다. 키보드의 (Enter)를 눌러 수정을 완료합니다.

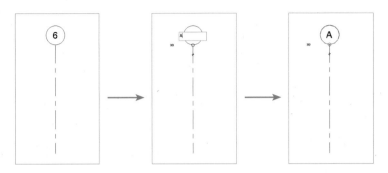

8. 생성된 [그리드 A]를 복사해 6,000 간격으로 [그리드 B]에서 [그리드 E]까지 생성하겠습니다. [그리드 A]를 선택한 후 [수정 | 그리드 탭 → 수정 패널 → 복사]를 누릅니다.

옵션 막대에서 [다중]을 체크하고 기준점을 클릭한 다음 아래 그림과 같이 마우스를 오른쪽 방향으로 옮기면 치수선이 나타나며 숫자가 변하는 것이 보일 것입니다. 6,000만큼 이동해 클릭하거나 그 상태에서 키보드로 [6000]을 입력한 후 (Enter)를 누릅니다. 그러면 6,000 간격으로 [그리드 B]가 생성됩니다.

▶ [복사] 기능에 대한 자세한 설명은 05장을 참고하세요.

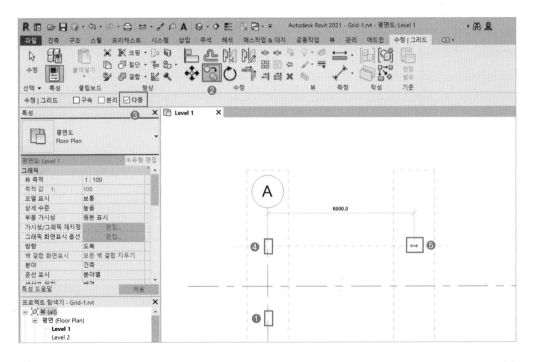

9. [그리드 C], [그리드 D], [그리드 E]도 같은 방법으로 계속 생성합니다. [그리드 E]를 생성한 후 Esc를 누르거나 리본 영역에서 [수정]을 클릭하면 [복사]를 종료할 수 있습니다.

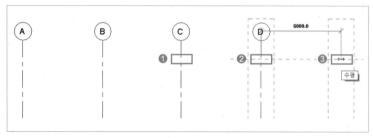 

그리드 수정하기

그리드를 생성하고 나면 필요에 따라 그리드 이름을 수정하거나 그리드 머리와 꼬리의 위치 등을 조정해야 합니다. 그리드를 수정하는 방법을 알아보겠습니다.

직접 해보세요! 그리드 수정하기

:: 예제 파일 [02장] 폴더/[본문 실습] 폴더/Grid-2.rvt

생성된 그리드 이름을 바꾸고 그리드 머리와 꼬리의 위치도 바꿔 보겠습니다.

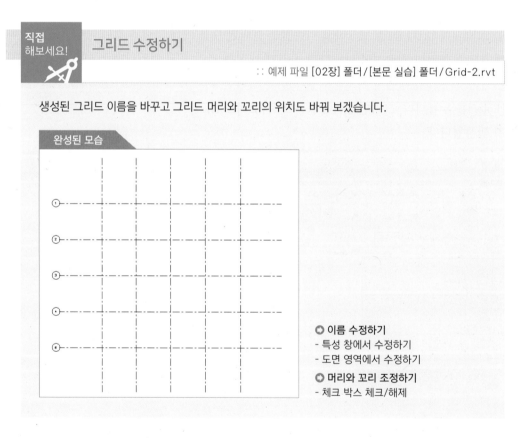

완성된 모습

◐ 이름 수정하기
- 특성 창에서 수정하기
- 도면 영역에서 수정하기

◐ 머리와 꼬리 조정하기
- 체크 박스 체크/해제

1. 예제 파일을 열고 프로젝트 탐색기에서 [평면 → Level 1]이 열려 있는지 확인합니다.

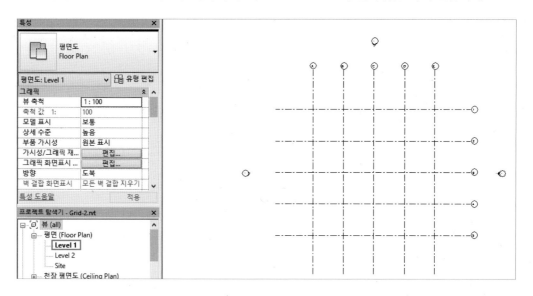

2. 그리드 이름 수정하기

수직 방향으로 생성된 [그리드 A]의 이름을 [그리드 AA]로 수정해 보겠습니다. [그리드 A]를 선택하고 특성 창의 [이름] 부분에 [AA]를 입력하고 [적용]을 누르거나 [그리드 A] 머리의 이름을 더블 클릭해 [AA]를 입력하고 (Enter)를 누릅니다.

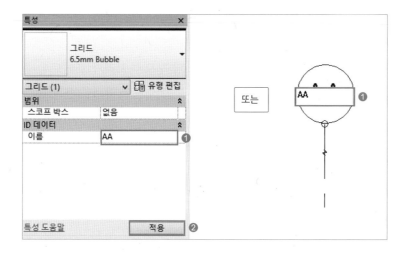

3. 같은 방법으로 [그리드 B]부터 [그리드 E]까지의 이름을 [그리드 BB]~[그리드 EE]로 수정합니다.

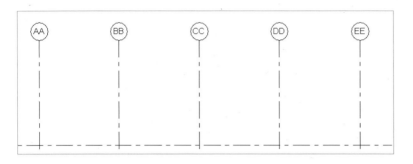

4. 그리드 머리와 꼬리 조정하기

이번에는 수직 방향으로 생성된 [그리드 AA]의 머리를 없애고 양쪽 모두 꼬리가 보이도록 수정해 보겠습니다. [그리드 AA]를 선택한 후 보이는 그리드 머리 쪽의 체크 박스를 체크 해제합니다. 체크된 박스를 체크 해제하면 그리드 머리가 꼬리로 바뀝니다.

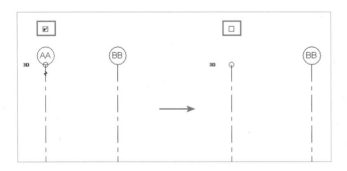

5. 같은 방법으로 [그리드 BB]부터 [그리드 EE]까지 그리드 머리를 없애고 꼬리로 바꿉니다.

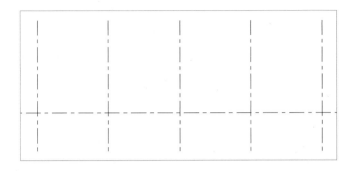

6. 이번에는 수평 방향으로 생성된 [그리드 1]부터 [그리드 5]까지의 그리드 머리와 꼬리 위치를 바꿔 보겠습니다. [그리드 1]을 선택한 후 보이는 그리드 머리 쪽의 체크 박스를 체크 해제하고 반대로 그리드 꼬리 쪽의 박스는 체크합니다.

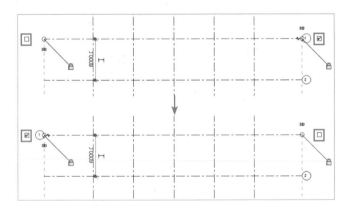

7. 같은 방법으로 [그리드 2]부터 [그리드 5]까지의 머리와 꼬리 위치를 서로 바꿉니다.

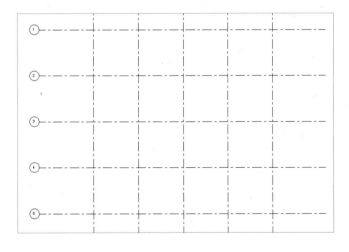

다중 세그먼트 그리드 생성하기

프로젝트의 상황에 따라 한 개의 직선이나 호가 아닌 두 개 이상의 선을 결합해 그리드를 만들어야 하는 경우도 있습니다. 이 경우, [다중 세그먼트] 기능을 이용합니다. 이 기능을 이용하면 조금 더 복잡한 형태의 그리드도 생성할 수 있습니다. 그럼 다중 세그먼트를 이용해 그리드를 생성해 보겠습니다.

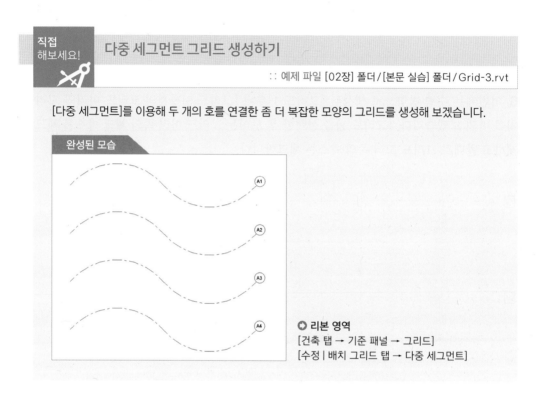

직접
해보세요!

다중 세그먼트 그리드 생성하기

:: 예제 파일 [02장] 폴더/[본문 실습] 폴더/Grid-3.rvt

[다중 세그먼트]를 이용해 두 개의 호를 연결한 좀 더 복잡한 모양의 그리드를 생성해 보겠습니다.

완성된 모습

◐ 리본 영역
[건축 탭 → 기준 패널 → 그리드]
[수정 | 배치 그리드 탭 → 다중 세그먼트]

1. 예제 파일을 열고 프로젝트 탐색기에서 [평면 → Level 1]이 열려 있는지 확인합니다.

2. 리본 영역 선택하기

[건축 탭 → 기준 패널 → 그리드]를 선택한 후 [수정 | 배치 그리드 탭 → 그리기 패널 → 다중 세그먼트]를 선택합니다.

3. 아이콘을 클릭하면 자동으로 스케치 상태가 되는데 호를 선택해 다중 세그먼트를 만들어 보겠습니다. [그리기 패널 → 시작-끝-반지름 호]를 선택하고 도면 영역에서 시작점을 클릭합니다. 시작점에서 18,000 떨어진 끝점을 선택한 후 호의 반지름 [12000]을 입력하고 Enter 를 누르거나 마우스를 위로 움직여 12,000이 되는 지점을 클릭합니다.

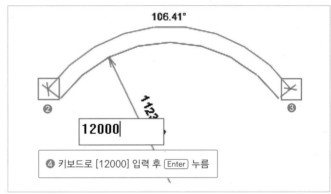

④ 키보드로 [12000] 입력 후 Enter 누름

4. 시작점은 이미 선택되어 있으니 호를 하나 더 연결하기 위해 다시 18,000 떨어진 지점을 클릭하고 호의 반지름 [12000]을 입력하고 Enter 를 누르거나 마우스를 아래로 움직여 12,000이 되는 지점을 클릭합니다. 호를 끊기 위해 리본 영역의 [수정]이나 Esc 를 누릅니다.

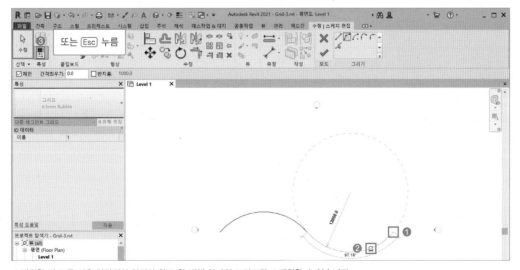

스케치할 때 모든 선은 연결되어 있어야 하고 한 번에 하나의 그리드만 스케치할 수 있습니다.

5. 원하는 모양으로 스케치를 마쳤다면 [편집 모드 완료] 버튼을 누릅니다.

6. 생성된 그리드 이름을 변경하기 위해 그리드 머리를 더블 클릭하고 이름을 [A1]로 변경한 후 Enter 를 누릅니다.

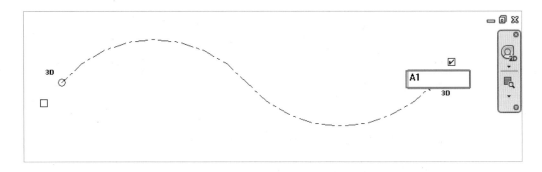

7. 생성된 다중 세그먼트 그리드를 복사하기 위해 [그리드 A1]을 선택한 후 [수정 패널 → 복사]를 누릅니다. 옵션 막대에서 [다중]을 체크하고 기준점을 클릭한 후 아래 그림과 같이 마우스를 아래쪽으로 옮기면 치수선이 나타나며 숫자가 변하는 것이 보일 것입니다. 8,000만큼 이동해 클릭하거나 그 상태에서 키보드로 [8000]을 입력한 후 Enter 를 누릅니다. 그러면 8,000 간격으로 [그리드 A2]가 생성된 것을 볼 수 있습니다.

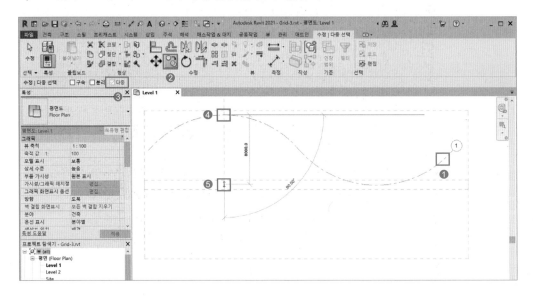

8. [그리드 A3], [그리드 A4]도 같은 방법으로 계속 생성합니다. [그리드 A4]를 생성한 후 Esc를 누르거나 리본 영역에서 [수정]을 클릭하면 [복사]를 종료할 수 있습니다.

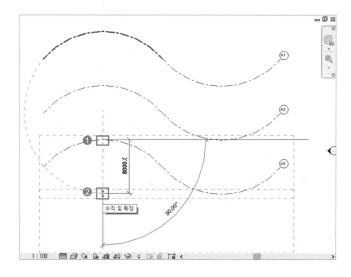

9. 다중 세그먼트 그리드가 생성되었습니다.

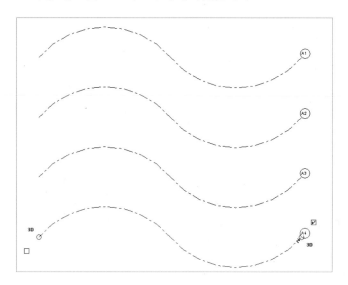

02-2 레벨 생성하고 수정하기

레빗에서 레벨(Level)은 단순히 입면이나 단면에서 각 층의 높이를 보여줄 뿐만 아니라 평면도와 밀접한 관련이 있습니다. 레벨이 있어야 평면도를 만들 수 있기 때문이죠. 따라서 도면 중에서도 가장 기본이 되는 평면도를 그리기 위해서는 레벨을 잘 이해하고 그려야 합니다. 이번에는 레벨을 생성하고 수정하는 방법을 알아보고 주의할 점에 대해서도 살펴보겠습니다.

직접 해보세요! 레벨 생성하기

:: 예제 파일 [02장] 폴더/[본문 실습] 폴더/Level-1.rvt

기본적인 레벨이 그려진 프로젝트에 추가로 레벨을 생성해 보겠습니다.

완성된 모습

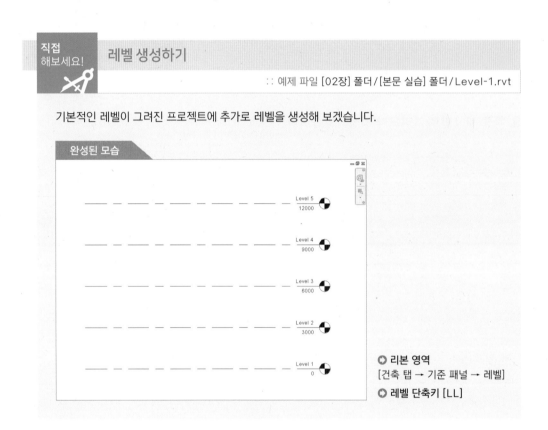

◯ 리본 영역
[건축 탭 → 기준 패널 → 레벨]
◯ 레벨 단축키 [LL]

1. 예제 파일을 열고 프로젝트 탐색기에서 [입면도 → South]를 더블 클릭해 엽니다.

👋 **장선배의 노트** 레벨 생성이 가능한 뷰는 따로 있어요!

그리드는 평면도를 비롯한 천장 평면도, 입면도, 단면도 등 대부분의 뷰에서 생성할 수 있는 반면, 레벨은 입면도나 단면도에서만 생성할 수 있습니다. 따라서 입면뷰나 단면뷰가 아닌 다른 뷰에 가면 레벨 아이콘을 선택할 수 없습니다. 만약 레벨을 그리려고 하는데 아이콘을 선택할 수 없다면 먼저 뷰를 입면뷰나 단면뷰로 바꿔야 합니다.

2. 리본 영역 선택하기

레벨을 생성하기 위해 [건축 탭 → 기준 패널 → 레벨]을 선택합니다.

3. [Level 4]를 생성하기 위해 아래 그림과 같이 마우스를 3,000만큼 움직여 도면 영역에서 시작점과 끝점을 차례로 선택해 생성하거나 시작점 위치에서 [3000]을 입력하고 [Enter]를 눌러 끝점을 선택합니다.

위쪽으로 3,000 떨어진 시작점을 마우스로 클릭!

마우스를 시작점 위치에 두고
키보드로 [3000]을 입력한
후 Enter 클릭!

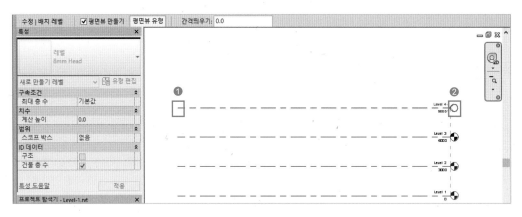

✋ **장선배의 노트** 레벨을 생성할 때 평면도를 함께 만들 수 있어요!

레벨을 생성할 때 옵션 막대를 보면 [평면도 만들기]라는 옵션이 있는데요. 아래 그림과 같이 이것을 체크하고 레벨을 그리면 평면뷰가 자동으로 생성되고 체크하지 않으면 레벨만 생성됩니다. 물론 평면뷰를 만들지 않아도 나중에 필요할 때 만들 수 있기 때문에 반드시 사용해야 하는 것은 아닙니다.

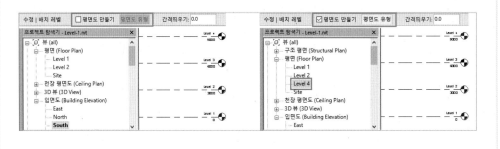

4. 이번에는 생성된 [Level 4]를 복사해 [Level 5]를 생성하겠습니다.

[Level 4]를 선택한 후 [수정 패널 → 복사]를 누릅니다. 다음 그림과 같이 기준점을 클릭하고 마우스를 위쪽 방향으로 옮기면 치수선이 나타나며 숫자가 변합니다. 위로 3,000만큼 이동해 클릭하거나 그 상태에서 키보드로 [3000]을 입력한 후 Enter를 누릅니다. 그러면 3,000 높이 위에 [Level 5]가 생성됩니다.

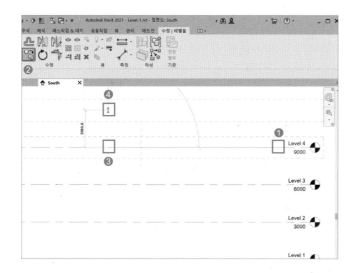

5. 레벨을 모두 생성했습니다.

🖐 **장선배의 노트**   레벨의 머리와 꼬리를 바꾸는 방법은 그리드와 같아요!

레벨의 머리와 꼬리의 위치를 바꾸려면 레벨을 클릭한 후 레벨 양쪽 끝의 체크 박스를 체크하거나 해제하면 됩니다. 체크 박스를 이용해 그리드처럼 머리와 꼬리의 위치를 바꿀 수 있고 필요에 따라 양쪽 모두 머리나 꼬리로 만들 수도 있습니다. 체크 박스를 클릭해 레벨의 머리와 꼬리를 그림처럼 바꿔 보세요.

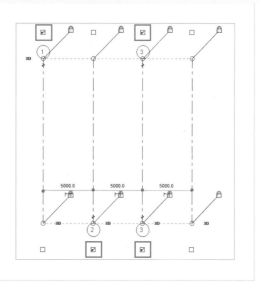

레벨 수정하기

레벨을 생성한 후 레벨의 높이를 수정해야 하거나 레벨 이름을 바꿔야 하는 경우가 종종 있습니다. 이럴 때 레벨을 어떻게 수정하는지 알아보겠습니다.

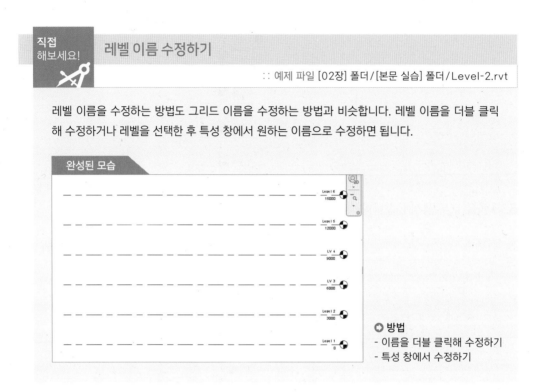

직접 해보세요! 레벨 이름 수정하기

:: 예제 파일 [02장] 폴더/[본문 실습] 폴더/Level-2.rvt

레벨 이름을 수정하는 방법도 그리드 이름을 수정하는 방법과 비슷합니다. 레벨 이름을 더블 클릭해 수정하거나 레벨을 선택한 후 특성 창에서 원하는 이름으로 수정하면 됩니다.

완성된 모습

◑ 방법
- 이름을 더블 클릭해 수정하기
- 특성 창에서 수정하기

1. 예제 파일을 열고 프로젝트 탐색기에서 [입면도 → South]를 더블 클릭해 엽니다.

2. 이름을 더블 클릭해 레벨 이름 바꾸기

[Level 3]과 [Level 4]의 이름을 수정해 보겠습니다. 우선
[Level 3]을 더블 클릭해 이름을 [LV 3]으로 바꿉니다.

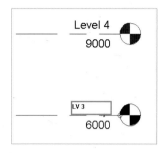

3. Enter 를 누르면 평면뷰의 이름도 함께 바꿀지 묻는 창
이 뜹니다. [예]를 누릅니다.

▶ '이 메시지를 다시 표시하지 않음'을 체크하면 이후에 같은 작업을 할 때 해
당 팝업 창이 뜨지 않습니다.

4. 도면 영역을 보면 레벨 이름이 바뀐 것을 확인할 수 있습니다. 또한 프로젝트 탐색기의 [평
면]에서도 이름이 [LV 3]으로 바뀌었습니다.

👋 **장선배의 노트** **다른 도면에서는 레벨 이름을 바꾸고 싶지 않아요!**

레벨 이름을 바꾸면 프로젝트 안에 있는 뷰의 이름도 함께 바뀝니다. 물론 평면뷰의 이름과 레벨의 이름
을 다르게 만들 수 있습니다. 뒤이어 나올 실습처럼 [아니요]를 선택하면 레벨의 이름만 바뀝니다.

5. 특성 창에서 레벨 이름 바꾸기

이번에는 특성 창을 이용해 [Level 4]의 이름을 수정해 보겠습니다. [Level 4]를 선택한 후 특성 창의 [이름]에 [LV 4]를 입력하고 [적용]을 누릅니다.

6. [적용]을 누르면 평면뷰의 이름도 함께 바꿀지 묻는 창이 뜹니다. 이번에는 레벨 이름만 바꾸기 위해 [아니요]를 누릅니다.

7. 도면 영역을 보면 레벨 이름만 바뀌고 프로젝트 탐색기의 평면 이름은 그대로 [Level 4]인 것을 확인할 수 있습니다.

레벨 높이 수정하기

:: 예제 파일 [02장] 폴더/[본문 실습] 폴더/Level-3.rvt

레벨의 높이를 수정하는 네 가지 방법을 살펴보겠습니다. 이 가운데 사용자의 손에 익은 것이나 상황에 따라 더 쉬운 방법으로 자유롭게 사용하면 됩니다.

완성된 모습

❖ **방법**
- 높이를 더블 클릭해 수정하기
- 특성 창에서 수정하기
- [이동] 기능으로 수정하기
- 임시 치수로 수정하기

1. 예제 파일을 열고 프로젝트 탐색기에서 [입면도 → South]를 더블 클릭해 엽니다.

2. 높이를 더블 클릭해 레벨 높이 수정하기

가장 기본적인 방법인 레벨의 높이를 더블 클릭해 높이를 변경해 보겠습니다. [LV 3]의 높이 숫자를 더블 클릭해 [7000]으로 변경합니다.

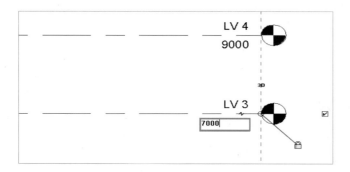

3. 특성 창에서 레벨 높이 수정하기

이번에는 특성 창을 이용해 높이를 변경해 보겠습니다. [LV 4]를 선택한 후 특성 창의 [입면 도]에 [11000]을 입력하고 [적용]을 눌러 변경합니다.

4. [이동] 기능으로 레벨 높이 수정하기

[Level 5]는 높이값을 직접 입력하지 않고 [이동] 기능을 이용해 원하는 위치로 이동해 보겠습니다. [Level 5]를 선택한 후 [수정 | 레벨들 탭 → 수정 패널 → 이동]을 클릭합니다. 시작점을 선택하고 위쪽으로 2,000만큼 떨어진 끝점을 클릭하거나 시작점을 선택하고 마우스를 위쪽으로 옮긴 상태에서 키보드로 [2000]을 입력하고 Enter 를 누릅니다.

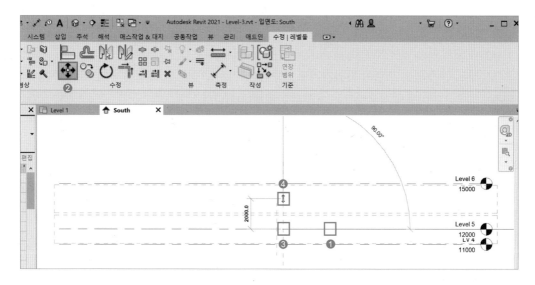

5. 임시 치수로 레벨 수정하기

마지막으로 [Level 6]은 임시 치수를 이용해 높이를 수정해 보겠습니다. [Level 6]을 선택하면 [Level 5]와 [Level 6] 사이에 나타나는 임시 치수를 클릭하고 [4000]을 입력합니다. 이때 임시 치수는 도면 영역에서 요소를 선택했을 때 선택한 요소를 기준으로 임시로 나타나는 치수입니다. 선택을 해제하면 다시 사라집니다.

02-3 2D 범위와 3D 범위

그리드와 레벨에서 가장 중요한 부분은 바로 2D 범위와 3D 범위입니다. 많은 레빗 초급자들이 이 개념을 정확히 이해하지 못한 채 잘못 수정해 문제를 일으키곤 합니다. 심지어 이 문제 때문에 프로젝트 안에 있는 모델이 지워지기도 합니다. 따라서 그리드와 레벨에서 2D와 3D 범위의 개념이 무엇이고 어떻게 사용하는지 정확히 이해해야 합니다.

2D 범위와 3D 범위란 무엇인가?

그리드와 레벨은 기준 요소에 속하며 기본적으로 프로젝트 안에 있는 모든 뷰에 영향을 미칩니다. 이때 3D 범위는 모든 뷰에 바로 적용되는 그리드와 레벨의 기본 속성이라고 보면 됩니다. 반면, 2D 범위는 특정 뷰만 다르게 변경하거나 수정할 때 필요한 속성입니다. 예를 들어 3D 범위 상태에서 그리드나 레벨을 드래그해 길이를 조정하면 모든 뷰에서 길이가 조정되지만 2D 범위 상태에서 수정하면 해당 특정 뷰에서만 길이가 조정됩니다. 따라서 그리드나 레벨을 생성한 후 2D 범위로 수정하는 것이 일반적입니다.

> 👏 **장선배의 노트** 설정을 바꾸지 않으면 기본 설정인 3D 범위로 설정됩니다!
>
> 그리드와 레벨은 사용자가 따로 변경하지 않는 한, 기본적으로 모든 뷰에서 3D 범위로 설정됩니다. 따라서 특정 뷰에서 그리드나 레벨의 길이를 수정하려면 먼저 3D 범위를 2D 범위로 바꿔야 합니다.

3D 범위를 2D 범위로 바꾸기

:: 예제 파일 [02장] 폴더/[본문 실습] 폴더/Grid-2.rvt

이미 생성된 그리드를 2D 범위로 바꾸고 수정해 보겠습니다.

완성된 모습

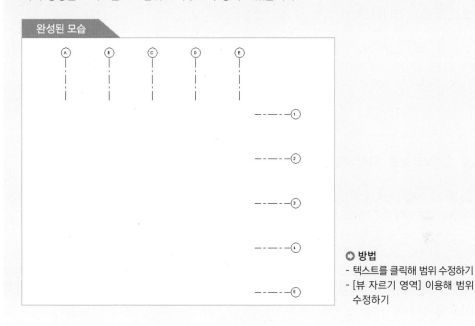

➡ 방법
- 텍스트를 클릭해 범위 수정하기
- [뷰 자르기 영역] 이용해 범위 수정하기

1. 예제 파일을 열고 프로젝트 탐색기에서 [평면 → Level 1]이 열려 있는지 확인합니다.

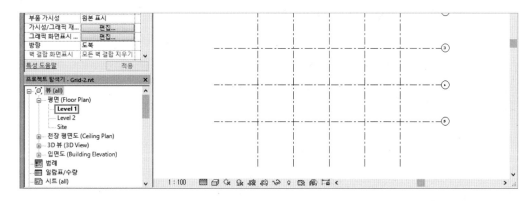

2. 글씨를 클릭해 범위 수정하기

그리드를 꼬리 부분만 2D 범위로 만들어 길이를 조절해 보겠습니다. [그리드 A]를 선택하면 머리와 꼬리 부분에 [3D]라는 텍스트가 생기는데요. 여기서 꼬리 부분의 [3D] 텍스트를 클릭해 [2D]로 바꿉니다.

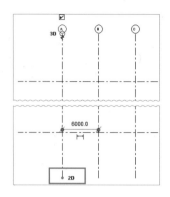

👏 **장선배의 노트** 그리드의 양쪽 끝 범위가 달라도 괜찮나요?

그리드나 레벨의 한쪽 범위만 바꿔도 오류가 나지 않으며 바꾸고 싶은 부분만 바꿀 수 있습니다. 한쪽만 바꿔도 되고 양쪽 모두 바꿔도 됩니다.

3. 같은 방법으로 [그리드 B]부터 [그리드 E]까지 꼬리 부분의 [3D] 텍스트를 일일이 클릭해 [2D]로 바꿉니다.

4. 이제 길이를 조절하기 위해 [그리드 E]를 선택하고 꼬리 부분의 끝점을 드래그해 원하는 길이로 수정합니다.

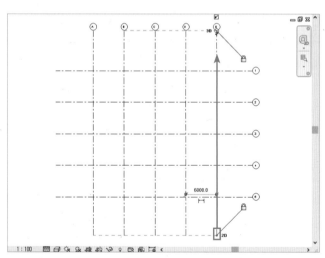

그리드를 선택했을 때 [그리드 A]부터 [그리드 E]까지의 끝점이 파란색 점선으로 연결되어 있습니다. 이것은 끝점이 서로 잠겨 있다는 의미로 그중 어떤 그리드의 끝점을 조절하면 나머지도 함께 조절됩니다.

그리드를 생성할 때 끝점을 맞춰 생성했기 때문에 끝점의 위치가 정렬되어 잠긴 상태가 됩니다. [그리드 A]부터 [그리드 E]까지 모두 2D 범위로 바꾼 후 길이를 조절하는 이유도 이 잠긴 상태를 이용해 한 번에 조절하기 위해서입니다.

만약 [그리드 A]만 2D 범위로 바꾸고 길이를 조절하면 [그리드 A]의 길이만 바뀝니다. 나머지는 여전히 3D 범위로 끝점이 남아 있고 [그리드 A]만 2D 범위로 바뀌었는데 2D 범위와 3D 범위의 끝점이 서로 잠겨 있을 수는 없기 때문입니다.

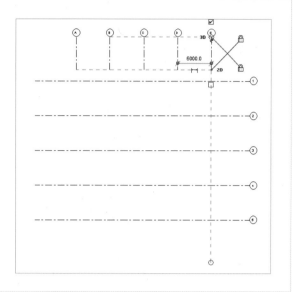

레벨과 그리드를 선택한 후 2D 상태의 끝점을 3D 범위의 점으로 드래그하면 2D 범위 상태의 그리드와 레벨을 다시 3D 범위로 원상 복구할 수 있습니다.

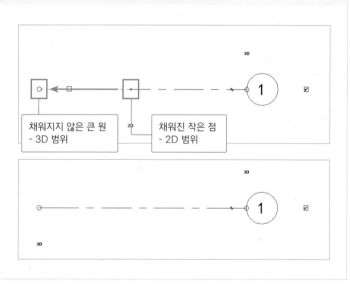

5. [뷰 자르기] 영역으로 범위 수정하기

이번에는 [뷰 자르기] 영역을 이용해 [그리드 1]부터
[그리드 5]까지의 [3D] 범위를 [2D] 범위로 바꾸고 길
이를 수정해 보겠습니다.

특성 창에서 [범위] 영역으로 이동한 후 [뷰 자르기],
[자르기 영역 보기], [주석 자르기]를 체크하고 [적용]을
누릅니다.

6. 적용하면 뷰의 테두리가 나타나는데요. 여기서 뷰 테두리를 이동하거나 크기를 조절해 그
리드나 레벨과 교차시키면 교차된 모든 [3D] 범위가 [2D] 범위로 바뀝니다.

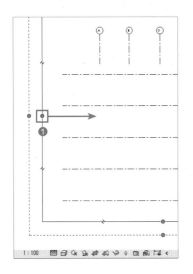
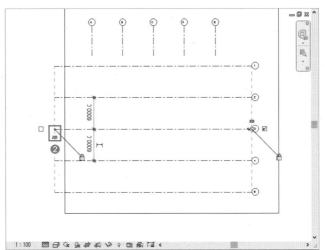

7. 이제 [그리드 3]을 다시 선택하고 원하는 길이로 꼬리 부분의 끝점을 드래그합니다.

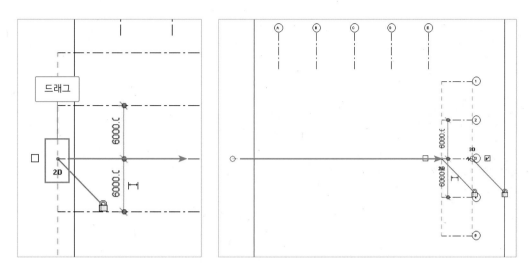

8. 원하는 모습으로 그리드가 수정되었습니다. 뷰 테두리를 다시 숨기려면 특성 창에서 [범위] 영역으로 이동한 후 [뷰 자르기], [자르기 영역 보기], [주석 자르기]를 체크 해제하고 [적용]을 누르면 됩니다.

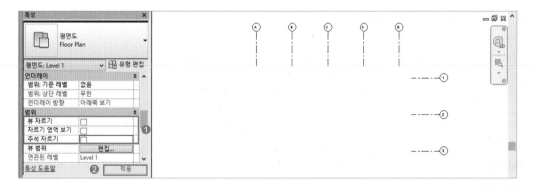

9. [3D] 범위가 아닌 [2D] 범위로 수정했기 때문에 프로젝트 탐색기에서 [평면 → Level 2]를 더블 클릭해 보면 [Level 2]의 그리드는 변하지 않고 [Level 1]의 그리드 길이만 수정된 것을 확인할 수 있습니다.

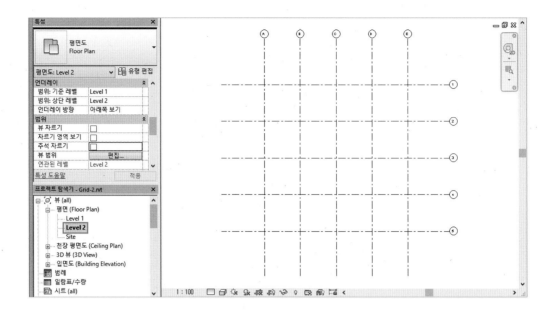

> 👏 **장선배의 노트** [Level 2]를 보니 [그리드 1]~[그리드 5]까지는 길이가 바뀌어 있어요!
>
> 혹시 그리드의 길이를 드래그해 조절할 때 채워지지 않은 동그라미를 잡고 드래그한 것 아닌가요? 채워지지 않은 동그라미를 잡고 드래그하면 다시 3D 범위로 돌아가 다른 뷰에서도 수정됩니다. 그리드의 길이를 수정할 때는 반드시 채워진 동그라미 부분을 클릭해 드래그하세요!

연장 범위

그리드와 레벨은 각 뷰에서 필요에 따라 길이를 조절하고 그래픽을 수정해야 합니다. 만약 수정해야 하는 그리드와 레벨이 여러 뷰에 걸쳐 있다면 일일이 바꿔야 하므로 시간이 오래 걸리겠죠? 이럴 때 '연장 범위'가 필요합니다.

여러 레벨과 부분 평면도로 이루어진 프로젝트의 경우, 각 레벨의 부분 평면도에서 일일이 그리드의 길이를 조절하지 않고 그리드를 변경한 뷰의 그래픽을 그대로 복사해 다른 뷰에 같은 그래픽을 적용할 수 있습니다. 이때 바로 연장 범위를 이용합니다. 대형 프로젝트에서 연장 범위를 이용하면 그리드나 레벨을 조절할 때 시간과 노력을 절약할 수 있습니다.

앞에서 배운 2D 범위, 3D 범위와 비교해 연장 범위를 설명하자면 해당 뷰에서만 일일이 수정하려면 2D 범위를 사용하고, 모든 뷰에서 일괄적으로 수정하려면 3D 범위를 사용하며, 해당 그래픽을 그대로 가져오려면 연장 범위를 사용하면 됩니다. 따라서 연장 범위는 2D 범위로 조절한 뷰의 그래픽을 다른 뷰에도 적용할 때 자주 사용합니다. 특히 적용해야 하는 뷰가 여러 개라면 더욱 유용합니다.

:: 예제 파일 [02장] 폴더/[본문 실습] 폴더/Grid-4.rvt

그리드의 범위를 2D로 바꿔 수정한 후 [연장 범위] 기능을 이용해 다른 뷰에 그대로 복사해 보겠습니다.

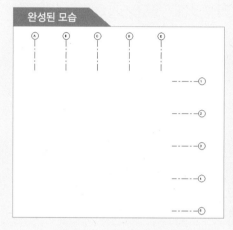

완성된 모습

⊙ 리본 영역
그리드 클릭 후
[수정 | 그리드 탭 → 기준 패널 → 연장 범위]
레벨 클릭 후
[수정 | 레벨들 탭 → 기준 패널 → 연장 범위]

1. 예제 파일을 열고 프로젝트 탐색기에서 [평면 → Level 1]이 열려 있는지 확인합니다. 그리고 다시 프로젝트 탐색기에서 [평면 → Level 2]를 더블 클릭해 [연장 범위]를 적용하기 전의 모습을 확인합니다. 여기서 [Level 1]은 그래픽이 수정된 뷰이고 [Level 2]는 연장 범위를 사용해 그래픽을 수정할 뷰입니다.

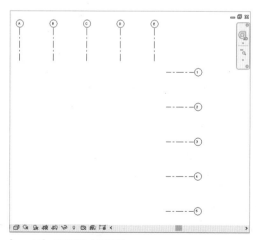

[Level 1] - 그래픽이 수정된 뷰

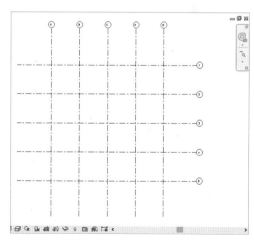

[Level 2] - 그래픽을 수정할 뷰

2. 연장 범위 적용하기

다시 프로젝트 탐색기에서 [평면 → Level 1]을 더블 클릭해 다른 뷰에 적용할 그리드를 선택합니다.

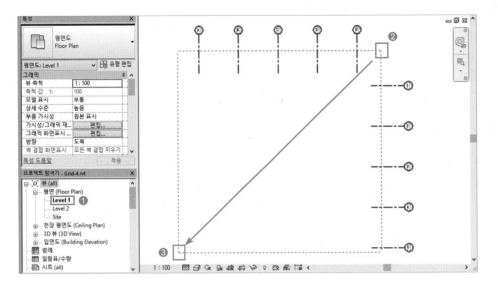

3. 그리드를 선택한 후 [수정 ┃ 그리드 탭 → 기준 패널 → 연장 범위]를 선택합니다.

4. [연장 기준 범위] 팝업 창에서 [평면도: Level 2]를 체크하고 [확인]을 누릅니다.

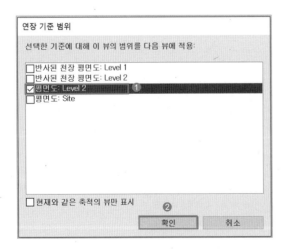

5. [연장 범위]가 잘 적용되었는지 확인하기 위해 프로젝트 탐색기에서 [평면 → Level 2]를 더블 클릭해 엽니다.

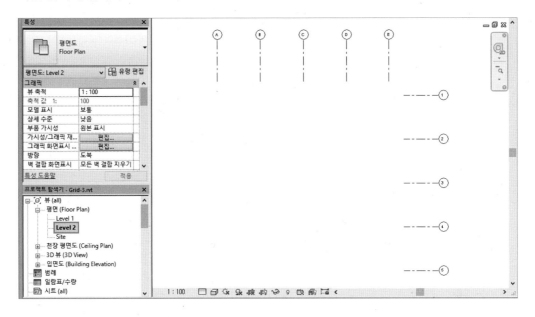

이 장에서는 레빗 프로젝트에서 가장 기본이 되는 그리드와 레벨을 생성하고 수정해 보았습니다. 그리드와 레벨은 실무에서 대부분 BIM 매니저가 설정하고 관리하지만 기본적으로 수정하는 방법을 정확히 이해하고 있어야 실무에서 큰 실수를 막을 수 있습니다. 다음 장에서는 건물의 뼈대가 되는 기둥과 벽을 살펴보겠습니다.

빌라 사보아의 그리드와 레벨 만들기

:: 미션 파일 [02장] 폴더/[미션] 폴더/도전 미션-1_시작.rvt

과제 빌라 사보아의 그리드와 레벨을 만들어 보세요!

현대 건축의 걸작으로 손꼽히는 빌라 사보아를 레빗에서 직접 만들어 보겠습니다. 먼저 이 장에서는 건물의 기준이 되는 그리드와 레벨을 생성합니다. 아래 그림을 참고해 [4750] 간격의 그리드와 [3000] 간격의 레벨을 생성해 보세요!

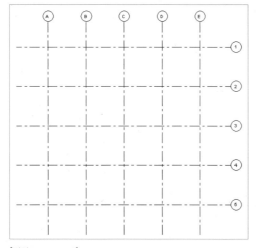

[평면도 - Level 1]

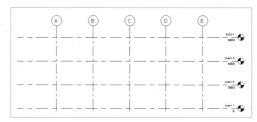

[입면도 - South]

힌트

① 예제 파일 [도전 미션-1_시작.rvt]을 열고 프로젝트 탐색기에서 [평면도 → Level 1]로 이동합니다.

② [건축 탭 → 기준 패널 → 그리드]를 선택하고 [4750] 간격으로 그리드를 생성합니다. 왼쪽에서 오른쪽으로 5개의 그리드(A~E)를 생성하고 위에서 아래로 5개의 그리드(1~5)를 생성합니다.

③ 프로젝트 탐색기에서 [입면도 → South]를 열어 [Level 3]의 높이를 [6000]으로 수정하고 높이가 [9000]인 부분에 새로운 레벨을 하나 더 생성하고 이름을 [ROOF]로 변경합니다.

:: 정답 파일 [02장] 폴더/[미션] 폴더/도전 미션-1_완성.rvt

03 기둥과 벽

건축 도면에서 기본 요소는 기둥과 벽입니다. 프로젝트 초기 단계 도면의 경우, 벽과 기둥, 문과 창문 등의 요소만으로도 계획이 충분히 가능할 정도입니다. 따라서 레빗에서도 다른 요소보다 기둥과 벽을 먼저 이해하고 사용해야 합니다. 기둥이나 벽을 단순히 프로젝트에 배치하는 것은 간단하지만 각 특성을 이해하고 사용하는 사람은 많지 않습니다. 이 장에서는 기둥과 벽의 특성을 알아보고 제대로 사용해 보겠습니다.

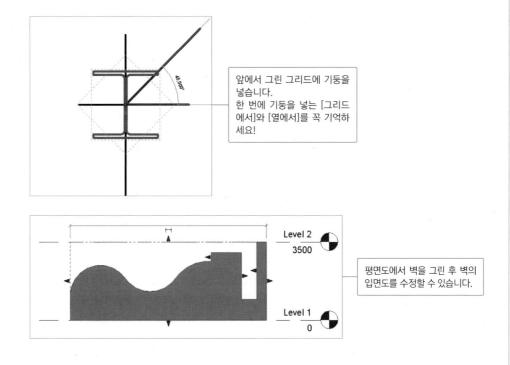

앞에서 그린 그리드에 기둥을 넣습니다.
한 번에 기둥을 넣는 [그리드에서]와 [열에서]를 꼭 기억하세요!

평면도에서 벽을 그린 후 벽의 입면도를 수정할 수 있습니다.

기초
모델링하기 │ 그리드와
레벨 │ 기둥과
벽 │ 바닥과
지붕

03-1 기둥의 종류

레빗에서 기둥은 크게 구조 기둥과 건축 기둥으로 나뉩니다. 두 기둥은 건축적으로 역할이 다르며 레빗에서도 두 기둥의 특성이 다릅니다. 먼저 각 기둥의 특징과 사용 방법을 살펴보겠습니다.

건축: 원형 기둥　　　건축: 정사각형 기둥　　　구조 기둥

구조 기둥

레빗에서 구조를 표현하는 기둥으로 보와 같은 구조적인 요소들과 결합할 수 있습니다. [그리드에서] 기능을 사용하면 그리드에 일괄적으로 구조 기둥을 넣을 수 있고, [열에서] 기능을 사용하면 모든 건축 기둥에 일괄적으로 구조 기둥을 넣을 수 있습니다.

건축 기둥

구조 기둥을 감싼 기둥으로 주로 장식 역할을 합니다. 이 기둥은 구조 기둥과 다르게 보를 비롯한 다른 구조 요소들과 결합할 수 없고 [그리드에서]나 [열에서] 기능도 사용할 수 없습니다. 그 대신 여러 개의 레이어를 가진 복합 벽 등에 접할 경우, 그 특성이나 재료를 받아들여 쉽게 적용할 수 있고 벽기둥 같은 요소를 아주 쉽게 만들 수 있습니다.

> ### 👋 장선배의 노트　벽기둥을 건축 기둥으로 만드는 이유는 무엇인가요?
>
> 벽기둥은 벽면에 접한 기둥으로 구조 기둥으로 만들지 못하는 것은 아닙니다. 그러나 위에서 언급한 것처럼 건축 기둥으로 벽기둥을 만들면 기둥이 벽에 인접할 때 자동으로 벽 재료를 받아들여 쉽게 만들 수 있습니다. 따라서 벽면 재료와 같은 벽기둥을 만들고 싶다면 건축 기둥으로 만드는 것이 효율적입니다.

03-2 기둥 넣기

캐드와 달리 레빗에서는 기둥을 일일이 만들어 배치하지 않고 이미 생성된 기둥 패밀리를 프로젝트에 불러와 원하는 위치에 넣습니다. 따라서 기둥을 배치하기 위해서는 먼저 패밀리를 불러와야 합니다. 기둥을 불러오고 배치하는 방법과 기둥별 특징을 살펴보겠습니다.

구조 기둥 넣기

구조 기둥을 프로젝트에 배치하는 방법은 생각보다 간단합니다. 그러나 사소한 부분을 간과할 경우, 예상치 못한 어려움에 처할 수도 있습니다. 그럼 구조 기둥을 넣는 방법과 옵션 등을 알아봅시다.

직접 해보세요! 그리드에 구조 기둥 넣기

:: 예제 파일 [03장] 폴더 / [본문 실습] 폴더 / Column-1.rvt

그리드가 그려진 예제 파일의 그리드 교차점에 구조 기둥을 생성해 보겠습니다.

완성된 모습

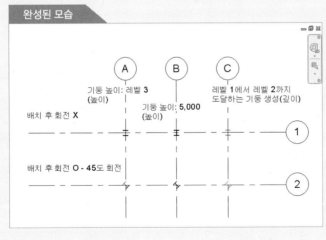

⊕ 리본 영역
[건축 탭 → 빌드 패널 → 기둥
▼ → 구조 기둥]

⊕ 구조 기둥 단축키 [CL]

1. 예제 파일을 열고 프로젝트 탐색기에서 [평면 → Level 2]를 더블 클릭하여 이동합니다.

2. 도면을 살펴보면 [그리드 1] 위에는 '배치 후 회전 X', [그리드 2] 위에는 '배치 후 회전 O -45도 회전'이라고 쓰여 있습니다. 이대로 실습해 보겠습니다.

3. 리본 영역 선택하기

[건축 탭 → 빌드 패널 → 기둥]의 드롭다운 화살표를 클릭한 후 다시 [구조 기둥]을 클릭합니다.

👏 **장선배의 노트**   기둥 패밀리를 선택해 불러올 수 있어요!

레빗에는 패밀리 개념이 있기 때문에 기둥 부재를 불러와 구조 기둥을 만들 수 있습니다. 프로젝트에 이미 로드된 기둥 패밀리가 있다면 특성 창에서 원하는 기둥 유형을 선택하세요.

원하는 기둥 유형이 프로젝트에 없다면 기둥 패밀리를 먼저 프로젝트에 로드해야 합니다. [수정 | 배치 구조 기둥 탭 → 패밀리 로드]를 클릭하면 다음과 같은 창이 나타납니다.

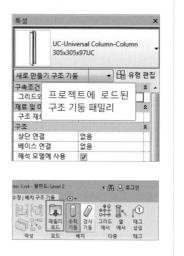

구조 기둥을 불러와야 하므로 [패밀리 로드] 팝업 창에서 [구조 기둥] 폴더를 열어 원하는 구조 기둥을 프로젝트로 로드합니다.

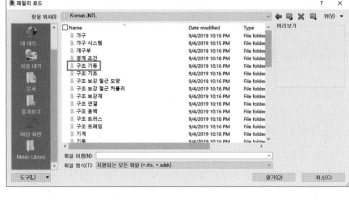

4. 옵션 막대에서 [배치 후 회전] 체크가 해제된 것을 확인하고 [그리드 1] 열의 교차점 세 곳에 각 높이 조건에 맞는 기둥을 넣어 보겠습니다. [그리드 A]에는 기둥 높이가 [레벨 3]까지 도달하도록 옵션 막대에서 [높이]와 [Level 3]으로 설정하고 교차점을 클릭합니다.

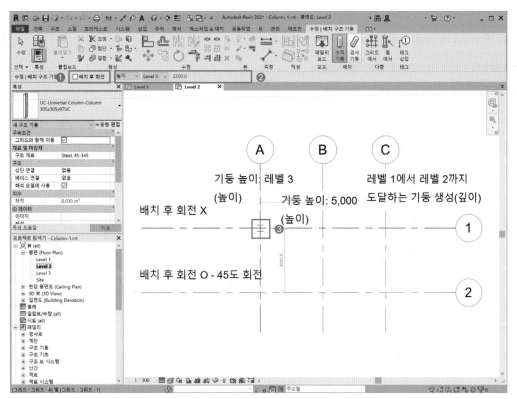

구조 기둥을 넣을 때 그리드의 교차점 근처에 가면 위치를 인식해 자동으로 잡아 줘 편리합니다.

옵션 막대에서는 구조 기둥을 배치하는 옵션을 선택할 수 있습니다. 옵션은 다음과 같습니다.

❶ 배치 후 회전 - [배치 후 회전]을 체크하지 않은 경우, 도면 영역에서 원하는 지점을 클릭하면 구조 기둥이 그대로 생성됩니다. 반면, 체크한 경우, 원하는 지점을 클릭하고 회전시키고 싶은 각도에 해당하는 지점을 다시 한번 클릭해야 구조 기둥이 생성됩니다.

❷ 높이 또는 깊이 - [높이]는 현재 뷰를 기준으로 위쪽 방향으로 기둥을 생성하며 [깊이]는 현재 뷰를 기준으로 아래쪽 방향으로 기둥을 생성합니다. 예를 들어 2층 평면도에서 [깊이]를 선택하고 구조 기둥을 생성하면 2층에서 1층 방향으로 지정한 높이만큼 구조 기둥이 생성되고 [높이]를 선택하면 3층 방향으로 지정한 높이만큼 구조 기둥이 생성됩니다.

❸ 미연결 또는 레벨 - 기둥 높이를 정할 때 [레벨]을 선택하면 수치를 넣을 수 있는 칸이 비활성화되고 [미연결]을 선택하면 옆 칸에 원하는 기둥 높이를 수치로 입력할 수 있습니다.

▶ [미연결] 또는 [레벨]은 상단 구속 조건과 연결되는 내용으로 자세한 설명은 97쪽을 참고하세요.

5. [그리드 1]과 [그리드 B]의 교차점에는 기둥 높이가 5,000인 기둥을 넣어야 하므로 옵션 막대에서 [높이]와 [미연결]로 설정하고 숫자를 입력하는 칸에 [5000]을 입력한 후 교차점을 클릭합니다.

6. [그리드 1]과 [그리드 C]의 교차점에는 레벨 1에서 레벨 2에 이르는 기둥을 넣어야 합니다. 옵션 막대에서 이번에는 [깊이]와 [Level 1]로 설정하고 교차점을 클릭합니다. [깊이]를 선택하는 이유는 현재 뷰인 [Level 2]를 기준으로 아래쪽에 기둥을 만들어야 하기 때문입니다.

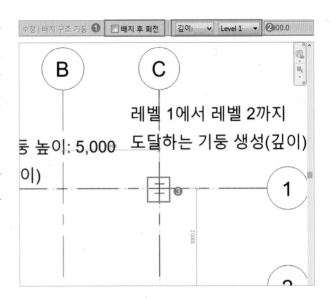

레벨 1에서 레벨 2까지 도달하는 기둥 생성(깊이)

[깊이] 옵션을 체크하면 해당 레벨에서 위쪽 레벨이 아닌 아래쪽 레벨로 기둥을 생성하기 때문에 아래 그림과 같이 현재 뷰에서 볼 수 없다는 경고창이 나타납니다. 그러나 현재 레벨보다 낮은 레벨 뷰로 이동하면 생성된 기둥을 확인할 수 있습니다.

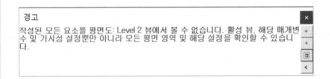

현재 실습 파일의 뷰에서는 이 경고창이 나타나지 않는데요. 그 이유는 현재 뷰 설정이 아래 레벨인 [Level 1]을 흐릿하게 함께 보여주는 [언더레이] 기능이 활성화되어 있기 때문입니다.

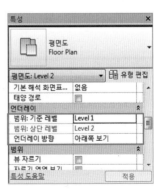

[범위: 기준 레벨]이 [없음]으로 설정되어 있으면 다른 레벨 정보가 보이지 않습니다.

7. 이번에는 [그리드 2] 열의 교차점 세 곳에 45° 회전한 구조 기둥을 생성해 보겠습니다. [그리드 A]와의 교차점에 기둥을 넣기 위해 옵션 막대에서 [배치 후 회전]을 체크하고 [높이]와 [Level 3]으로 설정한 후 교차점을 클릭하고 각도를 지정하기 위해 45°인 부분을 다시 클릭하면 기둥이 생성됩니다.

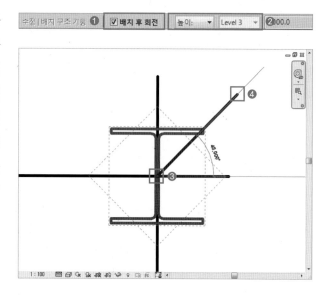

👋 **장선배의 노트** Spacebar 를 누르면 쉽게 회전할 수 있어요!

기둥을 배치하기 전 Spacebar 를 누르면 기둥이 회전합니다. 만약 회전하려는 요소 주변에 기준이 될 만한 요소가 아무것도 없을 경우, 누를 때마다 90°씩 회전합니다. 주변에 다른 요소가 있을 경우, 아래 그림과 같이 주변 요소의 각도나 위치를 기준으로 90°씩 회전합니다. 이렇게 원하는 방향으로 바꾼 다음 원하는 위치에서 클릭하면 기둥이 생성됩니다. 물론 배치한 후에도 기둥을 선택하고 Spacebar 를 눌러 회전시킬 수도 있습니다.

	주변에 아무것도 없는 경우	주변 요소를 기준으로 배치할 경우	
기둥을 배치할 지점에 마우스를 올린 모습	I	I	I
Spacebar 를 한 번 클릭한 경우	H	✝	I
Spacebar 를 두 번 클릭한 경우	I	H	H

이 기능은 대부분의 패밀리나 구성 요소에도 함께 적용됩니다. 회전 기능보다 훨씬 빠르고 쉽게 원하는 방향으로 수정할 수 있으니 반드시 기억해 두세요!

8. [그리드 2]와 [그리드 B]의 교차점에 기둥을 넣기 위해 옵션 막대에서 [배치 후 회전]을 체크하고 [높이]와 [미연결]로 설정한 후 숫자를 입력하는 칸에 [5000]을 입력합니다. 교차점을 클릭하고 45˚인 부분을 다시 클릭하면 기둥이 생성됩니다.

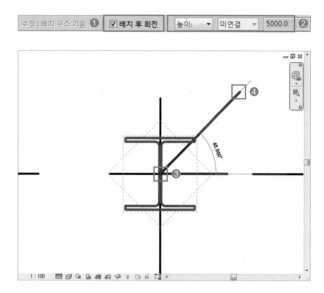

9. [그리드 2]와 [그리드 C]의 교차점에 기둥을 넣기 위해 옵션 막대에서 [배치 후 회전]을 체크하고 레벨 1에서 레벨 2에 이르는 기둥을 넣어야 하므로 옵션 막대에서 [깊이]와 [Level 1]로 설정합니다. 이후 교차점을 클릭하고 45˚인 부분을 다시 클릭하면 기둥이 생성됩니다.

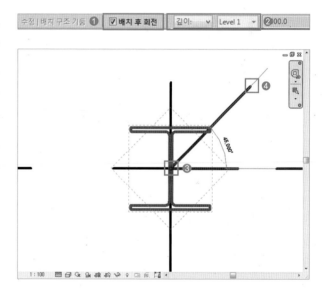

10. 기둥을 모두 넣은 후 명령을 마쳤다면 키보드의 [Esc]를 두 번 누르거나 리본 영역 가장 왼쪽의 [수정]을 클릭합니다.

건축 기둥 넣기

건축 기둥은 구조 기둥과 용도는 다르지만 프로젝트에 배치하는 방법은 거의 같습니다. 건축
기둥을 프로젝트에 배치하는 순서와 방법 등을 살펴보겠습니다.

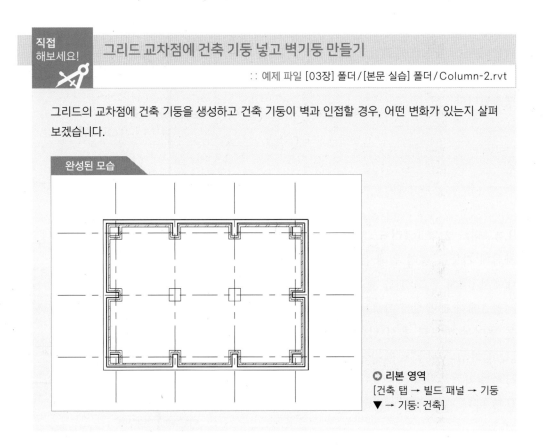

직접 해보세요!

그리드 교차점에 건축 기둥 넣고 벽기둥 만들기

:: 예제 파일 [03장] 폴더/[본문 실습] 폴더/Column-2.rvt

그리드의 교차점에 건축 기둥을 생성하고 건축 기둥이 벽과 인접할 경우, 어떤 변화가 있는지 살펴
보겠습니다.

완성된 모습

○ 리본 영역
[건축 탭 → 빌드 패널 → 기둥
▼ → 기둥: 건축]

1. 예제 파일을 열고 프로젝트 탐색기에서 [평면 → Level 1]이 열려 있는지 확인합니다. 다른
뷰가 열려 있다면 [평면 → Level 1]을 더블 클릭해 이동합니다.

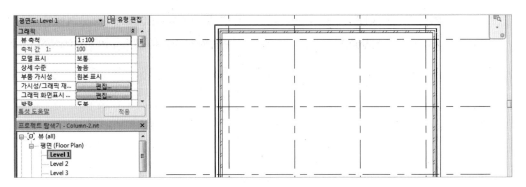

2. 리본 영역 선택하기

[건축 탭 → 빌드 패널 → 기둥]의 드롭다운 화살표를 클릭한 후 다시 [기둥: 건축]을 클릭합니다.

▶ 구조 기둥과 마찬가지로 건축 기둥도 패밀리를 선택해야 합니다. 기둥 패밀리를 프로젝트에 로드하는 방법은 74쪽을 참고하세요.

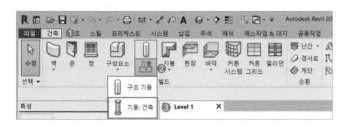

3. 레벨 1에서 레벨 2에 도달하는 건축 기둥을 배치하기 위해 옵션 막대에서 [높이]와 [Level 2]를 설정합니다.

> 💛 **장선배의 노트** 건축 기둥을 만들 때 어떤 옵션이 있는지 궁금해요!
>
> 옵션 막대는 구조 기둥과 비슷합니다. [룸 경계]라는 옵션만 제외하면 나머지 기능은 같습니다.
>
> | 수정 | 배치 기둥 | ☐ 배치 후 회전 | 높이: ▼ | Level 2 ▼ | 4000.0 | ☑ 룸 경계 |
>
> **룸 경계** - 룸을 생성할 때 건축 기둥이 룸을 구분하는 경계로 사용되도록 설정하는 옵션입니다. 일반적으로 체크된 상태에서 이용하며 구조 기둥에는 이 옵션이 없습니다.
>
> ▶ 나머지 옵션에 대한 설명은 76쪽 [장선배의 노트]를 참고하세요.
> ▶ 룸에 대한 설명은 09장을 참고하세요.

4. 각 그리드 교차점을 클릭해 건축 기둥을 배치합니다.

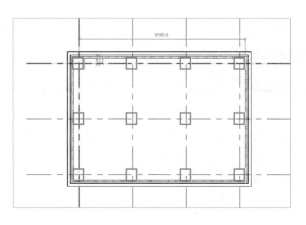

복합 벽에 닿도록 건축 기둥을 생성하면 재료가 저절로 입혀져요!

건축 기둥에는 다른 복합 벽의 재료 특성들을 쉽게 적용할 수 있습니다. 다시 말해 건축 기둥을 복합 벽에 인접해 배치하면 벽과 만나는 레이어 재료가 기둥에도 똑같이 적용됩니다. 벽기둥을 만들 때 재료를 따로 적용하지 않아도 되어 매우 편리한 기능입니다.

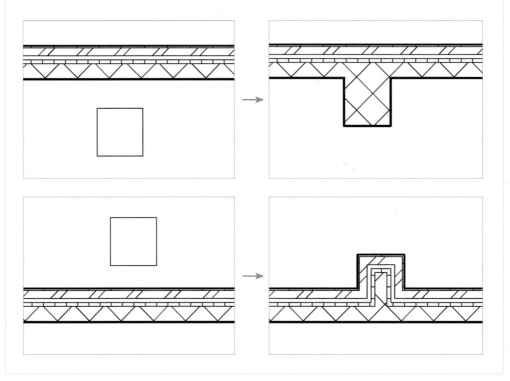

5. 기둥을 모두 넣었다면 키보드의 [Esc]를 두 번 누르거나 리본 영역 가장 왼쪽의 [수정]을 클릭합니다. 건축 기둥 중 벽과 맞닿는 기둥들은 벽 재료를 그대로 받아들여 수정되고 가운데 건축 기둥은 재료가 바뀌지 않았음을 확인할 수 있습니다.

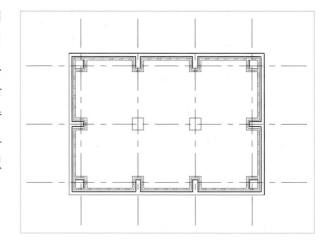

03-3 기둥 한 번에 넣기

지금까지는 기둥을 하나씩 배치했습니다. 이번에는 [그리드에서]와 [열에서] 기능을 사용해 기둥을 일일이 하나씩 클릭하지 않고 한 번에 넣어 보겠습니다. 앞에서 언급했듯이 이 두 가지 기능은 건축 기둥에서는 사용할 수 없고 구조 기둥에서만 사용할 수 있습니다. 그럼 이 두 가지 기능을 알아보겠습니다.

[그리드에서] 기능 사용하기

[그리드에서]는 원하는 그리드의 교차점에 기둥을 한 번에 넣는 편리한 기능입니다.

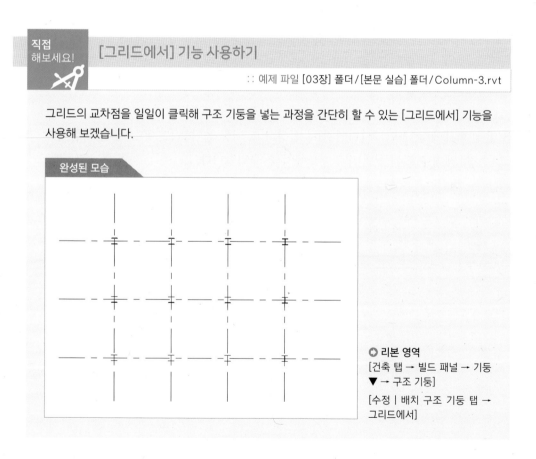

직접 해보세요! [그리드에서] 기능 사용하기

:: 예제 파일 [03장] 폴더/[본문 실습] 폴더/Column-3.rvt

그리드의 교차점을 일일이 클릭해 구조 기둥을 넣는 과정을 간단히 할 수 있는 [그리드에서] 기능을 사용해 보겠습니다.

완성된 모습

● 리본 영역
[건축 탭 → 빌드 패널 → 기둥 ▼ → 구조 기둥]
[수정 | 배치 구조 기둥 탭 → 그리드에서]

1. 예제 파일을 열고 프로젝트 탐색기에서 [평면 → Level 1]이 열려 있는지 확인합니다. 다른 뷰가 열려 있을 경우, [평면 → Level 1]을 더블 클릭해 이동합니다.

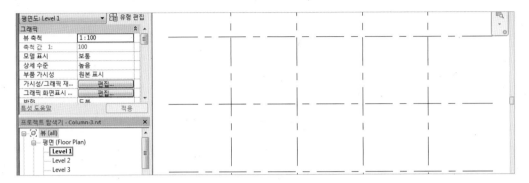

2. 리본 영역 선택하기

[건축 탭 → 빌드 패널 → 기둥]의 드롭다운 화살표를 클릭한 후 [구조 기둥]을 클릭합니다.

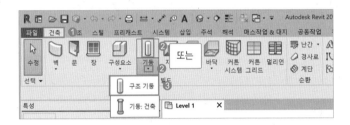

3. 옵션 막대에서 [높이]와 [미연결]로 설정하고, 기둥 높이를 [2500]으로 입력합니다. 그리고 [수정 | 배치 구조 기둥 탭 → 그리드에서]를 클릭합니다.

4. 구조 기둥을 넣고 싶은 부분의 오른쪽 윗부분부터 왼쪽 아랫부분까지 드래그합니다.

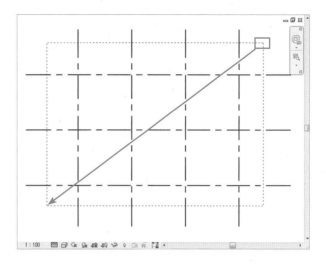

5. 그리드를 선택하면 미리 보기 기능을 통해 구조 기둥이 배치될 모습을 보여주며 [완료] 버튼을 누르면 선택한 곳에 구조 기둥이 생성됩니다.

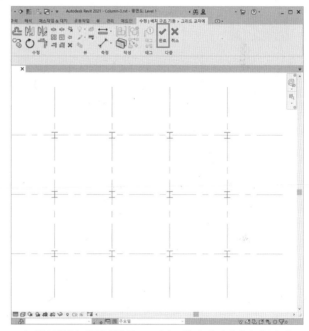

그리드를 선택하면 기둥을 회색 톤으로 미리 보여주는데 이때 빠진 부분이 없는지 확인합니다.

👋 **장선배의 노트** [그리드에서]를 실행했는데 회색 톤으로 미리 보기가 나오지 않아요!

혹시 기둥을 생성할 때 옵션 막대에서 [깊이]를 선택하지 않았나요? 앞에서 옵션 막대에서 [깊이]를 선택하고 [언더레이] 기능을 활성화하지 않으면 생성한 기둥이 보이지 않는다고 설명했습니다. 마찬가지로 [그리드에서] 기능을 사용할 때 [깊이]를 선택하고 기능을 사용하면 회색 톤으로 미리 보기가 나타나지 않고 생성한 기둥도 볼 수 없습니다.

장선배의 노트 미리 보기를 한 상태에서 기둥을 일괄적으로 회전시킬 수도 있어요!

미리 보기를 한 상태에서 `Spacebar`를 누르면 요소를 일괄적으로 쉽게 회전시킬 수 있습니다. 자세한 내용은 78쪽 [장선배의 노트]를 참고하세요.

[열에서] 기능 이용하기

[그리드에서]의 기능과 비슷한 방법으로 이번에는 그리드 교차점이 아닌 건축 기둥이 있는 곳에 구조 기둥을 배치하는 [열에서] 기능을 배워 보겠습니다.

직접 해보세요! [열에서] 기능 사용하기

:: 예제 파일 [03장] 폴더/[본문 실습] 폴더/Column-3.rvt

[그리드에서] 기능을 다루었던 예제 파일로 이번에는 [열에서] 기능을 배워 보겠습니다.

완성된 모습

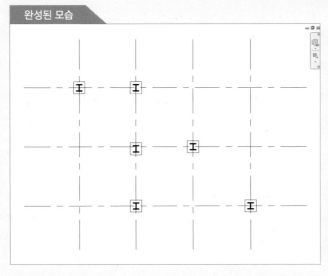

➲ 리본 영역
[건축 탭 → 빌드 패널 → 기둥 ▼ → 구조 기둥]
[수정 | 배치 구조 기둥 탭 → 열에서]

1. 예제 파일을 열고 프로젝트 탐색기에서 [평면 → Level 2]를 더블 클릭해 이동합니다.

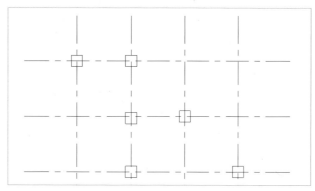

2. 리본 영역 선택하기

[건축 탭 → 빌드 패널 → 기둥]의 드롭다운 화살표를 클릭한 후 다시 [구조 기둥]을 클릭합니다.

3. 옵션 막대에서 [높이]와 [미연결]로 설정하고, 기둥 높이로 [2500]을 입력합니다. 그리고 [수정 | 배치 구조 기둥 탭 → 열에서]를 클릭합니다.

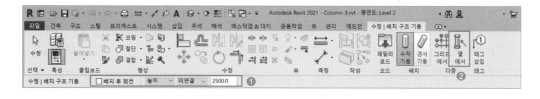

4. 구조 기둥을 넣고 싶은 부분의 오른쪽 윗부분부터 왼쪽 아랫부분까지 드래그합니다.

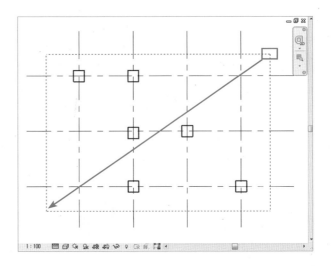

5. [완료] 버튼을 누르면 선택한 곳에 구조 기둥이 생성됩니다.

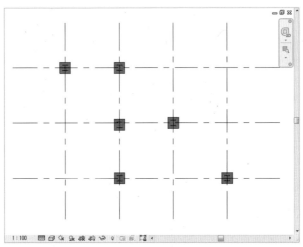

건축 기둥을 모두 선택하면 선택된 건축 기둥은 파란색, 생성될 구조 기둥은 회색으로 나타납니다. 이때 빠진 부분이 없는지 확인합니다.

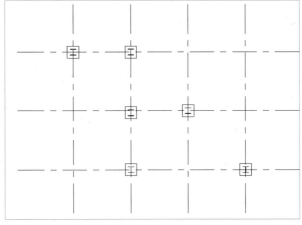

건축 기둥에 구조 기둥이 생성된 모습

03-4 벽 그리기

벽은 기둥과 더불어 건축에서 가장 기본적인 요소이자 레빗에서 건물의 경계를 구분 짓는 중요한 요소입니다. 기둥과 달리 벽은 패밀리 파일로 존재하지 않고 기본적으로 프로젝트에 저장되어 있습니다. 그럼 벽을 그리는 방법과 특징에 대해 살펴보겠습니다.

[그리기] 패널

벽은 건축의 여러 요소 중 가장 자유로운 형태로 만들 수 있는 요소입니다. 이렇게 설계자의 생각을 담아 다양한 형태로 벽을 그릴 때 [그리기] 패널을 이용합니다. [건축 탭 → 빌드 패널 → 벽]을 클릭하면 [그리기] 패널이 나타나는데요. 각 아이콘을 사용하는 방법은 다음과 같습니다.

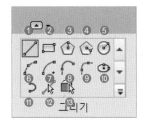

❶ **선** - 벽을 배치하려는 양쪽 끝점을 차례로 선택합니다.

❷ **직사각형** - 직사각형의 대각선 양쪽 끝점을 차례로 선택해 벽을 그립니다.

❸ **내접 다각형** - 내접 다각형의 중심점을 클릭하고 반지름(중심점에서 꼭짓점까지의 거리)을 입력하거나 원하는 지점을 클릭합니다.

❹ **외접 다각형** - 외접 다각형의 중심점을 클릭하고 반지름(중심점에서 다각형 면까지의 수직거리)을 입력하거나 원하는 지점을 클릭합니다.

❺ **원** - 원의 중심점을 클릭하고 반지름을 입력하거나 원하는 지점을 클릭합니다.

❻ **시작-끝-반지름 호** - 호의 시작점과 끝점을 클릭하고 호의 반지름을 정하기 위한 세 번째 지점을 클릭합니다.

❼ **중간-끝 호** - 호의 중심점을 먼저 클릭하고 원하는 반지름을 갖는 호의 시작점과 끝점을 차례로 클릭합니다.

❽ **접선 끝 호** - 만나지 않는 두 개의 벽을 호를 이용해 이어주는 기능으로 연결하려는 두 벽의 끝점을 클릭합니다.

❾ **모깎기 호** - 교차하는 두 개의 벽을 모깎기를 통해 호로 연결합니다.

❿ **타원** - 두 가지 방향으로 중심점과 반지름을 지정하여 타원형의 벽을 작성합니다. 타원의 중심점이 되는 부분을 먼저 클릭하고 각 방향으로 반지름을 지정할 위치를 클릭하면 타원형의 벽을 배치할 수 있습니다.

⓫ **부분 타원** - 타원의 절반을 작성합니다. 타원의 양쪽 끝을 차례로 지정한 다음에 다른 방향으로 반지름을 지정하면 부분 타원형의 벽을 배치할 수 있습니다.

⓬ **선 선택** - 기존 선이나 모델 요소의 모서리 등을 선택해 벽을 만듭니다.

⓭ **면 선택** - 기존 모델 요소의 면을 선택해 벽을 만듭니다.

▶ 벽을 그리는 방식 중에 [타원]과 [부분 타원]은 레빗 2020 버전부터 추가되었습니다.

직접 해보세요!

벽 그리기

:: 예제 파일 [03장] 폴더/[본문 실습] 폴더/Wall-1.rvt

아래 그림과 같이 여러 벽 종류를 옵션 막대를 이용해 다양한 방법으로 그려 보겠습니다.

완성된 모습

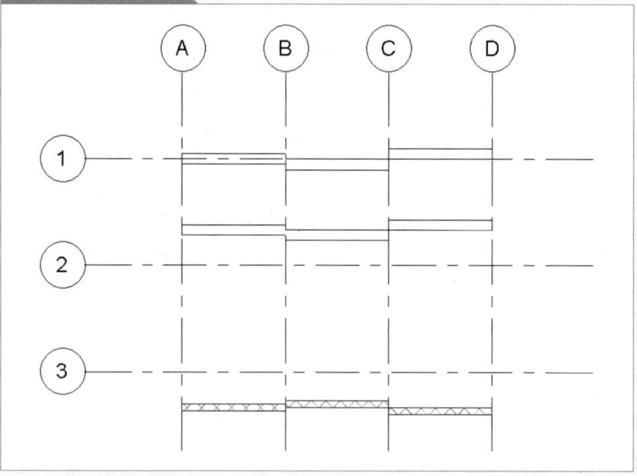

리본 영역
[건축 탭 → 빌드 패널 → 벽]

벽 단축키 [WA]

1. 예제 파일을 열고 프로젝트 탐색기에서 [평면 → Level 1]이 열려 있는지 확인합니다. 다른 뷰가 열려 있을 경우, [평면 → Level 1]을 더블 클릭해 이동합니다.

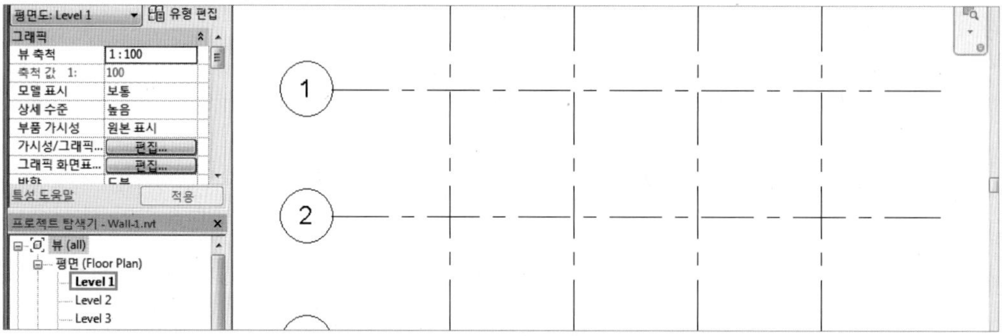

2. 리본 영역 선택하기

[건축 탭 → 빌드 패널 → 벽]을 클릭합니다. [벽] 아이콘에는 [벽: 건축], [벽: 구조], [면으로 벽 만들기] 등 세 가지 옵션이 있는데 [벽: 건축]이 기본으로 설정되어 있기 때문에 아이콘을 클릭해도 되고 [드롭다운 화살표]를 클릭해 [벽: 건축]을 선택해도 됩니다.

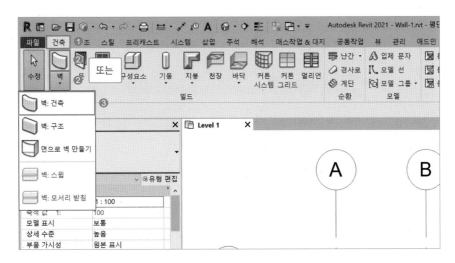

3. 벽 유형을 선택하기 위해 특성 창에서 벽 이름을 클릭하고 [일반 - 300mm]를 선택합니다.

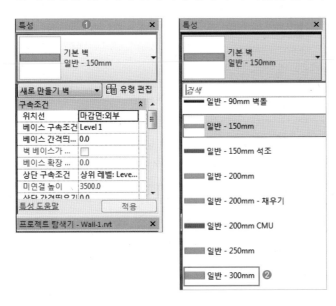

4. [위치선] 바꿔가며 벽 그리기

[그리드 1]을 따라 옵션 막대의 [위치선]을 바꿔가며 벽을 그려 보겠습니다. 우선 옵션 막대에서 [위치선]을 [벽 중심선]으로 설정하고 [체인]을 체크 해제합니다. [그리기 패널]에서 [선]을 선택하고 [그리드 1]을 따라 [그리드 A]부터 [그리드 B]까지 벽을 그립니다.

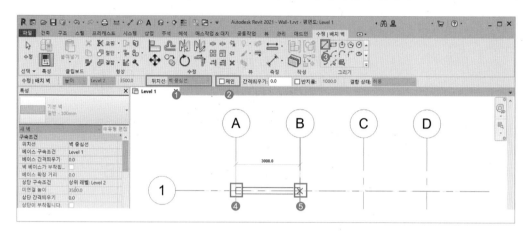

👋 **장선배의 노트** [위치선]과 [체인] 옵션은 무엇인가요?

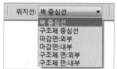

❶ **위치선** - 어느 지점을 기준으로 벽을 그릴지 결정합니다. 예를 들어 가장 많이 사용하는 [벽 중심선]은 그리는 위치가 벽의 중심선이 되고 [마감면:외부]는 그리는 지점이 벽의 바깥 면이 되며 [마감면:내부]는 벽의 안쪽 면이 됩니다.

▶ '구조체'라고 이름 붙은 [위치선]들은 비교적 잘 쓰지 않습니다. 복합 벽에서 구조 레이어인 구조체가 벽의 종류에 따라 유동적이기 때문입니다.

❷ **체인** - 그리는 벽들을 자동으로 이어 주는 옵션입니다. 이 옵션을 체크하면 하나의 벽을 그린 후 두 번째 벽이 첫 번째 벽의 마지막 지점에서 시작합니다. 기본적으로 체크되어 있으므로 불필요하면 체크를 해제하면 됩니다. 다만 직사각형이나 원 형태의 벽을 그릴 때는 특성상 선들이 연결되어 있어야 하므로 비활성화되어 있고 바꿀 수 없습니다.

5. 이번에는 [그리드 B]부터 [그리드 C]까지는 [마감면:외부]로, [그리드 C]부터 [그리드 D]까지는 [마감면:내부]로 [위치선]을 바꿔가며 벽을 그립니다.

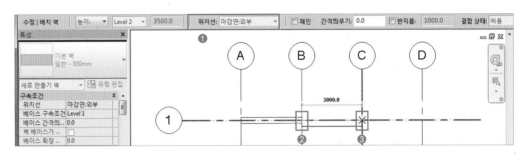

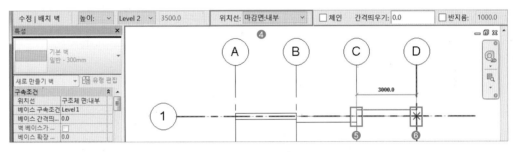

6. [간격띄우기]해 벽 그리기

[그리드 2]를 따라 간격띄우기를 해 벽을 그려 보겠습니다. 옵션 막대에서 [위치선]을 [벽 중심선]으로 다시 바꾸고 [간격띄우기]에 [1000]을 입력합니다. 그리고 [그리드 2]를 따라 [그리드 A]부터 [그리드 B]까지 벽을 그립니다.

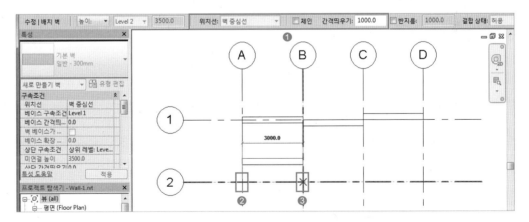

[간격띄우기] 옵션은 그리는 지점에서 원하는 간격만큼 떨어져 벽을 그리도록 도와주는 옵션입니다. 예를 들어 [간격띄우기] 창에 [3000]을 입력하고 왼쪽에서 오른쪽으로 그리면 위쪽으로 3,000 떨어진 지점에 벽이 생성되고 오른쪽에서 왼쪽으로 그리면 아래쪽으로 3,000 떨어진 지점에 벽이 생성됩니다.

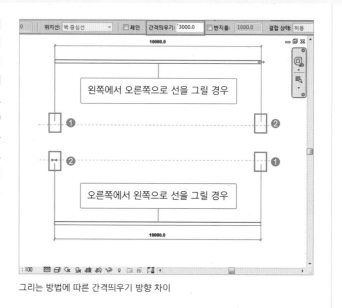

그리는 방법에 따른 간격띄우기 방향 차이

7. [간격띄우기]가 설정된 상태로 [그리드 B]부터 [그리드 C]까지는 [마감면:외부]로, [그리드 C]부터 [그리드 D]까지는 [마감면:내부]로 [위치선]을 바꿔가며 벽을 그립니다.

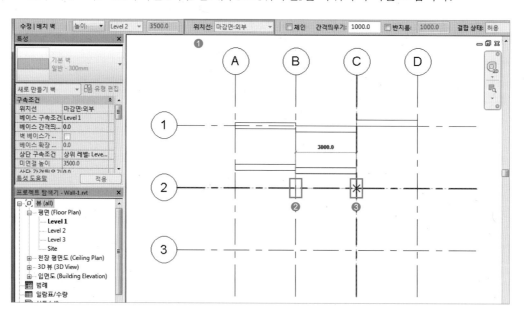

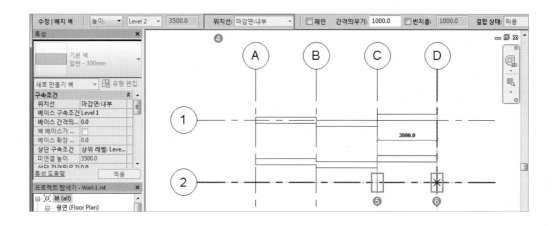

8. 방향 바꿔 벽 그리기

[그리드 3]을 따라 클릭하는 방향을 바꿔 벽을 그려 보겠습니다. 먼저 특성 창에서 벽 유형을 [일반 - 200mm CMU]로 바꾸고 [마감면:내부]로 [그리드 D]부터 [그리드 C]까지 벽을 그립니다.

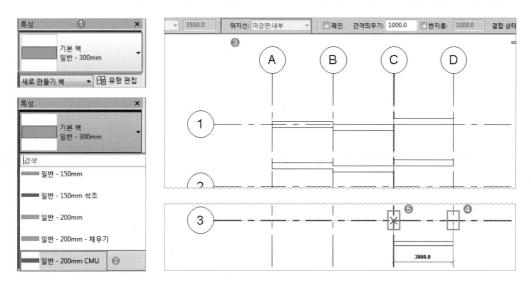

9. 이번에는 이 상태로 [그리드 C]부터 [그리드 B]까지는 [마감면:외부]로, [그리드 B]부터 [그리드 A]까지는 [벽 중심선]으로 [위치선]을 바꿔가며 벽을 그립니다.

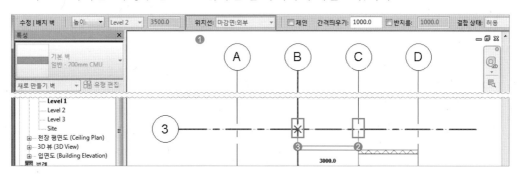

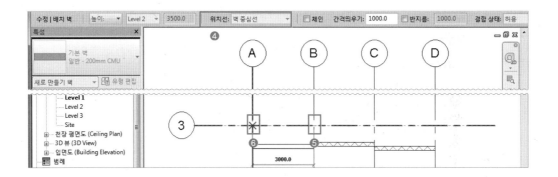

장선배의 노트 벽을 그릴 때 지정하는 옵션에 따라 어떤 것이 달라지나요?

3D 뷰에서 벽 그리기를 선택했을 때의 옵션 막대

▶ [위치선], [체인], [간격띄우기] 옵션에 대한 설명은 92, 94쪽을 참고하세요.

❶ 높이 또는 깊이 - 기둥을 배치할 때와 같은 기능으로 [깊이]를 선택하면 현재 뷰에서 아래쪽 레벨로 벽이 생성되며 [높이]를 선택하면 현재 뷰에서 위쪽 레벨로 벽이 생성됩니다. 따라서 분명히 벽을 그렸는데 현재 뷰에서 볼 수 없다는 경고창이 뜨면 옵션 막대에서 [깊이]를 선택했는지 확인하세요!

❷ 반지름 - 인접한 두 개의 벽을 모깎기로 연결해 주는 옵션으로 원하는 모깎기 반지름을 정해 두 벽을 이어 그리면 자동으로 모깎기가 됩니다.

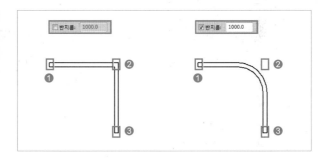

❸ 결합 상태 - 레빗 2016 버전부터 새로 추가된 옵션으로, 벽을 생성할 때 결합할 것인지 분리할 것인지 선택할 수 있습니다.

❹ 레벨 - 3D 뷰에만 나타나는 옵션으로 벽의 베이스를 정할 때 사용합니다. 그 옆에 입력하는 숫자는 상단 구속조건과 관련된 것으로 벽의 높이를 정할 때 사용됩니다.

▶ 상단 구속조건에 대한 설명은 98쪽을 참고하세요.

구속조건

벽을 그릴 때 가장 중요한 부분이 바로 구속조건입니다. 벽은 레벨을 기준으로 그리기 때문에 [베이스 구속조건]과 [베이스 간격띄우기], [상단 구속조건]과 [상단 간격띄우기]를 가장 주의해야 합니다. 이 네 가지 개념을 하나씩 살펴보겠습니다.

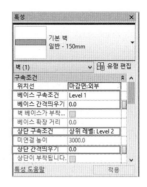

구속조건의 개념과 간격띄우기

구속조건은 벽을 그릴 때 시작점과 끝점을 수직적으로 지정하는 개념을 말합니다. 벽이 수직적으로 시작되는 레벨을 [베이스 구속조건]이라고 하며 벽이 수직적으로 끝나는 레벨을 [상단 구속조건]이라고 합니다. 예를 들어 벽이 [Level 1](1층 바닥)에서 시작해 [Level 2](2층 바닥)까지 도달한다면 [베이스 구속조건]은 [Level 1], [상단 구속조건]은 [Level 2]가 됩니다.

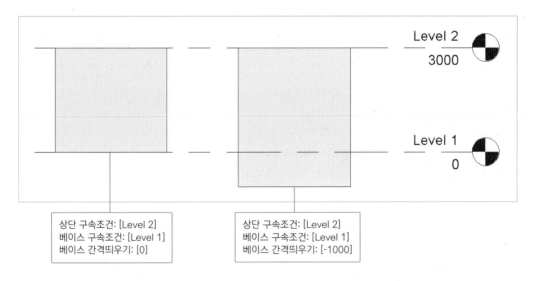

[베이스 구속조건]과 [상단 구속조건]은 모두 프로젝트 안에 있는 레벨 중에서만 선택할 수 있는데요. 레벨보다 좀 더 높게 또는 낮게 설정할 때 바로 [간격띄우기]를 함께 사용합니다. 예를 들어 벽이 [Level 1]에서 시작해 [Level 2]에서 끝나지 않고 [Level 1]보다 1,000 낮은 높이에서 시작하도록 만들려면 [베이스 구속조건]을 [Level 1]으로 지정하고 [간격띄우기]를 [-1000]으로 설정하면 됩니다.

상단 구속조건, 연결이냐 미연결이냐

[상단 구속조건]은 [베이스 구속조건]과 다르게 레벨을 지정하지 않을 수도 있으며 [미연결]을 선택하면 단순히 벽의 높이를 지정해 그릴 수도 있습니다. 이때 [상단 구속조건]을 [미연결]로 설정하면 나중에 레벨의 높이가 바뀌었을 때 수정된 레벨의 높이에 따라 벽의 높이가 적절히 업데이트되지 않으니 주의해야 합니다.

예를 들어 [Level 1]에서 [Level 2]의 높이가 3,000인 프로젝트에서 똑같은 종류의 벽을 두 개 그려 하나는 [상단 구속조건]을 [Level 2]로 설정하고 다른 하나는 그냥 [미연결]로 해 높이를 [3000]으로 지정해 놓는다면 두 벽 모두 높이가 3,000 상태가 됩니다.

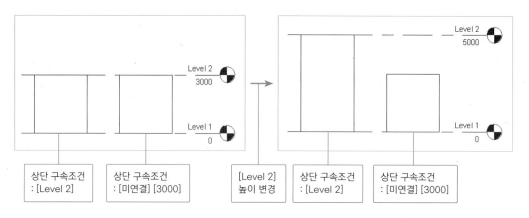

만약 이 상태에서 [Level 2]의 높이를 [5,000]으로 변경하면 어떻게 될까요? 첫 번째의 경우, [상단 구속조건]이 [Level 2]이기 때문에 자동으로 높이가 5,000인 벽으로 변경됩니다. 그러나 두 번째 벽의 경우, 높이는 3,000 상태로 유지됩니다. 두 번째 벽은 [Level 2]의 영향을 전혀 받지 않는 [미연결] 상태이기 때문입니다.

👋 **장선배의 노트** 실무에서는 [미연결]을 거의 사용하지 않아요!

일반적으로 실무에서 [상단 구속조건]을 [미연결]로 설정해 벽을 그리는 경우는 드뭅니다. 높이가 레벨보다 낮은 경우, [미연결]로 설정하지 않고 [상단 구속조건]을 [베이스 구속조건]보다 위쪽 레벨로 설정하고 [상단 간격띄우기]를 이용해 벽의 높이를 조절해야 나중에 혼란을 피할 수 있습니다.

03-5 벽 입면 수정하기

벽을 프로젝트에 배치할 때는 벽의 종류와 높이, 위치 등만 조절할 수 있고 입면을 수정할 수는 없습니다. 따라서 입면을 바꾸고 싶다면 벽을 프로젝트에 배치한 후 수정해야 합니다. 벽입면을 수정하는 두 가지 방법을 살펴보겠습니다.

직접 해보세요! 벽 입면 수정하기

:: 예제 파일 [03장] 폴더/[본문 실습] 폴더/Wall-2.rvt

첫 번째 방법은 지붕이나 다른 곳에 부착하지 않고 필요에 따라 벽 입면을 수정하는 방법입니다. 일반적으로 이 방법을 많이 사용하죠. 벽 입면을 수정하는 방법을 살펴보겠습니다.

완성된 모습

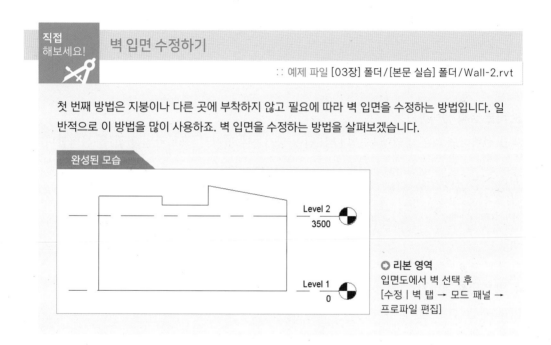

◐ 리본 영역
입면도에서 벽 선택 후
[수정 | 벽 탭 → 모드 패널 →
프로파일 편집]

1. 예제 파일을 열고 프로젝트 탐색기에서 [입면도 → South]가 열려 있는지 확인합니다. 다른 뷰가 열려 있을 경우, [입면도 → South]를 더블 클릭해 이동합니다.

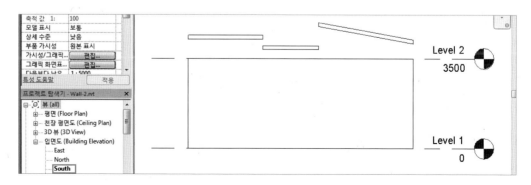

2. 입면을 수정할 벽을 선택합니다.

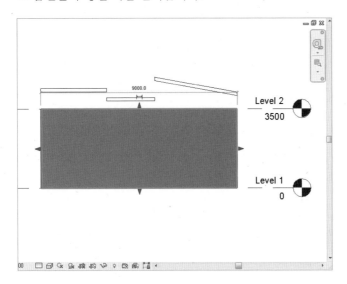

3. 리본 영역 선택하기

벽을 선택하면 리본 영역에 [수정 | 벽] 탭이 생기는데 여기서 [프로파일 편집]을 선택합니다.

4. 벽 입면 수정하기

[프로파일 편집]을 클릭하면 자동으로 스케치 모드로 들어가는데요. 여기서 벽의 입면을 원하는 대로 수정할 수 있습니다. 스케치 모드로 바뀐 도면 영역에서 벽의 윗부분 선을 선택하고 키보드의 [Delete]를 누르거나 리본 영역에서 [삭제] 아이콘을 클릭해 삭제합니다.

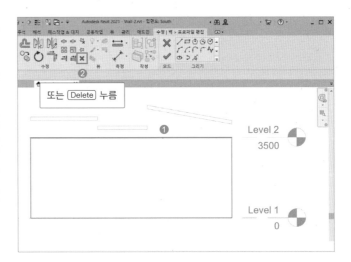

5. [그리기] 패널에서 [선 선택]을 선택하고 오른쪽 그림과 같이 세 개의 선을 선택합니다.

▶ 벽 입면을 수정할 때 나오는 [그리기] 패널은 벽을 그릴 때 나오는 패널과 비슷합니다. [그리기] 패널에 대한 설명은 89쪽을 참고하세요.

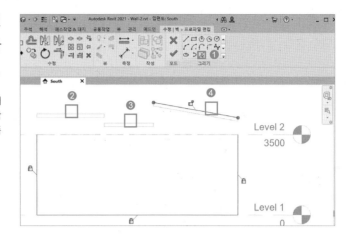

6. [그리기] 패널에서 [선]을 선택하고 오른쪽 그림과 같이 두 개의 선을 그립니다.

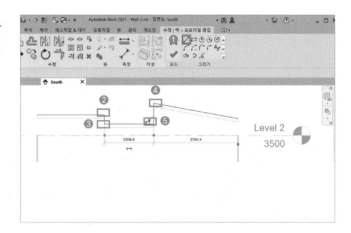

7. [수정] 패널의 [코너로 자르기/연장]을 클릭하고 오른쪽 그림과 같이 도면 영역의 선을 연결합니다.

▶ [수정] 패널의 [코너로 자르기/연장]에 대한 자세한 설명은 05장을 참고하세요.

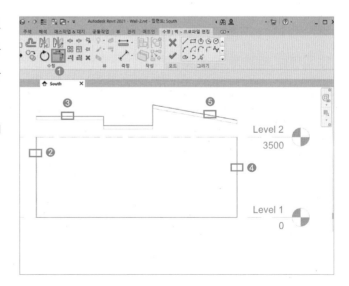

8. 벽 입면을 모두 수정했으면 [편집 모드 완료]를 누릅니다.

🖐 **장선배의 노트** [편집 모드 완료]를 누르면 입면이 파란색으로 바뀌어요!

입면을 원하는 모양으로 수정하면 분홍 선으로 그려지고 스케치를 완료하면 입면이 파란 면으로 채워집니다.

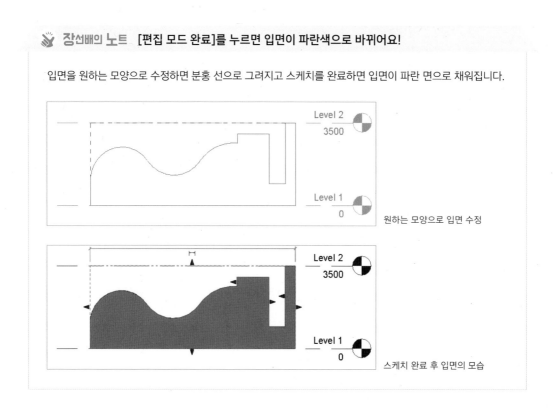

벽 입면을 지붕에 맞춰 부착하기

경사가 있는 지붕의 경우, 일반적으로 벽의 높이만 조절해서는 지붕에 맞춰 입면을 조절할 수 없으므로 다른 방법으로 입면을 수정해야 합니다. 벽 입면을 스케치로 바꿀 수도 있지만 벽면을 지붕에 부착하는 방법이 좀 더 쉽고 효과적입니다. 실습을 통해 이 방법을 알아보겠습니다.

직접 해보세요! 벽 입면을 지붕에 맞춰 부착하기

:: 예제 파일 [03장] 폴더/[본문 실습] 폴더/Wall-3.rvt

벽 입면을 번거롭게 수정할 필요 없이 지붕에 맞춰 부착하면 벽 입면을 손쉽게 수정할 수 있으며 지붕의 모양이나 높이가 바뀌었을 때도 벽 입면이 자동으로 수정됩니다. 벽 입면을 지붕에 맞춰 부착하는 과정을 살펴보겠습니다.

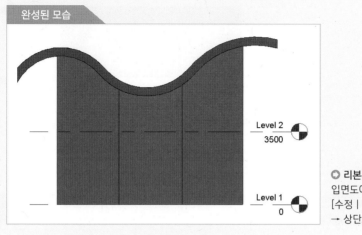

완성된 모습

◑ 리본 영역
입면도에서 벽 선택 후
[수정 | 벽 탭 → 벽 수정 패널
→ 상단/베이스 부착]

1. 예제 파일을 열고 프로젝트 탐색기에서 [입면도 → South]가 열려 있는지 확인합니다. 다른 뷰가 열려 있을 경우, [입면도 → South]를 더블 클릭해 이동합니다.

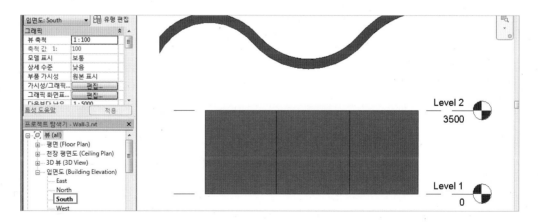

2. 수정할 벽 선택

지붕에 맞춰 입면을 수정할 벽을 선택하기 위해 그림과 같이 오른쪽 위에서 왼쪽 아래로 드래그해 벽을 모두 선택합니다.

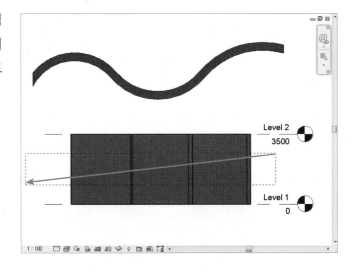

3. 리본 영역 선택하기

벽을 선택하면 리본 영역에 [수정 | 벽] 탭이 나타나는데요. 여기서 [상단/베이스 부착]을 클릭합니다.

4. 지붕 선택

옵션 막대에 [벽 부착 위치]가 [상단]인 것을 확인하고 도면 영역에서 입면을 부착할 지붕을 선택합니다.

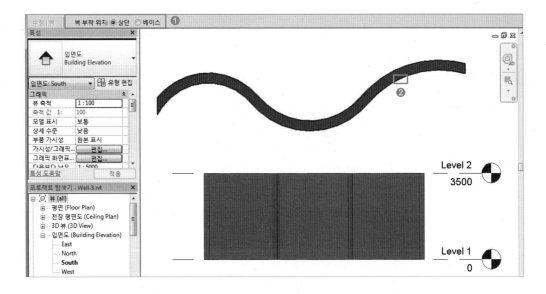

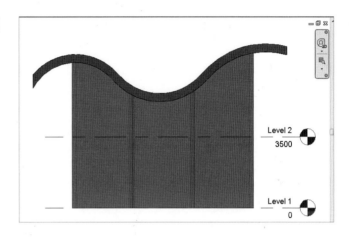
5. 벽의 입면이 지붕에 부착되었습니다.

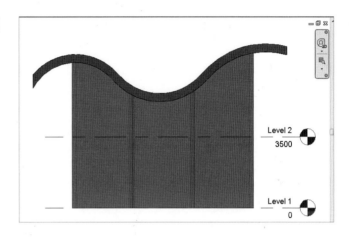

빌라 사보아의 기둥과 벽 만들기

:: 미션 파일 [03장] 폴더/[미션] 폴더/도전 미션-2_시작.rvt

과제 빌라 사보아의 골격이 되는 기둥과 벽을 만들어 보세요!

건축 도면을 생성하기 위해 가장 기본적으로 필요한 요소가 바로 기둥과 벽입니다. 아래 [힌트]를 참고해 빌라 사보아의 기둥과 벽을 생성해 보세요!

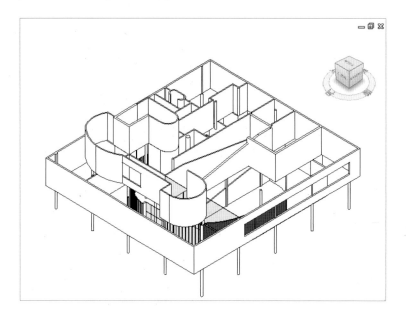

힌트

① 예제 파일 [도전 미션-2_시작.rvt]을 열고 프로젝트 탐색기에서 [평면도 → Level 1]로 이동합니다.

② [건축 탭 → 빌드 패널 → 건축 기둥]을 선택해 도면 오른쪽 윗부분의 정보를 참고해 기둥의 위치가 표시된 지점에 기둥을 생성하고 [건축 탭 → 빌드 패널 → 벽: 건축]을 선택해 벽 위치에 알맞은 벽 종류를 생성합니다.

③ 같은 방법으로 [Level 2], [Level 3]을 열어 기둥과 벽을 생성합니다.

④ 프로젝트 탐색기에서 [입면도 → East]를 누른 다음 [그리드 1]부터 [그리드 4]까지 2층 외벽에 띠창을 넣을 구멍을 적당히 냅니다. 다시 [입면도 → South]에서는 [그리드 C]부터 [그리드 B] 방향으로 'ㄷ'자로 열린 구멍을 냅니다. 이때 주로 [수정] 탭을 이용합니다.

[1층 확인하기] 　[2층 확인하기]

[3층 확인하기] 　[외벽 수정하기]

:: 정답 파일 [03장] 폴더/[미션] 폴더/도전 미션-2_완성.rvt

04 바닥과 지붕

바닥과 지붕은 벽으로 둘러싸인 공간을 내부로 만드는 역할을 합니다. 바닥과 지붕은 벽과 직접 맞닿아 있기 때문에 벽과 어떻게 결합하는가가 가장 중요합니다. 따라서 이 장에서는 바닥과 지붕을 그리는 방법과 함께 벽과 관련된 특성도 살펴보겠습니다.

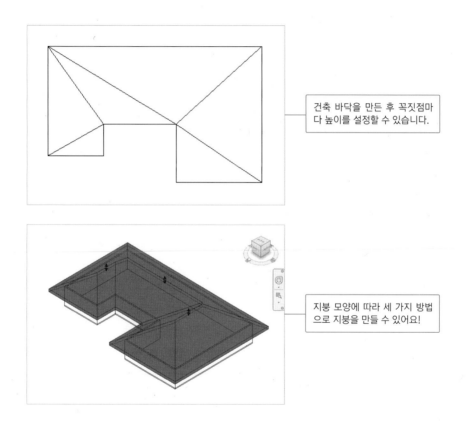

건축 바닥을 만든 후 꼭짓점마다 높이를 설정할 수 있습니다.

지붕 모양에 따라 세 가지 방법으로 지붕을 만들 수 있어요!

기초
모델링하기   그리드와
레벨   기둥과
벽   바닥과
지붕

04-1 바닥 생성하기

2D로 도면을 표현하는 캐드를 사용할 때는 일반적으로 바닥 경계선이 벽의 위치와 겹치기 때문에 바닥을 표현하는 경우가 많지 않았습니다. 그러나 레빗을 사용하면 3D로 건물을 표현하기 때문에 반드시 바닥을 생성해야 하고 벽과의 상관관계도 정확히 이해해야 합니다.

건축 바닥 생성하기

레빗에서 단순히 바닥을 생성하는 방법은 매우 간단하지만 벽과의 상관관계나 여러 옵션을 제대로 이해하는 사람은 드뭅니다. 이 장에서는 바닥을 생성하는 방법과 더불어 벽과의 상관관계도 살펴보겠습니다.

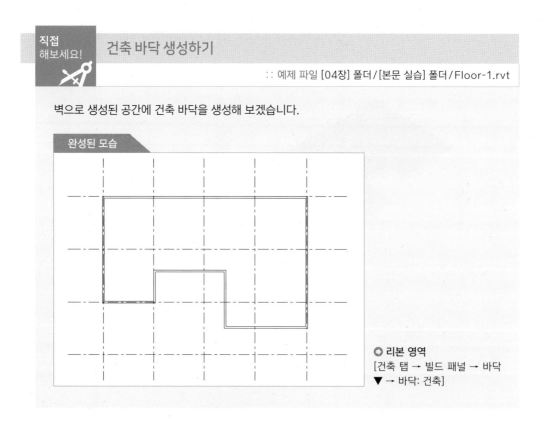

직접 해보세요! 건축 바닥 생성하기

:: 예제 파일 [04장] 폴더 / [본문 실습] 폴더 / Floor-1.rvt

벽으로 생성된 공간에 건축 바닥을 생성해 보겠습니다.

완성된 모습

◑ 리본 영역
[건축 탭 → 빌드 패널 → 바닥
▼ → 바닥: 건축]

1. 예제 파일을 열고 프로젝트 탐색기에서 [평면 → Level 2]를 더블 클릭해 이동합니다.

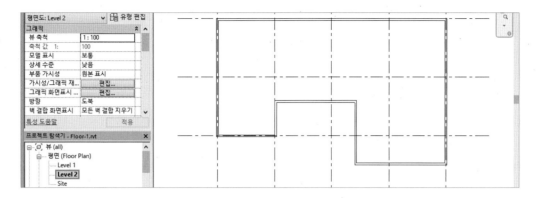

🖐 **장선배의 노트** **바닥을 그릴 수 있는 뷰는 따로 있어요!**

바닥은 평면도, 천장 평면도, 3D 뷰에서만 그릴 수 있습니다. 만약 입면도나 단면도를 열고 바닥을 생성하려고 할 때는 [뷰로 이동] 팝업 창이 뜨면서 스케치 가능한 뷰를 알려줍니다.

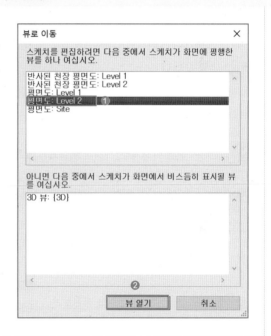

2. 리본 영역 선택하기

[건축 탭 → 빌드 패널 → 바닥] 아이콘의 윗부분을 클릭하거나 [드롭다운 화살표]를 선택한 후 [바닥: 건축]을 클릭합니다.

3. 바닥 그리기

도면 영역에 그려져 있던 벽이 회색으로
변하면서 바닥을 스케치할 수 있는 모드
로 바뀐 것을 볼 수 있습니다.

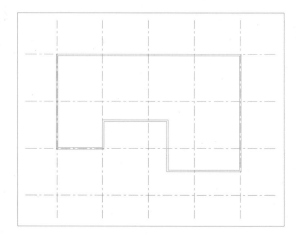

4. [수정 | 바닥 경계 작성] 탭의 [그리
기] 패널에서 [경계선]을 선택하고 [선
선택]을 클릭합니다.

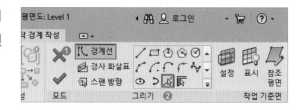

👋 **장선배의 노트** [경계선], [경사 화살표], [스팬 방향]이 뭔가요?

❶ 경계선 - 바닥의 외곽 경계를 지정하는 기
능으로 경사가 없는 일반 바닥을 생성할 때
사용합니다.

❷ 경사 화살표 - 바닥의 경사를 지정할 수 있
습니다.

❸ 스팬 방향 - 바닥의 스팬 방향을 지정할 수
있습니다. 스팬 방향은 구조 바닥을 생성할
때 바닥 밑 금속 데크의 방향을 결정하는 데
사용하기 때문에 건축 바닥과는 상관없습니
다. 따라서 구조 바닥을 생성할 때 이 기능을
이용해 스팬 방향을 수정할 수 있다고 이해하
면 됩니다.

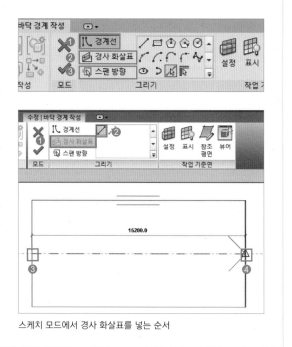

스케치 모드에서 경사 화살표를 넣는 순서

5. 회색으로 변한 벽의 바깥선을 따라
모서리를 클릭합니다.

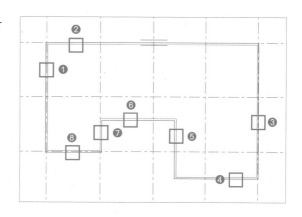

🖐 **장선배의 노트**   한쪽 모서리에 생긴 짧은 두 선은 뭔가요?

바닥을 스케치할 때 모서리 하나에 양 옆으로 두 개의 짧은 선이 생기는데요. 이것은 스팬 방향을 나타냅니다. 일반적으로 바닥을 스케치하고 처음 그리는 선이 스팬 방향으로 지정되므로 먼저 선택해도 되고 나중에 오른쪽 방법을 이용해 바꿔도 상관없습니다.

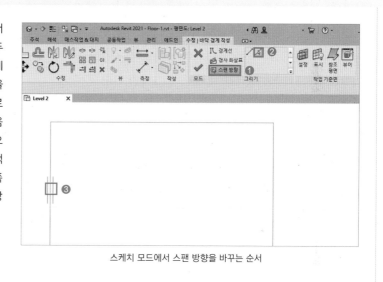

스케치 모드에서 스팬 방향을 바꾸는 순서

6. 스케치를 완료한 후 [편집 모드 완료]
를 누릅니다.

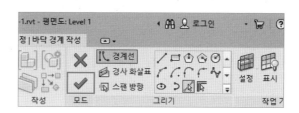

[바닥]은 항상 닫힌 면으로 스케치해야 합니다. 면이 닫혀 있지 않으면 오른쪽 그림과 같이 경고 창이 뜨며 지붕을 생성할 수 없습니다. 따라서 경고 창의 [계속]을 누르고 스케치를 닫힌 면으로 수정해야 합니다.

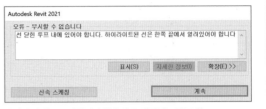

바닥이 제대로 스케치되지 않은 경우 나타나는 경고 창

7. 바닥 붙이기

버튼을 누르면 오른쪽 그림과 같이 벽을 바닥에 부착할지 여부를 묻는데요. 대부분 [부착 안 함]을 선택하는 것이 좋습니다. 이 창에서 [부착]을 선택하면 상단 구속조건인 레벨까지 도달하는 것이 아니라 그 레벨에 그려진 바닥의 아랫면에 부착되기 때문입니다.

바닥 편집 모드 완료 후 부착 여부를 묻는 창

▶ 상단 구속조건에 대한 자세한 설명은 97쪽을 참고하세요.

👋 **장선배의 노트** 바닥을 벽에 붙이지 않는 이유가 뭔가요?

바닥을 벽에 붙이든 붙이지 않든 입면이나 단면에서 봤을 때 바닥의 아랫면에 부착된 것으로 보입니다. 이렇게 겉보기에 결과는 같아 보이지만 실무에서 사용할 때는 앞의 팝업 창에서 [부착 안 함]을 클릭해야 합니다.

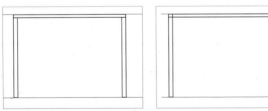

부착 여부에서 [부착]을 선택한 경우   부착 여부에서 [부착 안 함]을 선택한 경우

그 이유는 바닥과 벽을 부착하면 나중에 벽을 움직일 때 경고가 나타나는 등 여러 문제가 생기기 때문입니다. 그러나 [부착 안 함]을 선택하는 것이 무조건 정답은 아니므로 상황에 따라 적절히 선택하는 것이 좋습니다.

8. 바닥이 생성된 것을 확인할 수 있습니다.

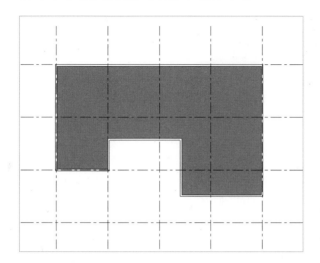

🖐 **장선배의 노트** **바닥을 그린 후 다른 레벨로 옮길 수도 있어요!**

바닥을 클릭한 후 특성 창에서 [레벨]을 변경하면 해당 레벨의 뷰를 열지 않고도 다른 레벨로 바닥을 옮길 수 있습니다. 예를 들어 1층 평면도에서 바닥을 그린 후 나중에 [레벨]을 [Level 2]로 변경하면 2층 평면도에 바닥이 생깁니다.

✋ 장선배의 노트 바닥을 그리는 방법에 따라 옵션이 달라져요!

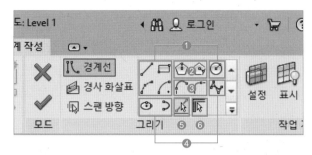

❶ [선], [직사각형], [원], [시작-끝-반지름 호], [중간-끝 호] - [체인], [간격띄우기], [반지름] 옵션이 있습니다. 앞의 03장에서 벽의 옵션 막대를 설명한 바와 같이 [체인]은 그리는 선들을 자동으로 이어 주는 옵션이고 [간격띄우기]는 그리는 지점에서 원하는 간격에 선을 그리도록 도와주는 옵션입니다. 그리고 [반지름]은 인접한 두 선을 모깍기로 연결해 주는 옵션입니다.

☑ 체인	간격띄우기	0.0	☐ 반지름:	1000.0

❷ [내접 다각형], [외접 다각형] - [측면] 옵션이 추가된 것이 특징입니다. [측면]은 다각형 면의 수를 의미하는 것으로 원하는 다각형 면의 숫자를 입력하면 됩니다. 이때 [반지름]은 다른 그리기 옵션의 [반지름]과 의미가 다릅니다. 다른 [반지름] 옵션처럼 모깍기를 하는 것이 아니라 중심에서 다각형의 꼭짓점이나 면까지의 [반지름]을 설정합니다.

☑ 체인	측면: 6	간격띄우기:	0.0	☐ 반지름:	1000.0

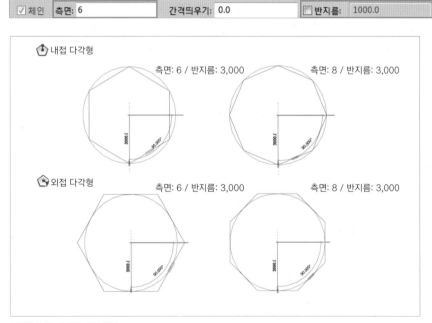

[측면]과 [반지름]에 따른 차이

❸ [접선-끝 호], [모깍기 호] - [체인]과 [반지름] 옵션만 있습니다. 여기서 [반지름]은 ❶의 [반지름]과 같습니다.

❹ [스플라인], [타원], [부분 타원] - 옵션 막대에 [체인]만 있으며 특성상 타원은 연결되어야 하므로 옵션을 바꿀 수 없도록 체크된 채 비활성화되어 있습니다.

❺ [선 선택] - [간격띄우기]와 [잠그기] 옵션만 있습니다. [잠그기]를 체크하고 선을 선택할 경우, 자동으로 선택한 선에 잠깁니다. [잠그기]가 설정된 선(바닥)의 모서리는 잠긴 요소(벽)가 이동하면 함께 이동합니다.

❻ [벽 선택] - [간격띄우기]와 [벽(구조체)으로 확장] 옵션이 있는데요. [벽(구조체)으로 확장]을 체크하면 벽이나 구조체 부분을 선택해 바닥을 생성할 수 있습니다.

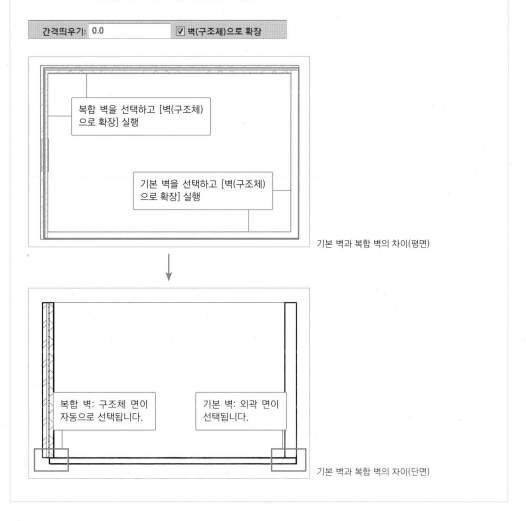

기본 벽과 복합 벽의 차이(평면)

기본 벽과 복합 벽의 차이(단면)

04-2 바닥 수정하기

바닥은 벽의 위치가 바뀔 때마다 경계를 수정해야 하는 경우도 많고 생성한 바닥에 경사를 지정해야 할 때도 있습니다. 또한 바닥의 특성 창 정보를 이용해 바닥의 높이를 수정하기도 합니다. 이처럼 실무에서 바닥은 생성하는 것보다 수정하는 빈도가 더 많기 때문에 바닥을 수정하는 방법을 반드시 알아 두어야 합니다.

건축 바닥 수정하기

구조 분야를 제외하고 건축 바닥을 주로 이용합니다. 생성한 건축 바닥의 모양을 수정하고 바닥에 경사를 적용하는 방법을 살펴보겠습니다.

직접 해보세요!	건축 바닥의 모양과 정보 수정하기

:: 예제 파일 [04장] 폴더/[본문 실습] 폴더/Floor-2.rvt

건축 바닥의 모양을 수정하고 특성 창을 이용해 바닥의 종류를 바꿔 보겠습니다.

완성된 모습

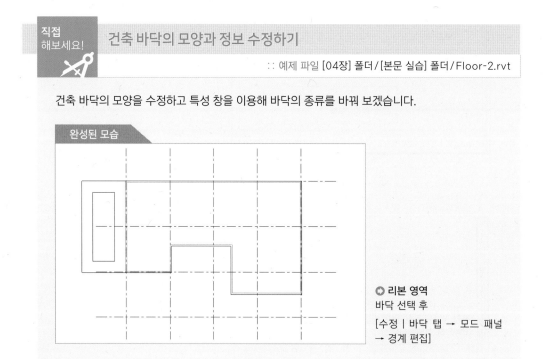

❂ **리본 영역**
바닥 선택 후

[수정 | 바닥 탭 → 모드 패널
→ 경계 편집]

1. 예제 파일을 열고 프로젝트 탐색기에서 [평면 → Level 2]를 더블 클릭해 뷰로 이동합니다. 그리고 바닥을 수정하기 위해 도면 영역에서 바닥을 선택 ◐ 바닥을 선택하면 파란색으로 바뀝니다. 합니다.

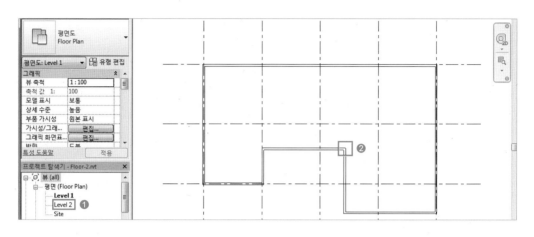

👋 장선배의 노트　벽과 바닥이 겹쳐 선택하기 어려워요!

벽과 바닥이 겹쳐 선택하기 어려운 경우, 마우스를 올려 놓고 Tab 을 눌러 원하는 요소가 나타날 때까지 기다린 다음 클릭하면 됩니다. 프로젝트가 진행될수록 많은 요소들이 겹쳐 선택하기 어려운 경우가 많으니 반드시 기억해 두세요!

벽 : 기본 벽 : Generic - 200mm

벽 또는 선의 체인

바닥 : 바닥 : Generic 150mm

마우스를 벽 위로 옮겼을 때

Tab 을 한 번 눌렀을 때
- 벽에 연결된 모든 벽이 한 번에 선택된다.

Tab 을 두 번 눌렀을 때
- 벽 밑에 있는 바닥이 선택된다.

2. 리본 영역 선택하기

바닥을 수정할 수 있는 스케치 모드로 들어가기 위해 [수정 | 바닥 탭 → 모드 패널 → 경계 편집]을 누릅니다.

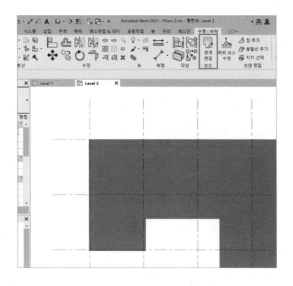

3. [그리기] 패널로 모양 수정하기

왼쪽 모서리를 수정하기 위해 모서리를 선택하고 [수정 탭 → 이동]을 누른 다음 6,000만큼 왼쪽으로 이동하기 위해 아래 그림과 같이 시작점과 끝 점을 클릭합니다.

▶ [이동] 기능에 대한 자세한 설명은 05장을 참고하세요.

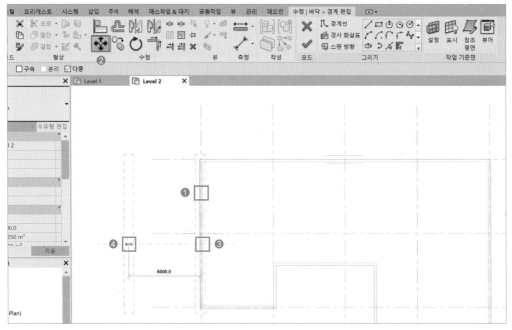

모서리를 선택한 후 [이동]을 누르고 마우스를 움직여 방향을 잡고 키보드로 [6000]을 입력한 후 Enter를 눌러도 됩니다.

4. 바닥에 개구부를 만들기 위해 아래 그림과 같이 [그리기] 패널에서 [선 선택]을 클릭하고 옵션 막대의 [간격띄우기]에 [1500]을 입력합니다. 이때 마우스를 모서리로 옮기면 점선이 나타나는데요. 모서리 안쪽으로 점선이 있을 때 클릭합 ▶ [간격띄우기] 기능에 대한 자세한 설명은 05 장을 참고하세요.

니다.

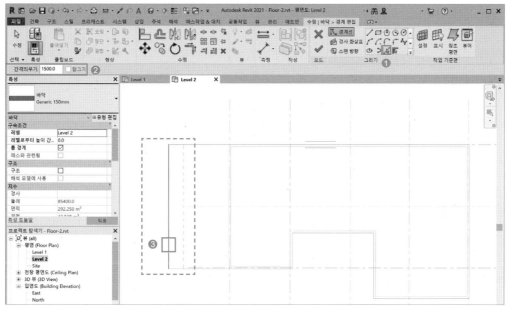

모서리 주변에서 마우스를 움직이면 위치에 따라 점선으로 [간격띄우기]가 되는 지점을 미리 확인할 수 있습니다.

5. 같은 방법으로 위쪽과 아래쪽, 오른쪽 벽의 바깥 선을 선택해 아래 그림과 같이 만듭니다.

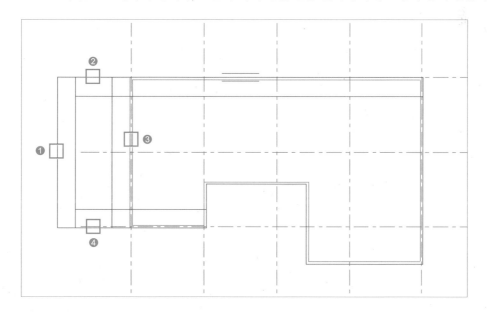

6. [간격띄우기]로 생성된 선을 깔끔히 정리하기 위해 [수정 탭 → 코너로 자르기/연장]을 선택하고 아래 그림과 같이 모서리를 선택합니다.

▶ [코너로 자르기/연장] 기능에 대한 자세한 설명은 05장을 참고하세요.

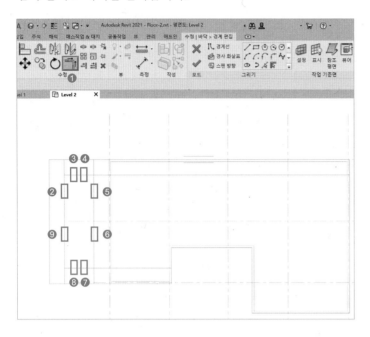

7. 바닥 수정이 끝나면 [편집 모드 완료]를 누릅니다.

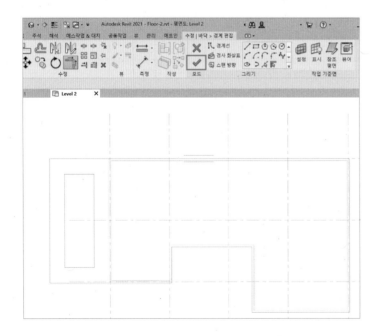

8. 벽을 바닥에 부착할 것인지 여부를 묻는 팝업 창이
나타나면 [부착 안 함]을 누릅니다.

▶ 벽을 바닥에 부착하지 않는 이유는 112쪽
을 참고하세요.

9. 특성 창에서 정보 수정하기

이번에는 바닥 유형을 바꿔 보겠습니다. 특성 창에서 바닥 이름을 보여주는 첫 번째 칸을 클
릭해 바닥 유형을 [Generic 300mm]로 변경합니다.

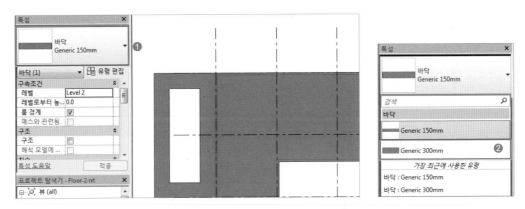

10. 바닥을 [Level 2]에서 500을 띄우기 위해 특성 창에서 [레벨로부터 높이 간격띄우기]에
[500]을 입력하고 [적용]을 누릅니다.

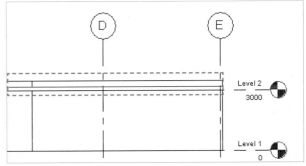

입면도에서 [레벨로부터 높이 간격띄우기]가 실행된 바닥의 모습

바닥 경사 지정하기

경사가 있는 바닥을 만들고자 할 때는 앞에서 언급한 [경사 화살표] 기능을 이용하면 됩니다. 그러나 [경사 화살표]를 이용해 경사를 지정하면 경사가 한 방향으로 일정한 바닥만 생성할 수 있으므로 모서리나 꼭짓점마다 입면의 높이가 다른 바닥은 생성할 수 없습니다. 이번에는 다양한 높이의 입면을 가진 바닥을 생성해 보겠습니다.

직접 해보세요! 건축 바닥의 경사 수정하기

:: 예제 파일 [04장] 폴더/[본문 실습] 폴더/Floor-3.rvt

레빗 프로젝트에서 대부분 경사가 없는 평평한 바닥을 사용하지만 필요에 따라 바닥에 경사를 지정하기도 합니다. 평평한 바닥에 경사를 지정하는 방법을 알아보겠습니다.

완성된 모습

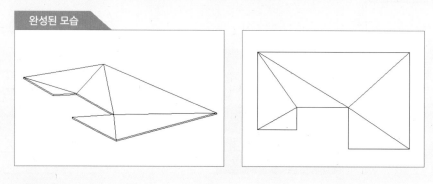

◑ 리본 영역
바닥을 클릭한 후 [수정 | 바닥 탭 → 모양 편집 패널 → 하위 요소 수정]

1. 예제 파일을 열고 프로젝트 탐색기에서 [평면 → Level 2]를 더블 클릭해 이동한 후 바닥을 선택합니다.

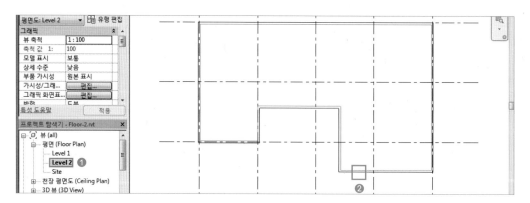

2. 리본 영역 선택하기

바닥을 선택하면 리본 영역에 [수정 | 바닥] 탭이 나타나는데요. 여기서 [하위 요소 수정]을 클릭합니다.

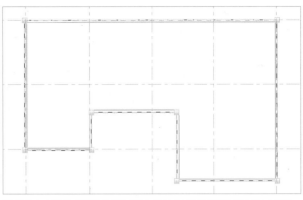

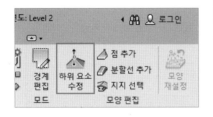

[하위 요소 수정]을 클릭하면 경계선이 녹색 점선으로 바뀌면서 바닥의 모서리와 꼭짓점을 수정할 수 있습니다.

👋 **장선배의 노트** [모양 편집] 패널이 보이지 않아요!

바닥을 선택하고도 [수정 | 바닥] 탭에 [모양 편집] 패널이 나타나지 않는다면 바닥에 경사 화살표를 이용해 경사도가 이미 지정되어 있을 가능성이 큽니다. 이런 경우, 리본 영역에서 [경계 편집] 아이콘을 클릭해 경사 화살표를 삭제하고 스케치를 완료하면 됩니다.

---

3. 바닥 경사 지정하기

왼쪽 맨 윗부분의 꼭짓점을 선택하면 숫자 [0]이 꼭짓점 옆에 나타나는데 그 숫자를 다시 클릭하면 경사를 입력할 수 있습니다. 여기서는 [500]을 입력한 후 Enter를 누릅니다.

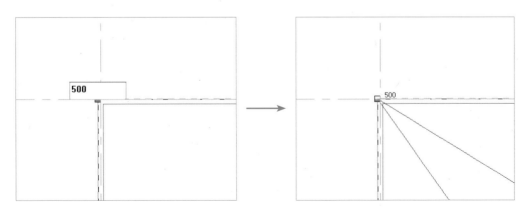

바닥의 꼭짓점뿐만 아니라 모서리 높이도 수정할 수 있습니다. 앞에서 실습한 것처럼 모서리도 평면 뷰에서 클릭할 때 나오는 숫자를 수정해 높이를 바꿀 수 있습니다. 또한 3D 뷰에서는 꼭짓점이나 모서리를 선택할 때 숫자뿐만 아니라 파란색 화살표도 나타나기 때문에 원하는 높이로 드래그해 입면의 높이를 수정할 수 있습니다.

평면 뷰에서 모서리 선택

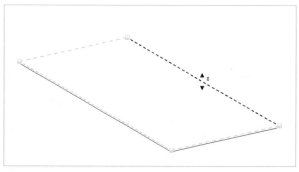

3D 뷰에서 모서리 선택

4. 같은 방법으로 각 꼭짓점의 높이를 오른쪽 그림을 참고해 수정합니다.

▶ 꼭짓점을 클릭한 후, 옵션 막대에서 [고도] 부분에 높이를 입력하고 Enter 를 눌러도 됩니다.

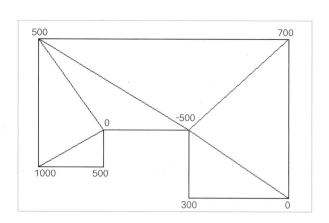

5. 꼭짓점의 높이를 모두 변경했으면 리본 영역에서 [수정]을 클릭하거나 Esc를 누르면 수정 모드에서 빠져 나올 수 있습니다.

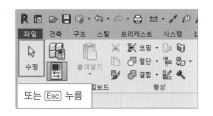

🖐 **장선배의 노트** 바닥을 수정할 때 추가적인 기능도 있어요!

바닥 경사를 지정할 때 기존 꼭짓점이나 모서리 외에도 사용자가 원하면 점이나 모서리를 추가해 수정할 수도 있습니다. [하위 요소 수정] 옆에 바닥을 수정할 수 있는 추가적인 기능들이 있는데요. 간단히 살펴보겠습니다.

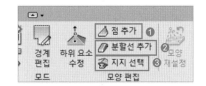

❶ **점 추가** - 바닥 형상을 수정하기 위해 모서리와 모서리가 만나는 꼭짓점 부분이 아닌 다른 곳에 점을 추가하는 기능으로 아이콘을 클릭한 후 원하는 지점을 선택하면 됩니다.

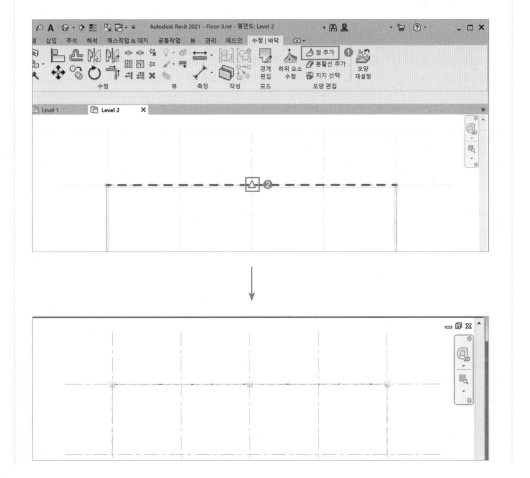

❷ **분할선 추가** - 바닥의 형상을 수정하기 위해서 모서리를 추가하는 기능으로 아이콘을 클릭한 후 모서리를 추가하려는 두 지점을 연달아 클릭하면 됩니다.

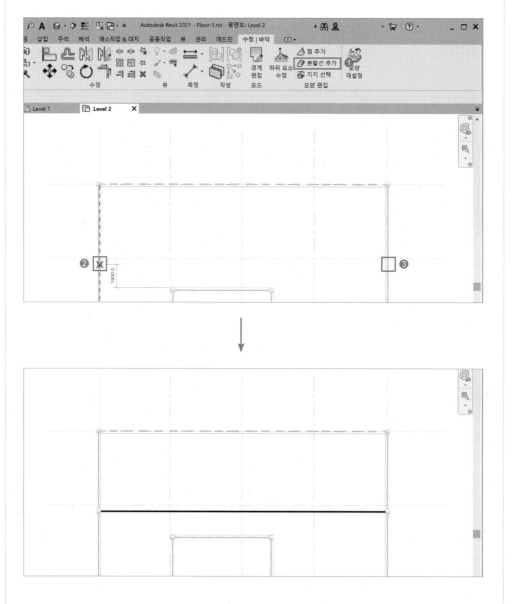

❸ **지지 선택** - 프로젝트에 있는 보를 선택해 그 보의 위치와 높이에 맞춰 바닥에 모서리를 추가해 수정할 수 있는 기능입니다. 하지만 실무에서는 건축에서 보를 생성하지 않고 구조에서 담당하기 때문에 거의 쓰지 않는 기능입니다. 아이콘을 선택한 후 보를 클릭하면 됩니다.

04-3 지붕 생성하고 수정하기

현대 건축에서 지붕의 모양은 매우 단순한 모양부터 복잡한 곡선까지 매우 다양합니다. 레빗에서도 이런 다양한 종류의 지붕을 생성할 수 있는데요. 이 장에서는 레빗에서 기본적으로 제공하는 지붕을 생성하는 세 가지 방법과 그 특징에 대해 살펴보겠습니다.

외곽설정으로 지붕 만들기

[외곽설정으로 지붕 만들기]는 지붕을 생성하는 방법 중 가장 많이 사용하는 방법으로 복잡하지 않은 평지붕이나 일정한 경사를 가진 지붕을 생성할 때 편리합니다. 지붕을 생성하는 방법은 다음과 같습니다.

직접 해보세요! 외곽설정으로 지붕 만들기

:: 예제 파일 [04장] 폴더/[본문 실습] 폴더/Roof-1.rvt

외곽설정으로 지붕을 만드는 방법과 순서는 바닥을 만드는 그것과 거의 비슷합니다. 다만 각 모서리에서 경사를 지정할 수 있다는 정도가 가장 큰 차이라고 할 수 있습니다. 그럼 외곽설정으로 지붕을 만드는 방법에 대해 살펴보겠습니다.

완성된 모습

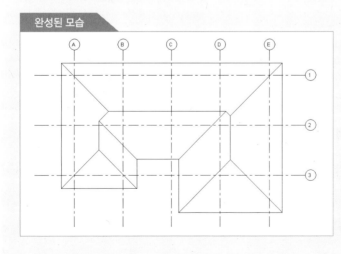

➕ 리본 영역
[건축 탭 → 빌드 패널 → 지붕 ▼
→ 외곽설정으로 지붕 만들기]

1. [외곽설정으로 지붕 만들기]를 실행하기 위해서는 평면 뷰 또는 천장 평면 뷰로 이동해야 합니다. 예제 파일을 열고 프로젝트 탐색기에서 [평면 → Level 2]를 더블 클릭해 이동합니다.

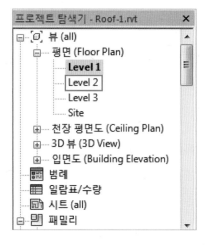

◉ 평면 뷰나 천장 평면 뷰가 아닌 다른 뷰를 열고 명령을 실행하면 [뷰로 이동] 팝업 창이 뜨고 지붕 생성이 가능한 뷰 중 선택해 이동하도록 도와줍니다. 자세한 설명은 109쪽을 참고하세요.

2. [Level 1]에 있는 벽을 보기 위해 특성 창의 [언더레이 → 범위: 기준 레벨]을 클릭해 [없음]을 [Level 1]로 바꾼 후 [적용]을 클릭합니다.

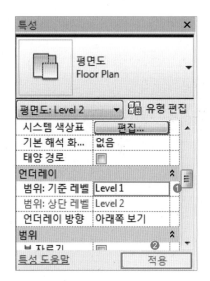

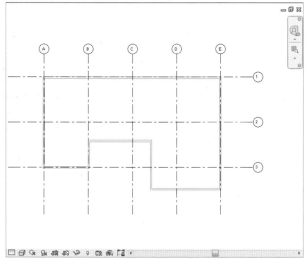

[언더레이]를 설정하면 [Level 1]의 벽이 회색 선으로 보입니다.

👏 **장선배의 노트** **언더레이가 뭔가요?**

레빗은 뷰의 위치와 범위에 따라 해당 요소만 보여주기 때문에 다른 레벨에 있는 요소들은 볼 수 없습니다. 하지만 작업하다 보면 다른 레벨의 요소를 참고해야 할 때가 있는데요. 이때 이용하는 기능이 바로 언더레이입니다. 언더레이는 현재 뷰에서 볼 수 없는 다른 레벨의 정보를 흐릿하게 보여주는 기능으로 참고 목적 외에 선택하거나 수정할 수는 없습니다.

3. 리본 영역 선택하기

지붕을 만들기 위해 [건축 탭 → 빌드
패널 → 지붕]을 클릭하거나 [드롭다
운 화살표]를 클릭해 [외곽설정으로
지붕 만들기]를 클릭합니다.

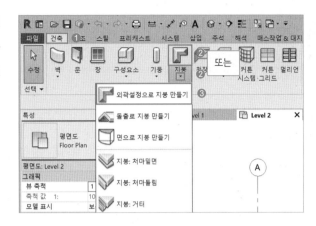

 **장선배의 노트** [가장 낮음 레벨 주의] 팝업 창이 떴어요!

프로젝트에서 가장 낮은 레벨의 평면 뷰를 열고 있을 때 [외곽설정으로 지붕 만들기]를 클릭하면 [가장 낮음 레벨 주의] 팝업 창이 뜹니다. 이 팝업 창은 가장 낮은 레벨보다 높은 레벨을 선택해 지붕 생성이 가능한 뷰로 이동할 수 있게 도와줍니다. 지붕이 바닥보다 높아야 한다는 것을 생각해 보면 이 팝업 창이 뜨는 이유가 쉽게 이해될 것입니다. 아래 그림에서도 [Level 1]이 가장 낮은 레벨이기 때문에 [Level 1]에서 지붕을 생성하려고 하면 팝업 창이 뜹니다. 다른 레벨을 선택하고 [예] 버튼을 클릭하면 해당 레벨로 이동합니다.

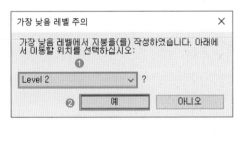

4. 지붕 그리기

[그리기 패널 → 벽 선택]을 선택하고 옵션 막대에서
[경사 정의]가 체크되었는지 확인한 후 [내물림]에
[1500]을 입력합니다. 이때 [내물림]은 [간격띄우기]와
같은 기능으로 지붕에서만 다르게 표현합니다.

▷ [그리기] 패널에 대한 자세한 설명은 89쪽
을 참고하세요.

▷ [경사 정의]에 대한 자세한 설명은 132쪽
을 참고하세요.

5. 도면 영역에서 마우스를 벽으로 옮기면 점선이 나타나는데요. 벽의 바깥쪽으로 점선이 있을 때 벽을 클릭해 아래 그림과 같이 지붕 경계를 생성합니다.

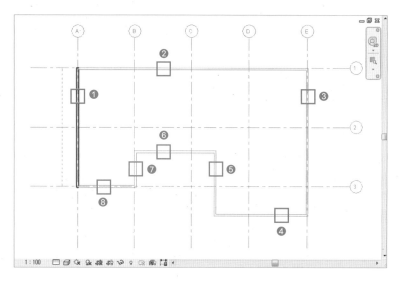

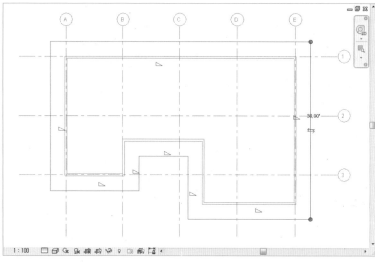

도면 영역에서 스케치하면 각 변마다 기울기를 조절할 수 있는 아이콘(◿)이 나타납니다. 기울기를 설정하면 박공지붕과 같은 형태를 만들 수도 있고 기울기를 없애면 바닥처럼 평평한 지붕을 만들 수도 있습니다. 각 선을 선택하면 도면 영역에서 나타나는 경사도 값을 클릭해 변경할 수도 있고 특성 창에서 [경사]를 변경한 후 [적용]을 눌러도 변경됩니다. 기울기가 없는 평면 지붕을 만들기 위해서는 모든 선을 선택해 [경사]에 [0]을 입력해야 합니다.

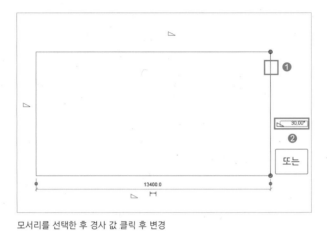

모서리를 선택한 후 경사 값 클릭 후 변경

모서리를 선택한 후 특성 창에서 [경사] 변경

6. [편집 모드 완료]를 누르면 지붕이 생성됩니다.

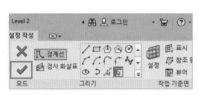

▶ 모든 선을 연결해 닫힌 면으로 스케치해야 편집 모드를 완료할 수 있습니다.

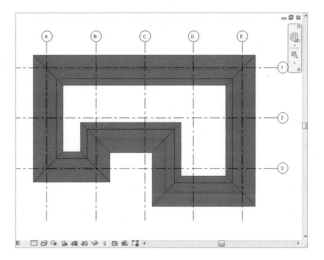

7. 프로젝트 탐색기에서 [3D 뷰 →
{3D}]를 눌러 3D 뷰로 이동하면 생
성된 지붕의 모습을 3D로 볼 수 있
습니다.

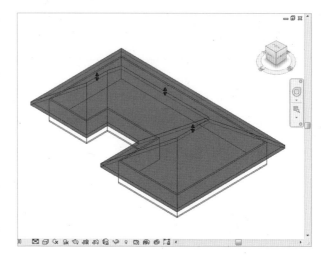

👏 **장선배의 노트** 경사 화살표를 이용해 기울기 설정하기

경사 값을 입력하는 것이 아니라 낮은 지점에서 높은 지점으로 경사 화살표를 배치해 경사면 지붕을 직접
그릴 수도 있습니다. 지붕 테두리를 스케치한 후 선을 모두 선택하고 특성 창에서 [지붕 경사 정의] 체크
를 해제하거나 옵션 막대에서 [경사 정의] 체크를 해제하면 기울기 값이 없어지고 경사 화살표를 넣을 수
있습니다.

[경사 정의] 체크를 해제한 후 [수정 | 지붕 외곽설정 작성 → 그리기 패널 → 경사 화살표]를 클릭하고 [선]
을 선택해 그리면 경사 화살표가 생성됩니다. 이때 그리드와 레벨처럼 처음 선택하는 곳이 화살표의 꼬리
(경사가 낮은 곳)가 되고 나중에 선택하는 지점이 화살표의 머리(경사가 높은 곳)가 됩니다.

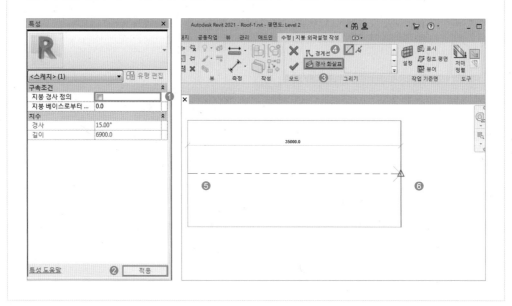

돌출로 지붕 만들기

[돌출로 지붕 만들기]는 입면 뷰, 단면 뷰 또는 3D 뷰에서 지붕을 생성하는 방법으로 [외곽설정으로 지붕 만들기]처럼 평면에서 지붕의 경계를 설정해 그리는 방법이 아니라 입면 또는 단면의 한 방향에서 지붕을 스케치하고 원하는 길이만큼 늘려 지붕을 생성하는 방법입니다. [외곽설정으로 지붕 만들기]보다 좀 더 자유로운 모양으로 지붕을 생성할 수 있지만 한쪽 방향에서만 스케치하고 그 모양대로 늘리는 방법이기 때문에 여러 방향에서 다른 모양을 가진 지붕의 경우, 이 방법으로 생성하기 어렵습니다. [돌출로 지붕 만들기]로 지붕을 생성하는 방법은 다음과 같습니다.

직접 해보세요! 돌출로 지붕 만들기

:: 예제 파일 [04장] 폴더/[본문 실습] 폴더/Roof-2.rvt

곡선과 직선이 합쳐진 지붕을 [돌출로 지붕 만들기]를 통해 만들어 보겠습니다.

완성된 모습

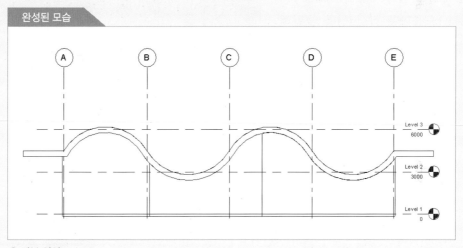

◎ 리본 영역
[건축 탭 → 빌드 패널 → 지붕 ▼ → 돌출로 지붕 만들기]

1. 예제 파일을 열고 프로젝트 탐색기에서 [입면도 → South]를 더블 클릭해 이동합니다.

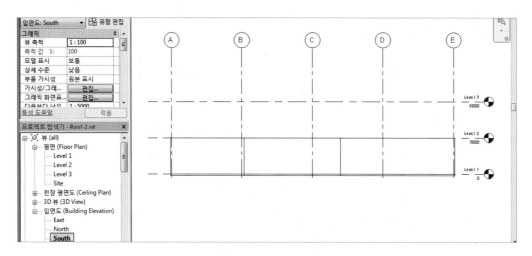

2. 리본 영역 선택하기

[건축 탭 → 빌드 패널 → 지붕] 아이
콘의 [드롭다운 화살표]를 클릭해
[돌출로 지붕 만들기]를 선택합니다.

3. 작업 기준면 지정

아이콘을 클릭하면 [작업 기준면]을 지정
하는 팝업 창이 뜨는데요. 여기서 작업 기
준면을 선택하는 방법으로 [이름]을 선택
하고 [그리드 : 3]을 선택한 후 [확인]을
누릅니다.

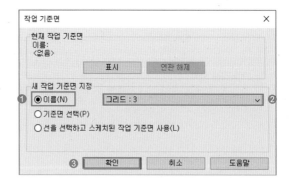

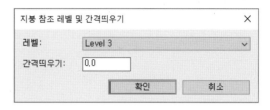
4. 작업 기준면을 설정하면 [지붕 참조 레벨 및 간격띠우기] 팝업 창이 뜨는데요. 이것은 지붕 프로파일이 배치될 개략적인 위치를 지정하는 것입니다. 여기서는 [확인]을 클릭하겠습니다.

지붕 참조 레벨 및 간격띠우기	✕
레벨:	Level 3 ⌄
간격띠우기:	0.0
	확인 　 취소

▶ 레빗에서 지붕 프로파일은 입면이나 단면에서 보이는 지붕의 모양을 의미합니다.

5. 지붕 그리기

[그리기 패널 → 시작-끝-반지름 호]를 선택하고 스케치 모드로 바뀐 도면 영역에서 [Level 2]보다 1,500 높은 위치에서 [그리드 A]를 클릭합니다. 똑같은 높이에서 [그리드 B]를 선택하고 마우스를 위쪽으로 옮긴 후 키보드로 [3500]을 입력한 후 (Enter)를 누릅니다. 같은 높이에서 [그리드 C]를 다시 클릭하고 이번에는 마우스를 아래쪽으로 옮긴 후 키보드로 [3500]을 입력하고 (Enter)를 누릅니다. 같은 순서로 [그리드 E]까지 같은 크기의 호를 이어 그립니다. 모두 그린 후 (Enter)를 한 번 더 눌러 그리기를 마칩니다.

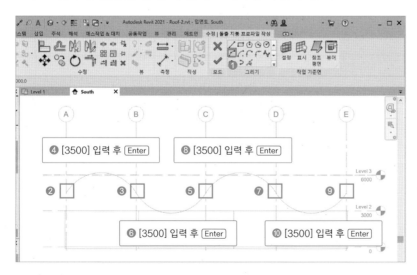

6. [그리기 패널 → 선]을 선택하고 지붕 프로파일의 [그리드 A] 부분의 끝점을 클릭하고 왼쪽으로 3,000만큼 이동해 다시 끝점을 클릭합니다. [Enter] 또는 [Esc]를 누른 후 같은 방법으로 [그리드 E] 부분의 끝점을 클릭하고 오른쪽으로 3,000만큼 이동해 다시 끝점을 클릭합니다. 스케치를 마쳤으면 [편집 모드 완료]를 누릅니다.

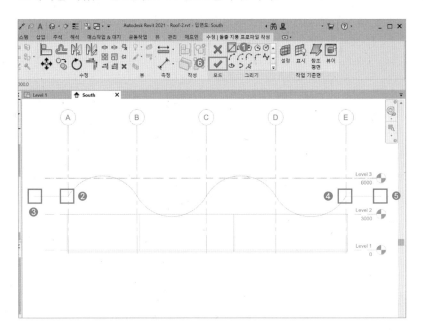

✋ **장선배의 노트**　지붕 프로파일은 이어지고 닫힌 선이어야 해요!

입면이나 단면에서 보이는 지붕의 모양을 의미하는 프로파일을 스케치할 때는 이어진 선의 형태로 그려야 합니다. 또한 닫힌 폴리라인 형태로 그리지 않거나 선이 이어져 있지 않으면 지붕을 생성할 수 없습니다.

7. 스케치한 프로파일을 기준으로 지붕이 생성되었습니다.

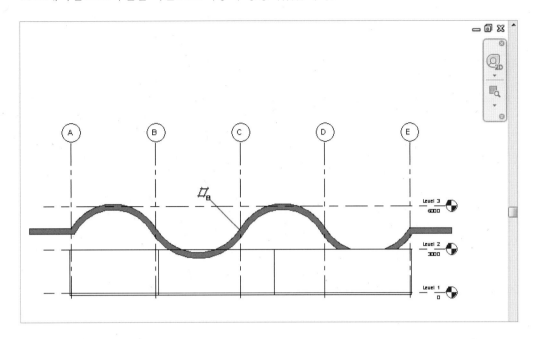

8. 지붕 수정하기

생성된 지붕의 모습을 평면에서 확인하기 위해 프로젝트 탐색기에서 [평면 → Level 2]를 더블 클릭해 이동합니다. 그런데 지붕이 도면 영역의 오른쪽 아랫부분을 덮지 못했습니다. 지붕을 다시 수정하기 위해 지붕을 선택합니다.

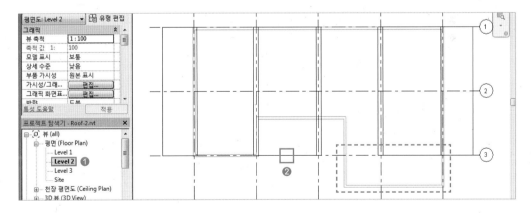

9. 지붕을 선택하면 도면 영역의 아래위로 화살표가 생기는데 아래 화살표를 드래그해 벽의 바깥쪽까지 지붕을 연장합니다.

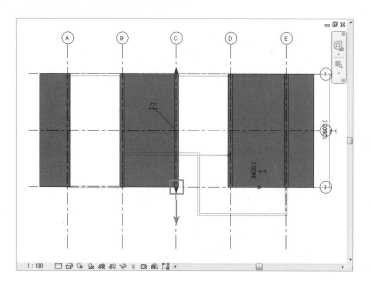

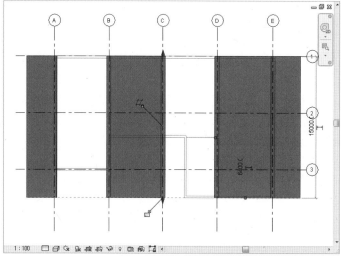

10. 지붕에 벽 부착하기

마지막으로 생성된 지붕에 벽을 부착하기 위해 프로젝트 탐색기에서 [3D 뷰 → {3D}]를 더블 클릭해 이동합니다. 도면 영역에서 마우스를 벽 중 하나로 이동하면 벽이 강조되는데요. 그 상태에서 [Tab]을 한 번 더 누르면 벽에 연결된 모든 벽이 한 번에 강조됩니다. 이 상태에서 클릭하면 모든 벽을 한 번에 선택할 수 있습니다.

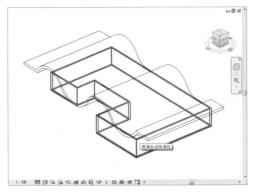

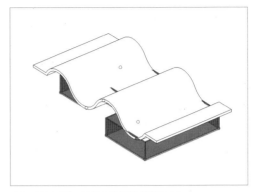

Tab을 한 번 눌러 모든 벽이 강조된 모습

마우스를 클릭해 모든 벽을 한 번에 선택한 모습

장선배의 노트 Tab을 누르면 골라 선택할 수도 있지만 한 번에 선택할 수도 있어요!

레빗에서 Tab은 여러 요소가 겹쳐 쉽게 선택할 수 없을 때 원하는 요소를 선택하기 위해 사용하지만 연결된 선이나 벽과 같이 연결된 요소를 한 번에 선택할 때도 사용할 수 있습니다.

11. 벽을 선택한 후 [수정 ㅣ 벽 탭 → 벽 수정 패널 → 상단/베이스 부착]을 클릭하고 도면 영역에서 지붕을 선택하면 모든 벽이 지붕에 부착됩니다.

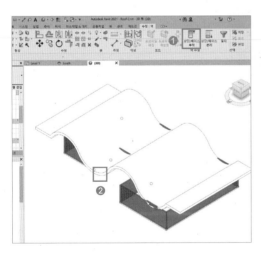

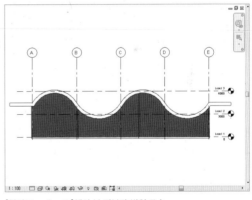

[입면도 → South]에서 본 지붕과 벽의 모습

면으로 지붕 만들기

[면으로 지붕 만들기]는 원하는 모양으로 스케치하는 것이 아니라 매스(mass)의 면을 읽어 그 면대로 지붕을 생성하는 기능입니다. 이때 매스의 면 중에서 수직으로 존재하는 면들은 이 기능으로 지붕을 만들 수 없다는 것을 반드시 기억하기 바랍니다. 조금만 생각해 보면 지면과 수직인 면은 지붕이 아니라 벽이기 때문에 지붕을 만들 수 없다는 것을 쉽게 이해할 수 있습니다. [면으로 지붕 만들기] 순서는 다음과 같습니다.

직접 해보세요!	면으로 지붕 만들기

:: 예제 파일 [04장] 폴더 / [본문 실습] 폴더 / Roof-3.rvt

레빗에서 만든 매스의 면을 선택해 지붕을 생성해 보겠습니다.

완성된 모습

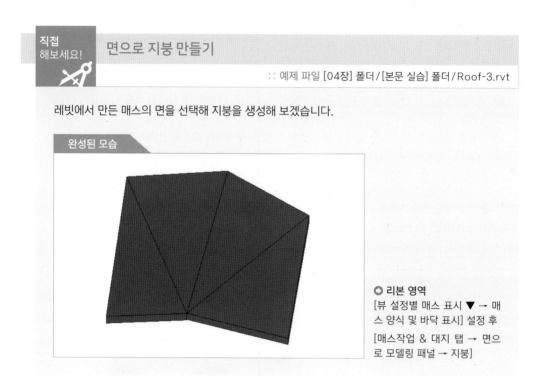

⊙ **리본 영역**
[뷰 설정별 매스 표시 ▼ → 매스 양식 및 바닥 표시] 설정 후
[매스작업 & 대지 탭 → 면으로 모델링 패널 → 지붕]

1. 먼저 매스가 보이는 뷰로 이동해야 합니다. 일반적으로 3D 뷰에서 이 기능을 사용하는 것이 편리합니다. 예제 파일을 열고 프로젝트 탐색기에서 [3D 뷰 → {3D}]를 더블 클릭해 3D 뷰로 이동합니다.

2. 레빗에서 매스는 기본적으로 안 보이게 설정되어 있기 때문에 이것을 나타내기 위해서는 [매스작업 & 대지] 탭을 클릭하고 [뷰 설정별 매스 표시의 드롭다운 화살표 → 매스 양식 및 바닥 표시]를 선택해야 합니다.

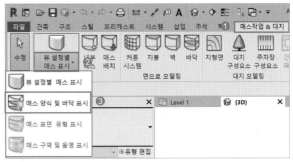

만약 [뷰 설정별 매스 표시]로 설정되어 있다면 매스는 보이지 않습니다.

👋 **장선배의 노트** 화면을 줌 아웃하고 싶어요!

화면이 너무 확대되어 있어 매스의 전체 모습이 안 보일 때는 오른쪽 그림과 같이 [영역 확대]의 [드롭다운 화살표 → 창에 맞게 줌]을 클릭하거나 키보드 단축키인 [ZE]를 입력합니다.

▶ 마우스 휠을 아래로 당겨 화면을 조절해도 됩니다.

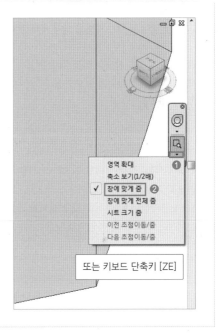

---

3. 리본 영역 선택하기

지붕을 생성하기 위해 [매스작업 & 대지 탭 → 면으로 모델링 패널 → 지붕]을 선택합니다.

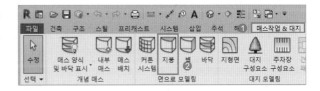

4. 도면 영역에서 매스의 윗부분 네 개 면을 클릭해 선택합니다.

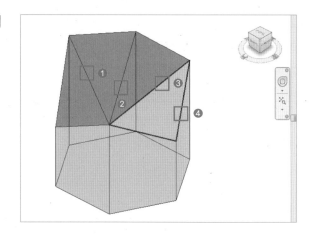

🖐 **장선배의 노트**   **지붕을 잘못 클릭했어요! 선택 취소는 어떻게 해야 하나요?**

레빗에서는 기본적으로 여러 개의 면을 선택할 수 있는 [다중 선택] 기능이 활성화되어 있으므로 원하는 여러 개의 면을 선택할 수 있습니다.

만약 선택한 면 중 선택을 취소하려고 할 때는 선택한 면의 경계선으로 마우스를 이동해 마우스 커서에 [마이너스 표시]가 나타날 때 클릭하면 됩니다. 그리고 선택한 모든 면을 취소하고 다시 선택하고 싶다면 리본 영역의 [선택 지우기] 아이콘을 클릭하면 됩니다.

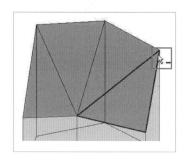

---

5. [수정 ┃ 면으로 지붕 배치 탭 → 지붕 작성]을 클릭하면 선택한 면에 지붕이 생성됩니다.

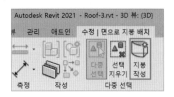

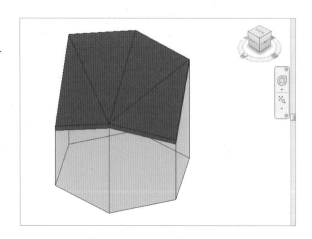

도전! 미션

빌라 사보아의 바닥, 지붕, 경사로 만들기

:: 미션 파일 [04장] 폴더/[미션] 폴더/도전 미션-3_시작.rvt

과제 **빌라 사보아의 바닥과 지붕, 경사로를 만들어 보세요!**

이제 골격이 완성된 빌라 사보아에 바닥과 지붕, 경사로를 생성해 보세요. 경사로를 만들려면 바닥의 [하위 요소 수정]을 이용하면 됩니다.

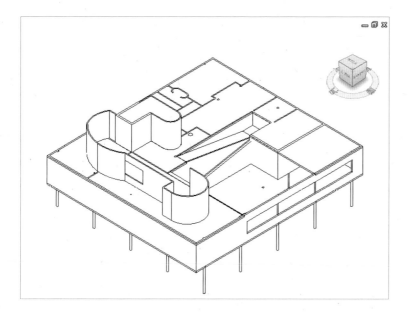

힌트

① 예제 파일 [도전 미션-3_시작.rvt]을 열고 프로젝트 탐색기에서 [평면도 → Level 1]로 이동합니다.

② [건축 탭 → 빌드 패널 → 바닥: 건축]을 선택해 도면 오른쪽 윗부분의 정보를 참고해 표시된 선을 따라 바닥을 생성하고 같은 방법으로 [Level 2], [Level 3], [ROOF]에서도 바닥을 생성합니다.

③ 건물 중앙 부분에 있는 경사로를 평평한 바닥으로 만든 후 [하위 요소 수정]을 이용해 바닥에 경사를 적용합니다. 경사로 참은 레벨에서 1,500 떨어진 지점에 위치시킵니다.

▶ '경사로 참'은 경사로 중간 지점에 경사가 없는 평평한 공간을 말합니다.

:: 정답 파일 [04장] 폴더/[미션] 폴더/도전 미션-3_완성.rvt

모델링 수정하기

레빗에서 작업은 크게 모델 요소를 직접 만들거나 패밀리 등을 로드해 프로젝트에 삽입하는 '모델링 작업'과 이후 원하는 위치나 크기로 수정·조절하는 '수정 작업'으로 나눌 수 있습니다. 물론 프로젝트 초기 단계에는 모델링 작업이 주를 이루지만 프로젝트 초기 단계부터 실시 설계 단계까지 큰 비중을 차지하는 것은 수정 작업입니다. 이 장에서는 수정 작업할 때 반드시 필요한 필수 명령어들을 배웁니다. 이 책에서 가장 중요하고 많이 사용하는 부분이니 더욱 집중해 보기 바랍니다.

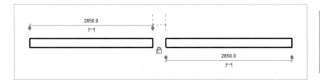

17가지 수정 명령어는 이 책에서 가장 중요한 부분이에요! 반드시 숙지하고 넘어가야 합니다!

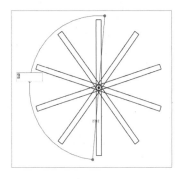

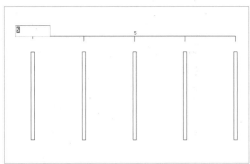

05-1 [수정] 탭의 구성 요소 05-2 수정 패널 - 17가지 필수 명령어 05-3 키보드 단축키

기초
모델링하기 ▸ 그리드와
레벨 ▸ 기둥과
벽 ▸ 바닥과
지붕

05-1 [수정] 탭의 구성 요소

[수정] 탭은 모델을 수정하는 대부분의 기능이 포함된 탭이기 때문에 [수정] 탭의 기능을 잘 이해하고 숙련되게 다루면 실무에서 작업 속도를 높일 수 있고 레빗 프로그램 전체의 숙련도도 향상시킬 수 있습니다.

[수정] 탭은 [선택] 패널, [특성] 패널, [클립보드] 패널, [형상] 패널, [수정] 패널, [뷰] 패널, [측정] 패널, [작성] 패널 등의 8개 패널로 구성되어 있습니다. 그중 실무에서 사용빈도가 가장 높은 [수정] 패널과 [뷰] 패널을 제외하고 나머지 패널을 먼저 간략히 소개하겠습니다.

○ [수정] 패널은 05-2절, [뷰] 패널은 06장에서 다루겠습니다.

[특성] 패널

[특성] 패널에는 이름처럼 각 요소나 유형의 특성을 볼 수 있도록 도와주는 기능이 있으며 [유형 특성]과 [특성] 아이콘이 있습니다. [유형 특성]은 해당 요소나 뷰에 대한 유형의 특성을 확인하고 수정할 수 있는 팝업 창을 띄우는 역할을 하고 [특성] 아이콘은 도면 영역의 왼쪽에 프로젝트 탐색기와 함께 있는 특성 창을 나타내거나 숨기는 역할을 합니다.

❶ 유형 특성
❷ 특성
특성

○ 패밀리에서 사용하는 매개변수에는 '유형 매개변수'와 '인스턴스 매개변수'가 있습니다. [유형 특성]은 패밀리의 유형 매개변수(Type Parameter) 정보를 보여주고 [특성]은 패밀리의 인스턴스 매개변수(Instance Parameter) 정보를 보여준다고 생각하면 됩니다. 자세한 내용은 부록을 참고하세요.

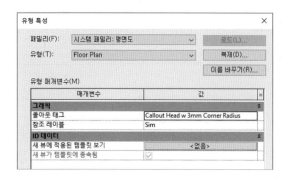

▶ [유형 특성] 팝업 창에 대한 자세한 설명은 부록을 참고하세요.

> **장선배의 노트** "이러한 특성의 기능은 무엇입니까?"

2019 버전부터는 [유형 특성] 팝업 창의 왼쪽 아랫부분에 "이러한 특성의 기능은 무엇입니까?"라는 부분이 추가되었습니다. 이 부분을 클릭하면 다음 그림과 같이 오토데스크 도움말 페이지로 이동하며, 유형 특성 참조에 대한 설명을 볼 수 있습니다.

[클립보드] 패널

[클립보드] 패널에는 특정 요소를 복사하고 붙여넣기할 때 이용하는 기능이 있습니다. [클립보드에서 붙여넣기]를 누르면 복사한 요소를 붙여 넣을 수 있으며 [클립보드로 잘라내기]와 [클립보드로 복사]를 누르면 요소를 잘라내거나 복사할 수 있습니다. [유형 일치 특성] 아이콘은 특정 요소의 유형 특성을 다른 요소에 그대로 적용할 때 사용합니다.

❶ 클립보드에서 붙여넣기
❷ 클립보드로 잘라내기
❸ 클립보드로 복사
❹ 유형 일치 특성

▶ 패밀리 안에는 하나 또는 여러 개의 유형이 있을 수 있습니다.

[형상] 패널

[형상] 패널에는 주로 모델 요소들을 결합하거나 분리, 절단할 때 사용하는 기능이 있습니다. [코핑 적용]은 코핑을 스틸 보나 기둥에 적용할 때 사용하지만 실무에서 사용빈도가 높지 않습니다. 그러나 벽이나 지붕 등을 결합하거나 결합 해제하는 [벽 결합], [보/기둥 결합] 기능이나 절단하고 분리하는 [형상 절단] 기능 등은 상황에 따라 적절히 사용하면 모델링하는 데 많은 도움이 됩니다.

① 코핑 적용   ④ 지붕 결합/결합 해제   ⑦ 면 분할
② 형상 절단   ⑤ 보/기둥 결합   ⑧ 페인트
③ 형상 결합   ⑥ 벽 결합   ⑨ 철거

👋 장선배의 노트　코핑을 적용하면 어떻게 되나요?

[코핑 적용]은 코핑을 스틸 보나 기둥에 적용하는 기능으로 건축 실무에서는 스틸 보나 기둥을 생성하지 않기 때문에 거의 사용하지 않습니다. 레빗에서 코핑을 적용하면 연결부를 매끄럽게 표현할 수 있다는 정도만 이해하면 됩니다.

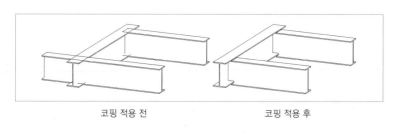

코핑 적용 전　　　　　　코핑 적용 후

[측정] 패널

[측정] 패널의 [치수]에서는 [주석] 탭에 있는 [치수] 패널의 기능을 그대로 이용할 수 있으며 이외에도 두 지점 사이의 거리를 측정할 수 있는 [두 참조 간 측정]이나 원하는 요소의 거리를 측정할 수 있는 [요소를 따라 측정]이 있습니다.

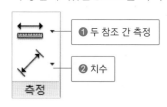

① 두 참조 간 측정
② 치수

두 참조 간 측정
요소를 따라 측정

[작성] 패널

[작성] 패널은 [조합 작성], [부품 작성], [그룹 작성], [유사 작성] 등의 아이콘으로 구성되어 있는데요. [그룹 작성]과 [유사 작성]은 실무에서 사용빈도가 높으므로 알아 두면 좋습니다.

[그룹 작성]은 여러 개의 요소를 하나의 그룹으로 만드는 기능으로 원하는 요소를 선택한 후 아이콘을 클릭하고 그룹 이름을 지정하면 됩니다. [유사 작성]은 이미 생성된 요소와 같은 요소를 만드는 기능으로 원하는 요소를 선택한 후 아이콘을 누르고 도면 영역의 원하는 지점에 생성하면 됩니다.

> 👋 **장선배의 노트** [유사 작성]은 같은 유형의 요소를 쉽게 작성하도록 도와줘요!
>
> [유사 작성]은 같은 유형의 요소를 생성하도록 도와주며 이 기능을 통해 생성되는 요소는 기존 요소에서 인스턴스 매개변수 정보를 그대로 가져오기 때문에 손쉽고 빠르게 같은 유형의 요소를 만들 수 있습니다.　▶ 인스턴스 매개변수에 대한 설명은 부록을 참고하세요.

> 👋 **장선배의 노트** 레빗 2023의 신기능 – 여러 요소가 선택된 '컨트롤 활성화' 기능 추가
>
> 레빗 2023 버전에서 신속 접근 도구 막대나 수정 탭에 '컨트롤 활성화(Activate)' 기능이 추가되었습니다. 이전까지는 여러 개의 요소를 한번에 선택하면 핀 및 임시 치수 등과 같은 컨트롤이 함께 표현되기 때문에 모델 정보만 보기 어려웠습니다. 이 기능을 적용하면 여러 개의 아이콘이 겹쳐서 표현되는 것을 막을 수 있어서 작업의 효율성을 높일 수 있습니다.
>
>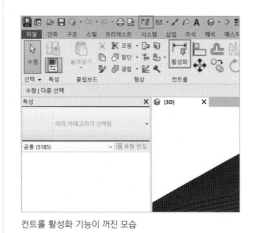
>
> 컨트롤 활성화 기능이 꺼진 모습　　　　컨트롤 활성화가 켜진 모습
>
> 이전 버전에서는 컨트롤 활성화 기능이 켜진 모습으로만 나타나며, 컨트롤 활성화가 꺼진 모습으로는 조절할 수 없어요!

05-2 수정 패널 - 17가지 필수 명령어

[수정] 패널은 [수정] 탭에 있는 패널 중 사용빈도가 독보적으로 높은 패널로 레빗에서 도면을 생성할 때 가장 많이 사용하는 명령어들이 모두 포함되어 있습니다. 캐드에도 수많은 명령어가 있지만 그중에서도 항상 사용하는 것은 복사와 이동 등 몇 가지에 지나지 않듯이 레빗에서도 [수정] 패널만 제대로 이해하고 단축키를 잘 설정해 놓으면 효율적인 도면 작업을 할 수 있습니다.

① 정렬 ② 간격띄우기 ③ 대칭-축 선택 ④ 대칭-축 그리기 ⑤ 이동 ⑥ 복사 ⑦ 회전 ⑧ 코너로 자르기/연장
⑨ 요소 분할 ⑩ 간격으로 분할 ⑪ 배열 ⑫ 축척 ⑬ 단일 요소 자르기/연장 ⑭ 다중 요소 자르기/연장
⑮ 고정 해제 ⑯ 고정 ⑰ 삭제

직접 해보세요! 정렬 ◑ 단축키: [AL]

:: 예제 파일 [05장] 폴더/[본문 실습] 폴더/Modify-1.rvt

정렬은 기준 요소에 맞추어 다른 요소를 나란히 배치하는 명령으로 두 개 이상의 요소를 손쉽게 정렬해 배치하도록 도와줍니다. 그럼 정렬 기능을 사용하는 방법에 대해 살펴보겠습니다.

1. 예제 파일을 열고 프로젝트 탐색기에서 [평면 → 1. 정렬 예제]를 더블 클릭해 엽니다.

2. [수정 패널 → 정렬(Align)] 아이콘을 클릭합니다.

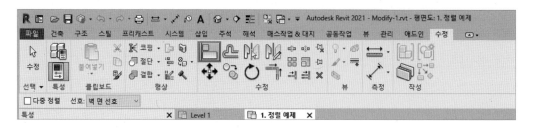

3. 기준이 되는 대상의 한쪽 변을 먼저 클릭하고 정렬할 대상의 정렬할 변을 선택합니다.

▶ 명령을 마치려면 리본 영역의 [수정] 버튼을 누르거나 키보드의 Esc 를 두 번 누르면 됩니다.

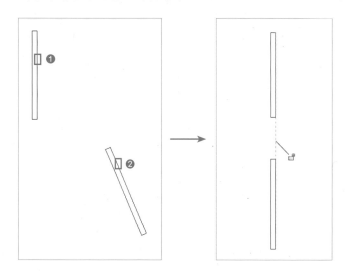

👋 **장선배의 노트**   **자물쇠 마크는 무엇인가요?**

정렬한 후 생기는 자물쇠 마크를 클릭해 잠긴 표시로 바꾸면 둘 중 하나가 움직일 때 다른 것도 움직입니다. 그러나 몇 가지 특수한 경우를 제외하고 보통 잠금을 걸어 놓지 않습니다.

👋 **장선배의 노트**   **[정렬]할 때 어떤 옵션이 있는지 궁금해요!**

정렬 옵션에는 [다중 정렬]과 [선호]가 있는데요. [다중 정렬]을 체크하면 여러 개의 요소를 기준이 되는 요소에 한 번에 정렬할 수 있고 [선호]에서는 벽을 정렬할 때 기준이 되는 부분을 설정할 수 있습니다.

:: 예제 파일 [05장] 폴더/[본문 실습] 폴더/Modify-1.rvt

캐드에서 오프셋(Offset)과 비슷한 [간격띄우기]는 옵션을 어떻게 선택하는가에 따라 두 가지 방식으로 나뉩니다. 하나씩 실습해 보겠습니다.

1. 숫자를 입력하는 방법

예제 파일을 열고 프로젝트 탐색기에서 [평면 → 2. 간격띄우기 예제]를 더블 클릭해 엽니다.

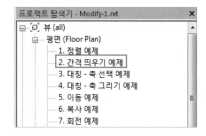

2. [수정 패널 → 간격띄우기] 아이콘을 클릭합니다. 그리고 옵션 막대에서 [숫자] 옵션을 체 크하고 [간격띄우기]에 띄우고 싶은 거리 [2000]을 입력하고 [복사]를 체크합니다.

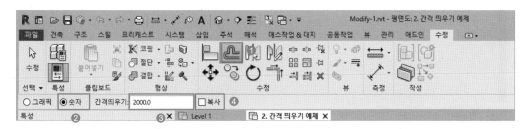

3. 기준이 되는 대상인 벽으로 마우스를 옮기면 간격띄우기가 될 위치에 점선이 나타납니다. 점선이 나타난 곳의 반대 방향으로 간격띄우기를 하려면 요소 중심에서 원하는 방향으로 마 우스를 조금 옮기면 됩니다. 원하는 방향에 점선이 나타날 때 마우스를 클릭하면 간격띄우기 가 실행됩니다.

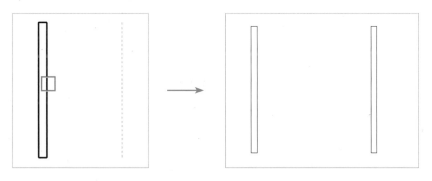

4. 그래픽을 클릭하는 방법

이번에는 간격띄우기의 두 번째 방식으로 화면상에서 거리를 클릭해 보겠습니다.

앞과 마찬가지로 [수정 패널 → 간격띄우기] 아이콘을 클릭합니다. 그리고 옵션 막대에서 이번에는 [그래픽] 옵션을 체크합니다. 그럼 거리는 입력할 수 없고 [복사] 여부만 선택할 수 있습니다. 이번에는 [복사] 체크를 해제합니다.

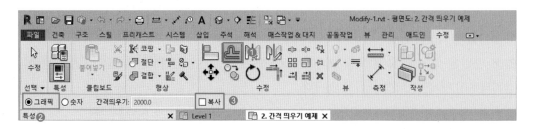

5. 간격띄우기할 대상인 두 번째 벽을 클릭합니다. 간격띄우기를 할 거리를 지정하기 위해 도면 영역에서 시작점과 끝점을 클릭하면 그 거리만큼 간격띄우기가 실행됩니다.

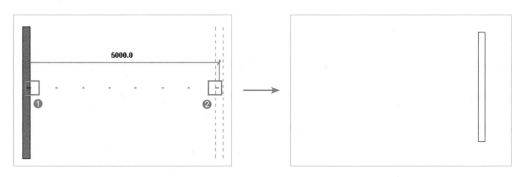

👐 **장선배의 노트** [간격띄우기]는 옵션에 따라 [이동]과 [복사]를 할 수 있어요!

아래 그림처럼 [간격띄우기]를 할 때 옵션 막대에서 [복사]를 체크하지 않으면 [이동]과 비슷한 역할을 하고 체크하면 [복사]와 비슷한 역할을 합니다.

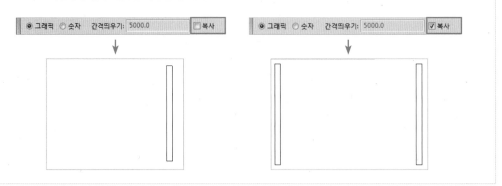

대칭-축 선택

○ 단축키: [MM]

:: 예제 파일 [05장] 폴더/[본문 실습] 폴더/Modify-1.rvt

객체를 대칭시키는 방법도 무엇을 먼저 선택하는가에 따라 두 가지로 나눕니다. 사용자가 편한 방법을 손에 익혀 사용하면 됩니다.

1. 예제 파일을 열고 프로젝트 탐색기에서 [평면 → 3. 대칭 – 축 선택 예제]를 더블 클릭해 엽니다.

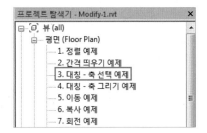

2. 대칭시킬 대상인 벽을 선택하고 [수정 패널 → 대칭-축 선택] 아이콘을 클릭하고 옵션 막대에서 [복사]를 체크합니다. 그리고 대칭시킬 기준이 되는 축인 나머지 벽을 도면 영역에서 선택하면 명령이 실행됩니다.

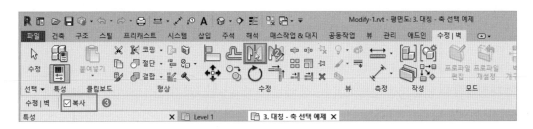

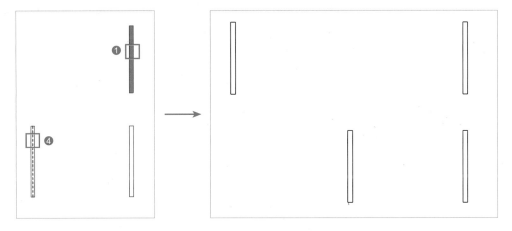

직접 해보세요! 대칭-축 그리기   ◉ 단축키: [DM]

:: 예제 파일 [05장] 폴더/[본문 실습] 폴더/Modify-1.rvt

앞에서 대칭 축이 되는 객체를 선택했다면 이번에는 직접 축을 그려 대칭시키겠습니다. 마땅히 축으로 삼을 객체가 없을 경우, 이 기능을 사용합니다.

1. 예제 파일을 열고 프로젝트 탐색기에서 [평면 → 4. 대칭 – 축 그리기 예제]를 더블 클릭해 엽니다.

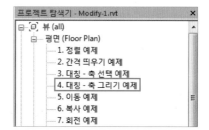

2. 대칭시킬 대상인 벽을 선택하고 [수정 패널 → 대칭-축 그리기]를 클릭하고 옵션 막대에서 [복사]를 체크합니다. 그리고 대칭시킬 기준이 될 축의 시작점과 끝점을 도면 영역에서 클릭하면 명령이 실행됩니다.

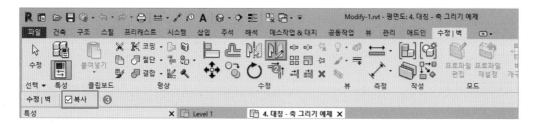

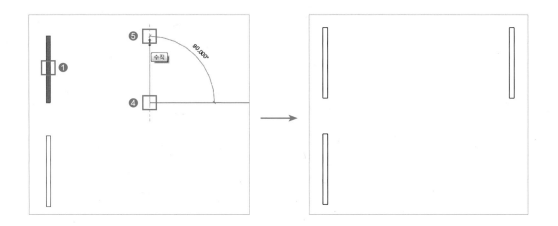

👏 **장선배의 노트** 아이콘을 먼저 선택하는 방법도 있어요!

1. [수정 패널 → 대칭-축 그리기] 아이콘을 클릭합니다.
2. 대칭시킬 대상을 선택하고 키보드의 [Enter] 또는 [Spacebar]를 누릅니다.
3. [복사] 여부를 체크하고 대칭시킬 기준이 되는 축의 시작점과 끝점을 도면 영역에서 클릭하면 명령이
실행됩니다.

| 직접
해보세요! | 이동 | ◎ 단축키: [MV] |

:: 예제 파일 [05장] 폴더/[본문 실습] 폴더/Modify-1.rvt

레빗에서 가장 많이 사용하는 수정 명령어는 [이동]과 [복사]라고 할 수 있습니다. 프로젝트
에서 원하는 요소를 이동시키는 방법에 대해 살펴보겠습니다.

1. 예제 파일을 열고 프로젝트 탐색기에서 [평면 → 5.
이동 예제]를 더블 클릭해 엽니다.

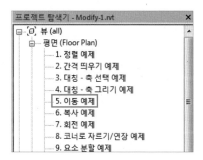

2. 이동시킬 대상인 벽을 선택하고 [수정 패널 → 이동]을 클릭합니다. 옵션 막대에서 [구속], [분리], [다중] 옵션을 체크하지 않은 상태로 둡니다. 이동시킬 거리를 지정하기 위해 도면 영역에서 시작점과 끝점을 차례로 선택합니다.

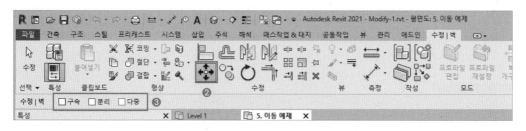

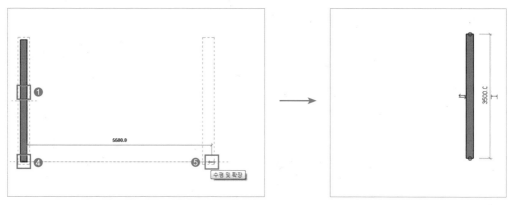

🖐 장선배의 노트 · [이동]할 때 어떤 옵션이 있는지 궁금해요!

이동할 때 옵션 막대에서 [구속], [분리], [다중] 옵션을 선택할 수 있습니다.

① 구속 - 옵션을 체크하면 복사하는 요소를 기준으로 수직, 수평, 직각 방향으로만 복사할 수 있으므로 자주 사용하지는 않습니다.

② 분리 - 다른 요소와 결합한 요소를 분리해 복사하거나 다른 요소에 호스트되어 있는 요소를 다른 호스트로 복사할 때 사용합니다.

▶ 레빗에서 호스트(Host)는 다른 요소가 생성되도록 도와주는 요소로 벽이 가장 일반적인 예입니다. 벽은 독립적으로 존재할 수 있지만 문이나 창문은 벽 없이 생성할 수 없습니다. 이럴 때 벽을 문과 창문의 호스트라고 표현합니다.

③ 다중 - 요소를 한 번이 아닌 여러 번 복사할 때 사용합니다.

직접 해보세요!	복사	◐ 단축키: [CO]

:: 예제 파일 [05장] 폴더/[본문 실습] 폴더/Modify-1.rvt

원하는 요소를 복사할 수 있는 [복사]를 실행하는 방법에는 다른 명령과 마찬가지로 대상을 먼저 선택하는 방법과 명령 아이콘을 먼저 선택하는 방법이 있습니다. [복사] 기능을 순서대로 살펴보겠습니다.

1. 예제 파일을 열고 프로젝트 탐색기에서 [평면 → 6. 복사 예제]를 더블 클릭해 엽니다.

2. 복사시킬 대상인 벽을 선택하고 [수정 패널 → 복사] 아이콘을 클릭합니다. 옵션 막대에서 [구속], [분리], [다중] 옵션을 체크하지 않은 상태로 둡니다. 그리고 시작점을 클릭하고 5,500 만큼 왼쪽으로 이동해 끝점을 선택하거나 시작점을 선택하고 마우스를 왼쪽으로 조금 옮긴 후 키보드로 [5500]을 입력하고 [Enter]를 누릅니다.

◐ [복사]할 때 옵션 막대는 [이동]할 때와 같습니다. 옵션 설명은 156쪽을 참고하세요.

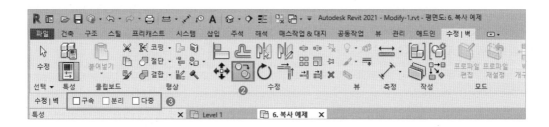

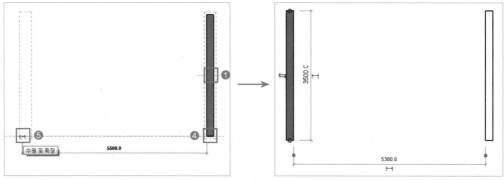

임시 치수는 벽의 안쪽선이 기준이기 때문에 5,300으로 나타납니다.

👏 **장선배의 노트** **아이콘을 먼저 선택하는 방법도 있어요!**

1. [수정 패널 → 복사] 아이콘을 클릭합니다.
2. 복사할 대상을 선택하고 키보드의 (Enter) 또는 (Spacebar)를 누릅니다.
3. 복사할 거리를 지정하기 위해 도면 영역에서 시작점과 끝점을 차례로 클릭합니다.

직접 해보세요! | 회전 | ⊙ **단축키: [RO]**

:: 예제 파일 [05장] 폴더/[본문 실습] 폴더/Modify-1.rvt

레빗에서 요소를 90°도 간격으로 빨리 회전시킬 때는 (Spacebar)를 많이 사용하지만 정확히 원하는 각도만큼 회전시킬 때는 [회전] 기능을 사용합니다. 회전시키는 방법에 대해 살펴보겠습니다.

1. 예제 파일을 열고 프로젝트 탐색기에서 [평면 → 7. 회전 예제]를 더블 클릭해 엽니다.

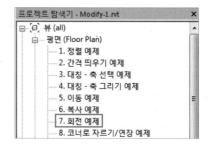

2. 회전할 대상인 벽을 선택하고 [수정 패널 → 회전]을 클릭합니다. 그다음 옵션 막대에서 [분리], [복사] 체크를 해제합니다. [각도]에 [45]를 입력하고 (Enter)를 누르거나, 옵션 막대

에 각도를 입력하는 대신 회전하는 중심점을 기준으로 시작점과 끝점을 클릭합니다.

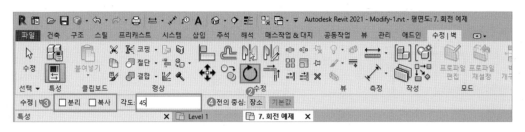

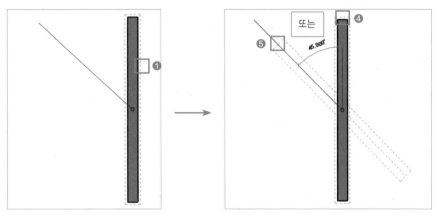

![장선배의 노트] [회전]할 때 어떤 옵션이 있는지 궁금해요!

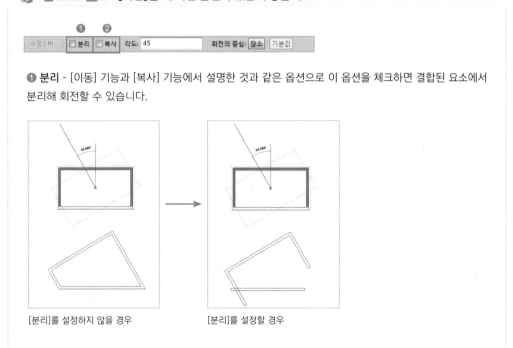

❶ 분리 - [이동] 기능과 [복사] 기능에서 설명한 것과 같은 옵션으로 이 옵션을 체크하면 결합된 요소에서 분리해 회전할 수 있습니다.

❷ 복사 - 이 옵션을 선택하면 원래 요소를 회전하는 것이 아니라 복사해 회전합니다.

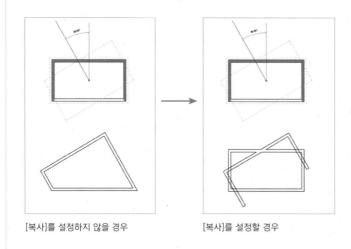

[복사]를 설정하지 않을 경우   [복사]를 설정할 경우

👋 장선배의 노트 회전하는 중심점을 바꾸고 싶어요!

중심점은 기본적으로 회전하는 대상의 중심으로 선택되는데 회전하는 중심점을 바꾸려면 [Spacebar]를 누르거나 옵션 막대에서 [장소] 버튼을 눌러 새로 지정하면 됩니다. 또한 중심점을 원하는 위치로 드래그해 지정하는 방법도 있습니다. 하지만 일반적으로 [Spacebar]를 이용해 중심점을 지정하는 방법을 가장 많이 사용합니다.

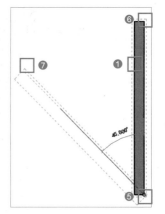

도면 영역에서 중심점을 변경하고 각도를 지정해 회전하는 순서

👋 장선배의 노트 아이콘을 먼저 선택하는 방법도 있어요!

1. [수정 패널 → 회전] 아이콘을 클릭합니다.
2. 회전할 대상을 선택하고 키보드의 [Enter] 또는 [Spacebar]를 누릅니다.
3. [각도]를 입력하고 [Enter]를 누르거나 회전하는 중심점을 기준으로 시작점과 끝점을 클릭합니다.

코너로 자르기/연장

○ 단축키: [TR]

:: 예제 파일 [05장] 폴더/[본문 실습] 폴더/Modify-1.rvt

이 기능은 캐드에서 호의 반지름을 [0]으로 설정해 놓은 모깎기(Fillet)라고 이해하면 됩니다. 다시 말해 만나지 않는 두 대상을 코너에서 서로 연결시키거나 코너를 매끄럽게 만드는 데 쓰입니다.

1. 예제 파일을 열고 프로젝트 탐색기에서 [평면 → 8. 코너로 자르기/연장 예제]를 더블 클릭해 엽니다.

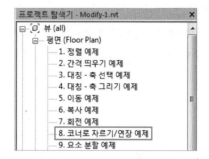

2. [수정 패널 → 코너로 자르기/연장]을 클릭한 후 두 개의 대상인 벽을 순서와 상관없이 선택하면 됩니다.

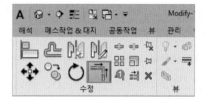

○ 첫 번째 대상을 선택한 후 마우스를 두 번째 대상으로 옮기면 점선으로 모 깎기되는 모습을 미리 보여줍니다.

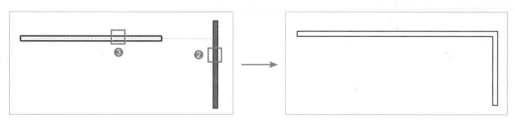

요소 분할

○ 단축키: [SL]

:: 예제 파일 [05장] 폴더/[본문 실습] 폴더/Modify-1.rvt

하나의 대상을 두 개 이상으로 분리할 때 [요소 분할] 기능을 사용합니다. 예를 들어 하나의 벽을 두 개의 벽으로 나눌 때 사용할 수 있는 기능입니다.

1. 예제 파일을 열고 프로젝트 탐색기에서 [평면 → 9. 요소 분할 예제]를 더블 클릭해 엽니다.

2. [수정 패널 → 요소 분할]을 클릭하고 나누고 싶은 지점을 클릭하면 요소가 분할됩니다.

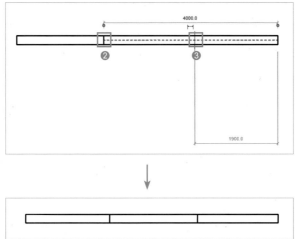

👋 **장선배의 노트** [내부 세그먼트 삭제]라는 옵션은 무엇인가요?

요소 분할을 할 때 옵션 막대에 있는 [내부 세그먼트 삭제]라는 옵션을 체크하면, 분할된 요소 중에서 안쪽에 있는 요소가 자동으로 삭제됩니다. 따라서 [내부 세그먼트 삭제] 옵션을 체크한 경우, 위의 그림에서 가운데에 있는 분할된 요소는 자동으로 삭제됩니다.

직접
해보세요!
간격으로 분할

:: 예제 파일 [05장] 폴더/[본문 실습] 폴더/Modify-1.rvt

[간격으로 분할]은 대상을 나눈다는 점에서 [요소 분할]과 같지만 분리하는 위치에 작은 간격을 만들어 줄 때 사용하는 기능입니다.

1. 예제 파일을 열고 프로젝트 탐색기에서 [평면 → 10. 간격으로 분할 예제]를 더블 클릭해 엽니다.

2. [수정 패널 → 간격으로 분할]을 클릭하고 옵션 막대의 [조인트 간격]을 [300]으로 입력합니다.

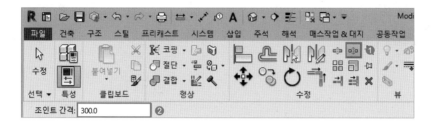

> 👋 **장선배의 노트** **조인트 간격에는 제한이 있어요!**
>
> [간격으로 분할]을 할 때 간격 크기를 무제한 조절할 수 있는 것은 아닙니다. 프로젝트 단위가 밀리미터 (mm)인 경우, 1.6~304.8 사이만 입력할 수 있으며 인치(inch)면 1/16~1피트 사이의 거리만 입력할 수 있습니다. 따라서 이보다 큰 간격을 넣고 싶으면 [요소 분할]을 이용해 나누고 간격을 띄울 부분을 지우거나 수정해야 합니다.

3. 나누고 싶은 지점을 클릭하면 300mm 간격을 두고 요소가 분할됩니다.

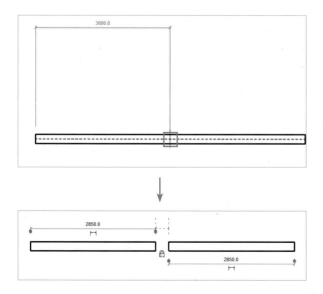

[선형 배열]은 여러 개로 요소를 복제한다는 의미에서 [복사] 기능과 비슷하지만 단순히 복제하는 것이 아니라 언제든지 복제한 요소 사이의 간격이나 요소의 개수를 자유자재로 조절할 수 있기 때문에 [복사]와 전혀 다릅니다. 캐드에서 사용하는 배열(Array)과 같은 기능인 [선형 배열]을 하는 방법에 대해 살펴보겠습니다.

1. 예제 파일을 열고 프로젝트 탐색기에서 [평면 → 11. 배열 예제]를 더블 클릭해 엽니다.

2. [수정 패널 → 배열]을 클릭하거나 단축키 [AR]을 입력합니다. 도면 영역에서 배열할 대상인 벽을 선택하고 키보드의 (Enter) 또는 (Spacebar)를 누릅니다.

● 먼저 대상을 선택하고 나중에 명령 아이콘을 선택해도 같은 방법으로 [선형 배열]을 실행할 수 있습니다.

3. 옵션 막대에서 [선형 배열] 아이콘을 선택합니다. 그리고 [이동 지정]에서 [두 번째]를 선택합니다. [이동 지정]은 배열할 때 복사해 생성되는 요소의 위치를 정하는 옵션으로 무엇을 선택하는가에 따라 뒤에 거리를 입력한 부분이 [두 번째] 요소의 위치가 되거나 [마지막] 요소의 위치가 됩니다.

| ⬛ ◇ | ☑ 그룹 및 연관 | 항목 수: 5 | | 이동 지정: ◉ 두 번째 | ○ 마지막 | □ 구속 |

4. 배열하는 [항목 수]를 [5]로 지정합니다. 여기서 지정하는 항목 수만큼 벽이 복제됩니다. 항목 수를 변경하지 않으면 기본 설정인 [2]로 진행됩니다.

5. 기준점이 될 부분을 클릭한 후 거리 [3000]을 입력하고 (Enter)를 눌러 선형 배열을 실행합니다. 도면 영역에서 시작점과 끝점을 선택해도 선형 배열이 실행됩니다.

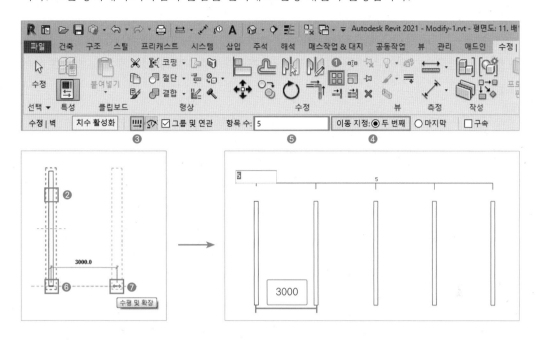

6. 미리 보기로 배열한 모습을 확인하고 수정할 것이 없으면 (Enter)나 (Esc)를 눌러 선형 배열을 완료합니다.

> (Enter)를 누르기 전 [항목 수]를 수정할 수 있고 완료된 후에도 수정할 수 있습니다.

✋ 장선배의 노트   옵션 막대의 [이동 지정]을 [마지막]으로 설정하면 어떻게 되나요?

[이동 지정]을 [마지막]으로 선택하면 배열할 때 원래 요소와 마지막 요소 사이의 거리를 지정할 수 있으며 첫 요소부터 마지막 요소까지의 거리가 정해지기 때문에 [항목 수]에 따라 각 요소의 간격이 변합니다. 반면, [두 번째]를 선택하면 배열할 때 원래 요소와 두 번째 요소 사이의 거리를 지정하기 때문에 [항목 수]에 따라 각 요소의 간격이 변하지 않고 일정하게 유지될 수 있습니다.

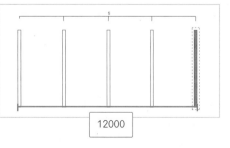

[선형 배열]은 요소를 일직선으로 배열하는 기능인 반면, [방사형 배열]은 [중심점]을 기준으로 원하는 [각도]나 [항목 수]만큼 회전시켜 배열합니다. [방사형 배열]의 방법과 순서를 살펴보겠습니다.

1. 예제 파일을 열고 프로젝트 탐색기에서 [평면 → 11. 배열 예제]를 더블 클릭해 엽니다.

2. [수정 패널 → 배열]을 클릭하거나 단축키 [AR]을 입력합니다. 도면 영역에서 배열할 대상인 벽을 선택하고 키보드의 Enter 또는 Spacebar 를 누릅니다.

○ 먼저 대상을 선택하고 나중에 명령 아이콘을 선택해도 같은 방법으로 [방사형 배열]을 실행할 수 있습니다.

3. 옵션 막대에서 [방사형 배열] 아이콘을 선택합니다. 배열하는 [항목 수]를 [6]으로 지정하고 [이동 지정]에서 배열할 각도를 지정하기 위해 [두 번째]를 선택합니다.

○ [이동 위치] 옵션에 대한 설명은 [선형 배열]과 동일합니다.

4. 중심점을 지정하기 위해 옵션 막대의 [장소]를 클릭하고 도면 영역에서 회전할 중심점을 먼저 선택한 후 각도를 정하기 위해 시작점과 끝점을 선택하면 방사형 배열이 실행됩니다. 옵션 막대에서 각도를 입력하고 Enter 를 눌러도 방사형 배열이 실행됩니다.

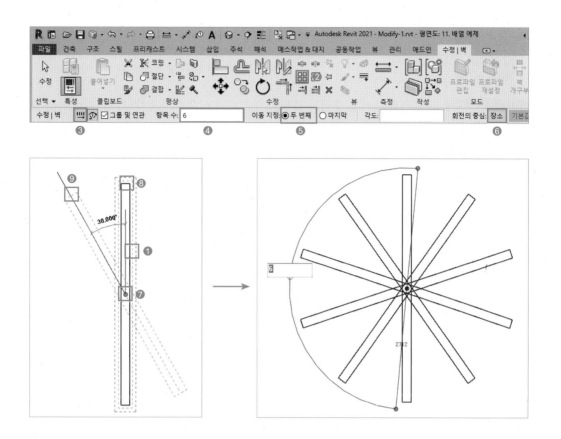

5. 미리 보기로 배열한 모습을 확인하고 수정할 것이 없으면 [Enter] 나 [Esc]를 눌러 방사형 배열을 완료합니다.

▶ [Enter]를 누르기 전 [항목 수]는 수정할 수 있고 완료된 후에도 수정할 수 있습니다.

📋 **장선배의 노트**   옵션 막대에서 직접 각도를 입력할 수도 있어요!

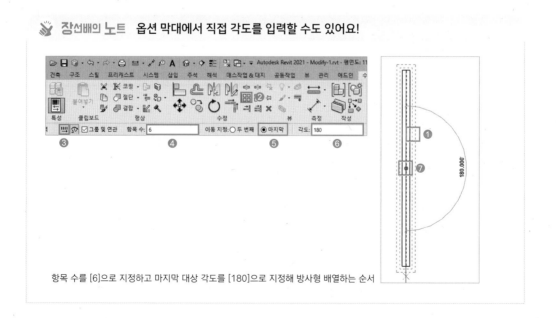

항목 수를 [6]으로 지정하고 마지막 대상 각도를 [180]으로 지정해 방사형 배열하는 순서

캐드에서는 요소의 크기를 늘리고 줄이는 축척(Scale) 기능을 자주 사용하지만 레빗에서는 몇 가지 제한된 요소(선, 벽, 이미지, 캐드 파일(DWG, DWF), 참조 평면 등)에만 적용할 수 있는 기능이기 때문에 [축척]을 자주 사용하지는 않습니다. 하지만 알아 두면 나중에 이미지나 캐드 파일 등의 크기를 수정하는 데 도움이 됩니다. 그럼 [축척]을 적용하는 방법을 살펴보겠습니다.

1. [그래픽]의 방법으로 축척을 변경할 경우

예제 파일을 열고 프로젝트 탐색기에서 [평면 → 12. 축척 예제]를 더블 클릭해 엽니다.

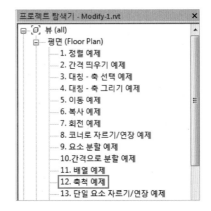

2. 축척을 변경할 대상인 벽을 선택하고 [수정 패널 → 축척]을 클릭하거나 단축키 [RE]를 입력합니다.

▶ [축척] 기능도 앞에서 언급한 [복사]나 [이동]과 마찬가지로 먼저 아이콘을 클릭하고 대상을 클릭한 후 키보드의 [Enter] 또는 [Spacebar]를 눌러 사용할 수 있습니다. 이후 같은 방법으로 명령을 실행할 수 있습니다.

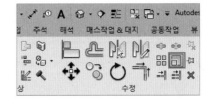

3. 옵션 막대에서 [그래픽] 옵션을 체크합니다. 그리고 도면 영역에서 축척을 변경할 대상의 기준점과 끝점을 선택한 후 원하는 크기의 끝점을 클릭합니다.

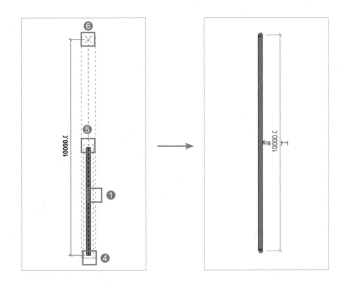

4. [숫자]의 방법으로 축척을 변경할 경우

앞과 같은 방법으로 [수정 패널 → 축척]을 클릭하거나 단축키
[RE]를 입력합니다. 축척을 변경할 대상인 벽을 선택하고 키보
드의 Enter 또는 Spacebar 를 누릅니다.

5. 옵션 막대에서 [숫자] 옵션을 체크하고 변경할 [축척]을 숫자로 옵션 막대에 입력합니다.
여기서는 [2]를 입력하겠습니다. 도면 영역에서 축척을 변경할 대상의 기준점을 선택하면 축
척이 변경됩니다.

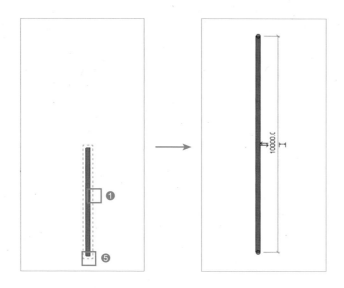

단일 요소 자르기/연장

:: 예제 파일 [05장] 폴더/[본문 실습] 폴더/Modify-1.rvt

앞에서 언급한 [코너로 자르기/연장] 기능이 두 대상을 코너에서 매끄럽게 연결하는 것이 주 기능이라면 [단일 요소 자르기/연장]은 기준이 되는 대상까지 대상을 늘리거나 줄이는 것이 목적입니다. 직접 이 기능을 따라 하면서 배워 보겠습니다.

1. 예제 파일을 열고 프로젝트 탐색기에서 [평면 → 13. 단일 요소 자르기/연장 예제]를 더블 클릭해 엽니다.

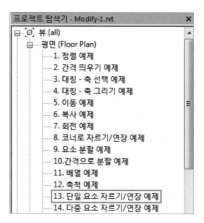

2. [수정 패널 → 단일 요소 자르기/연장]을 클릭합니다. 그리고 기준이 되는 대상인 벽 하나를 먼저 선택합니다.

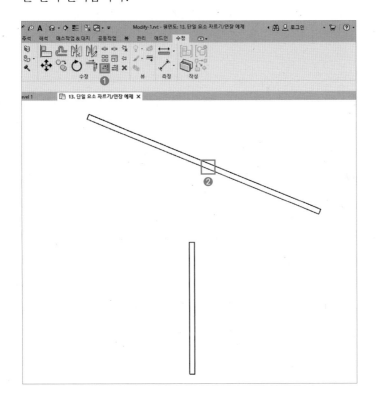

3. 도면 영역에서 기준까지 늘리거나 줄일 대상인 나머지 벽을 선택하면 대상이 수정됩니다. 기준이 되는 대상을 선택하고 수정할 대상으로 이동하면 점선으로 수정된 후의 모습을 미리 보여주기 때문에 클릭하기 전에 확인할 수 있습니다.

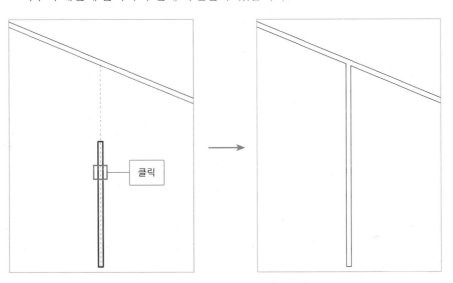

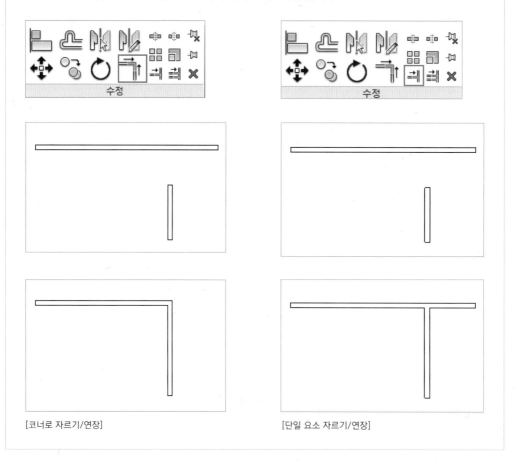

다중 요소 자르기/연장

[단일 요소 자르기/연장]은 기준이 되는 대상에 하나의 대상을 늘리거나 줄일 때 사용하는 기능이고 [다중 요소 자르기/연장]은 기준이 되는 대상에 여러 개의 대상을 늘리거나 줄일 때 사용하는 기능입니다. 사용하는 방법은 아이콘을 클릭해 기준이 되는 대상을 먼저 선택한 후 조절할 대상을 차례대로 선택하면 되고 Esc를 누르면 기능을 종료할 수 있습니다.

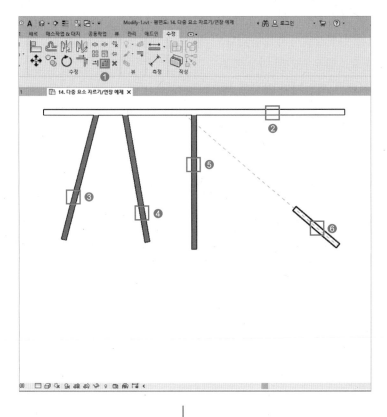

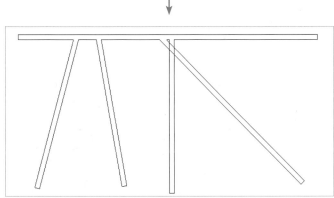

고정과 고정 해제

실무에서 여러 사람이 함께 작업하다 보면 자주 생기는 문제 중 하나가 바로 고정되어 있어야 할 대상들이 실수로 옮겨지거나 지워지는 것입니다. 상황을 파악해 곧바로 수정하면 문제가 되지 않지만 대부분 실수로 드래그해 대상들이 옮겨지거나 지워지기 때문에 모르는 경우도 많습니다. 이런 상황들을 예방하기 위해 사용하는 것이 바로 [고정] 기능입니다. 레빗에서 대상을 [고정] 기능으로 고정하면 이동하거나 지우려고 할 때 경고 창이 뜨면서 옮겨지거나 지워지지 않습니다. 따라서 프로젝트에서 중요한 요소들은 [고정] 기능으로 고정해 실수로 위치가 옮겨지거나 지워지지 않도록 해야 합니다.

▶ 레빗 2013 버전까지는 [고정]을 해도 경고 창만 보일 뿐 대상이 옮겨지거나 지워지는 문제점이 있었는데요. 레빗 2014 버전부터는 이 문제가 해결되어 잠금 해제를 하지 않으면 고정된 대상들을 지우거나 옮길 수 없게 되었습니다.

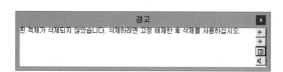

대상을 고정하는 방법은 간단합니다. 도면 영역에서 고정할 대상을 먼저 선택하고 [수정] 패널에서 [고정] 아이콘을 클릭하거나 단축키 [PN]을 입력하면 선택한 요소가 고정됩니다. 또는 [수정] 패널에서 [고정] 아이콘을 클릭한 후 도면 영역에서 고정할 대상을 선택하고 키보드의 [Enter] 또는 [Spacebar]를 누르면 선택한 요소가 고정됩니다.

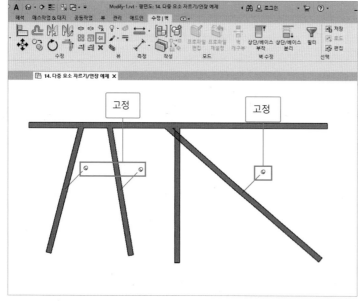

핀 기능이 적용된 요소와 잠금 해제된 요소

[고정 해제]도 같은 순서와 방법으로 고정된 요소들을 다시 해제할 수 있습니다. 또한 고정된 요소를 클릭하면 보이는 [고정] 표시를 클릭해도 [고정 해제]를 할 수 있습니다.

삭제

삭제 기능은 이름대로 원하는 대상을 선택해 지우는 건데요. 사실 일반적으로 키보드의 [Delete]를 이용해 삭제하기 때문에 자주 사용하지는 않습니다. 다른 기능과 마찬가지로 먼저 대상을 선택하고 아이콘을 클릭하거나 아이콘을 클릭하고 대상을 선택해 키보드의 [Enter] 또는 [Spacebar]를 누르면 됩니다.

05-3 키보드 단축키

대부분의 사용자들은 프로그램의 인터페이스와 기능에 어느 정도 익숙해지면 단축키를 이용해 작업합니다. 인터페이스를 이용해 작업해도 문제없지만 단축키를 사용하면 인터페이스보다 훨씬 빠른 속도로 작업이 가능하기 때문입니다. 캐드도 실무에서 인터페이스 이용자들을 찾아보기 힘들 듯이 레빗도 캐드와 마찬가지로 실무에서 단축키를 사용해 작업합니다. 따라서 단축키를 설정, 해제하는 방법을 알고 있어야 합니다.

키보드 단축키

지금까지 소개한 수정 패널의 기능들은 모델링뿐만 아니라 도면 작업에서도 상당히 많이 쓰이는 기능으로 숙달될 필요가 있습니다. 그러나 어느 정도 기본 기능에 익숙해지고 각 아이콘의 위치 파악이 된 후에는 일일이 아이콘을 선택하지 않고 단축키를 이용하면 훨씬 빠르고 효율적으로 작업할 수 있습니다.

레빗에는 수많은 기능이 있으므로 단축키를 모두 사용하려고 하기보다 [수정] 탭이나 [건축] 탭 정도만 단축키를 잘 설정해 놓아도 작업 효율을 극대화할 수 있습니다. 또한 가능하면 자주 쓰는 명령어의 경우, 복잡하게 설정하지 않고 단축키를 같은 문자로 설정해 놓으면 훨씬 편합니다. 예를 들어 복사는 [CC], 이동은 [MM], 회전은 [RR], 벽은 [WW], 정렬은 [AA] 등으로 단축키를 설정해 놓으면 훨씬 빨리 작업할 수 있습니다.

> ## 👏 장선배의 노트 두 개의 문자를 연속으로 누르면 단축키가 실행되어요!
>
> 레빗은 마우스 조작법이 캐드와 같지만 단축키는 사용 방법이 조금 다릅니다. 캐드에서는 명령어의 길이와 상관없이 명령어를 입력하고 Spacebar 나 Enter 를 누르면 명령이 실행되는 반면, 레빗은 기본적으로 단축키가 두 개의 문자로 구성되어 있으므로 Spacebar 나 Enter 를 누르지 않고 두 개의 지정된 문자나 숫자를 연속으로 누르면 곧바로 명령이 실행됩니다.
>
> 물론 레빗에서도 한 개의 문자로 설정할 수 있지만 그 문자로 실행할 수 있는 다른 명령어가 있다면 문자를 누른 후 Spacebar 를 눌러야 명령이 실행되어 불편합니다. 또한 최대 다섯 개 문자나 숫자를 조합해 단축키를 설정할 수 있지만 단축키 개수를 다르게 설정하면 단축키를 사용할 때 번거롭고 비효율적이므로 일반적으로 두 개의 문자나 숫자를 조합하는 방법을 사용합니다.

키보드 단축키 설정 및 해제하기

캐드를 사용할 때 단축키를 사용하면 작업 시간이 단축되어 훨씬 효율적이고 빨리 작업할 수 있습니다. 레빗에서도 인터페이스와 기능이 익숙해진 후 단축키를 사용하면 훨씬 효율적입니다. 이번에는 키보드 단축키를 설정, 해제하는 방법을 살펴보겠습니다.

1. 새 프로젝트를 열고 [뷰] 탭으로 가 맨 오른쪽의 [사용자 인터페이스] 아이콘을 클릭합니다. 맨 아래의 [키보드 단축키]를 클릭합니다.

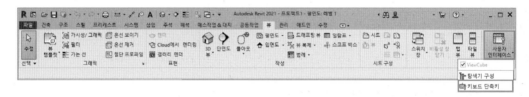

2. 키보드 단축키 설정하기

[키보드 단축키] 팝업 창에서 단축키를 지정할 명령어를 선택하고 설정할 단축키를 [새 키 입력] 칸에 넣고 옆에 있는 [지정] 버튼을 클릭한 후 [확인] 버튼을 누르면 단축키가 추가됩니다.

3. 키보드 단축키 해제하기

단축키 설정을 해제하고 싶다면 먼저 설정을 해제할 명령의 [바로 가기] 부분을 더블클릭해서 [제거] 버튼을 활성화합니다. 이 [제거] 버튼을 클릭한 후 [확인] 버튼을 누르면 설정된 단축키가 삭제됩니다.

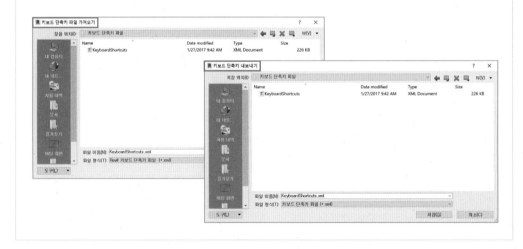

장선배의 노트 단축키 내보내기 / 가져오기

단축키를 설정하면 현재 프로젝트에 저장한 키보드 단축키 설정을 파일로 [내보내기]할 수도 있고 반대로 개인적으로 키보드 단축키를 설정해 놓은 파일이 있다면 [가져오기]를 할 수도 있습니다. [키보드 단축키] 팝업 창에서 [가져오기]나 [내보내기] 버튼을 누르고 파일을 선택하면 됩니다.

앞에서 말했듯이 모든 기능을 단축키로 설정하려고 하기보다 자주 사용하는 명령어 위주로 먼저 단축키를 설정해 사용하고 필요한 단축키를 추가하는 것이 좋습니다. 단축키가 편리하고 빠르지만 레빗을 사용한 지 얼마 안 되었다면 각 기능과 아이콘의 위치를 파악하고 익숙해질 때까지는 단축키를 쓰지 않길 권합니다.

빌라 사보아의 문과 창문 만들기

:: 미션 파일 [05장] 폴더 / [미션] 폴더 / 도전 미션-4_시작.rvt

과제 **프로젝트에 로드되어 있는 문과 창문을 위치시켜 보세요!**

프로젝트에 있는 문과 창문 패밀리를 이용해 빌라 사보아의 외관을 좀 더 자세히 표현해 보세요. 패밀리를
정확한 위치에 넣기 위해 [수정] 탭의 기능을 이용하면 됩니다.

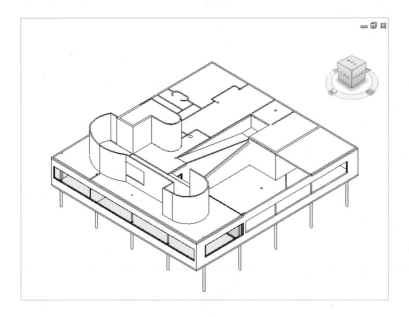

힌트

① 예제 파일 [도전 미션-4_시작.rvt]을 열고 프로젝트 탐색기에서 [평면도 → Level 1]을 더블 클릭해 뷰
를 이동합니다.

② [건축 탭 → 빌드 패널 → 문]을 선택해 빨간색으로 표시된 위치에 문을 생성하고 [건축 탭 → 빌드 패널
→ 창문]을 선택해 파란색으로 표시된 위치 사이에 창문을 생성합니다. [수정] 탭의 기능을 적절히 이용하
면 효율적으로 작업할 수 있습니다.

③ [Level 2]와 [Level 3]도 열어 같은 방법으로 문과 창문을 생성합니다.

:: 정답 파일 [05장] 폴더 / [미션] 폴더 / 도전 미션-4_완성.rvt

둘째마당

모델을 자르면 끝! 도면으로 만들기

공동작업하기

도면으로 만들기

기초 모델링하기

설계 구상하기

레빗 작업은 크게 모델링 단계와 도면 생성 단계로 나뉩니다. 캐드에서는 도면을 만들기 위해 일일이 각 도면을 그려야 하고 도면 간의 정보가 정확한지도 확인해야 하지만 레빗에서는 모델링 후 뷰를 생성하고 각 뷰를 도면에 넣으면 도면을 쉽게 생성할 수 있습니다. 이 마당에서는 레빗에서 뷰와 도면을 생성하는 방법과 수정하는 방법을 살펴보겠습니다.

06 뷰와 시트

레빗의 궁극적인 목적은 건축 디자인을 완성해 도면으로 만드는 것입니다. 그리고 건축 도면을 만들기 위해서는 뷰와 시트(도면)를 알아야 합니다. 이 장에서는 뷰의 종류 및 특징, 생성하는 방법 등을 알아보고 시트를 통해 도면을 생성해 보겠습니다.

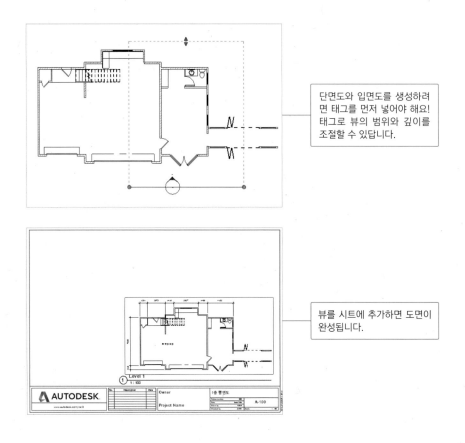

단면도와 입면도를 생성하려면 태그를 먼저 넣어야 해요! 태그로 뷰의 범위와 깊이를 조절할 수 있답니다.

뷰를 시트에 추가하면 도면이 완성됩니다.

06-1 뷰 - 도면 생성하고 수정하기   06-2 시트 - 뷰 앉히기

도면으로 만들기 → 도면 생성하기 → 그래픽 조정하기 → 주석 달기 → 시트에 넣기

06-1 뷰 - 도면 생성하고 수정하기

레빗은 건물을 3D로 디자인하는 프로그램입니다. 그러므로 3D로 원하는 디자인을 완성한 후 그것을 도면으로 적절히 표현하는 과정이 필요합니다. 이때 사용하는 것이 바로 '뷰'입니다. 레빗에서 뷰는 건축 도면에서 필요한 모든 도면의 종류를 지칭하며 3D 건물을 바라보는 위치에 따라 적절히 표현하도록 도와줍니다. 이 장에서는 도면을 만들 때 사용하는 뷰의 종류와 특징, 생성하는 방법 등을 살펴보겠습니다.

뷰의 종류

하나의 레빗 파일에는 여러 도면이 함께 있습니다. 그리고 이 도면은 '뷰'라는 이름으로 나뉘어 있습니다. 뷰의 종류에는 평면도, 천장 평면도, 입면도, 단면도, 면적 평면도(Area Plan), 드래프팅 뷰, 3D 뷰 등이 있는데요. 드래프팅 뷰를 제외한 모든 뷰에는 모델링된 정보들이 뷰의 위치에 맞게 자동으로 나타납니다. 그러므로 3D 모델이 업데이트되면 뷰 정보도 수정되어 도면의 일관성을 유지하기 훨씬 쉽습니다. 뷰를 선택한 후 가시성/그래픽과 주석 등을 조절해 도면을 완성할 수 있습니다.

다른 뷰와 달리 드래프팅 뷰는 3D 모델과 전혀 상관없는 2D 도면을 생성할 때 사용합니다. 다시 말해 드래프팅 뷰는 원하는 정보를 다른 뷰에 영향을 미치지 않고 표현할 때 사용하는 뷰로 일반적으로 디테일이나 이미지 등을 도면에 넣을 때 사용합니다. 이 뷰는 캐드처럼 2D 요소로만 이루어져 있으며 이 뷰에서는 레빗의 3D 모델 정보들을 보거나 가져올 수 없습니다.

정리하면 평면도, 천장 평면도, 입면도, 단면도, 면적 평면도는 3D 모델 정보를 뷰에 따라 보여주는 역할을 하므로 그래픽만 조절하면 도면이 완성되고 드래프팅 뷰는 3D 모델 정보와 상관없는 다른 것을 도면에 넣을 때 주로 사용합니다.

> ✋ **장선배의 노트** 　캐드는 도면별로 파일을 만들지만 레빗은 하나의 파일에 모든 도면이 있어요!
>
> 레빗에서는 3D로 모델을 생성하고 그 정보를 바탕으로 뷰를 만들기 때문에 정보가 업데이트되면 모든 뷰에서도 자동으로 수정되어 훨씬 정확하고 효율적으로 도면 작업을 할 수 있습니다. 또한 캐드는 도면별로 파일을 따로 저장하지만 레빗은 하나의 프로젝트 내에 모든 뷰가 있고 업데이트되기 때문에 훨씬 더 효율적이고 일관성 있게 관리할 수 있습니다.

평면도와 레벨의 상관관계

02장에서 레벨의 이름이 바뀌면 평면도의 이름도 바뀔 수 있는 데서도 알 수 있듯이 레빗에서 평면도는 레벨과 밀접한 관련이 있으며 나아가 서로 연계된 조합이라고 할 수 있습니다. 따라서 특정 레벨에서 평면도를 만들려면 먼저 레벨을 생성해야 합니다.

입면이나 단면에서 레벨을 보면 프로젝트 상황에 따라 레벨 머리가 파란색인 경우도 있고 검은색인 경우도 있는데요. 여기서 레벨 머리 색은 해당 레벨의 평면도가 현재의 프로젝트에 존재하는지 여부를 나타내는 표시입니다. 파란색은 해당 레벨의 평면도가 이미 프로젝트 내에 있음을 의미하고 검은색은 해당 레벨의 평면도가 아직 없음을 의미합니다. 예를 들어 아래 그림과 같이 [Level 1]과 [Level 2]의 머리는 파란색이고 [Level 3]의 머리가 검은색인 경우, 현재 프로젝트 내에 [Level 1]과 [Level 2]의 평면도는 있지만 [Level 3]의 평면도는 없는 상태라는 의미입니다.

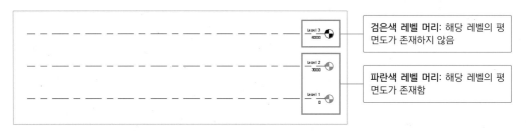

검은색 레벨 머리: 해당 레벨의 평면도가 존재하지 않음

파란색 레벨 머리: 해당 레벨의 평면도가 존재함

직접 해보세요!

평면도 생성하기

:: 예제 파일 [06장] 폴더/[본문 실습] 폴더/View-1.rvt

앞에서 레벨이 있어야 평면도를 생성할 수 있다고 설명했는데요. 예제 파일을 열어 레벨은 있지만 아직 평면도는 없는 레벨의 평면도를 생성해 보겠습니다.

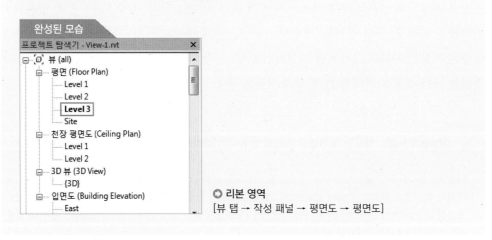

◉ 리본 영역
[뷰 탭 → 작성 패널 → 평면도 → 평면도]

1. 예제 파일을 열고 프로젝트 탐색기의 [평면(Floor Plan)]을 보면 [Level 3]이 없는 것을 확인할 수 있습니다.

2. 리본 영역 선택하기

[뷰 탭 → 작성 패널 → 평면도]를 클릭한 후 다시 [평면도]를 선택합니다.

3. [새 평면도] 팝업 창이 뜨면 [Level 3]을 선택하고 [확인]을 누릅니다.

▶ 레벨은 있지만 평면도가 없는 뷰인 [Level 3]만 선택지로 아래에 나타납니다.

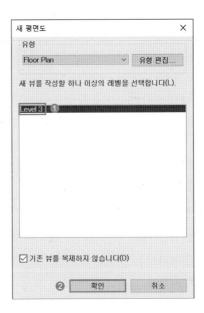

[새 평면도] 팝업 창에서 아래의 [기존 뷰를 복제하지 않습니다] 체크를 해제하면 프로젝트 내에 있는 모든 레벨이 보이는데요. 이미 평면도가 있는 레벨을 선택하면 평면도가 다른 이름으로 하나 더 생성됩니다. 이 방법으로 생성한 평면도는 기존 평면도를 복제하는 것이 아니기 때문에 뷰의 설정이나 주석 요소 등의 정보를 복제해 가져올 수 없습니다. 이 방법은 기존 평면도와 완전히 다른 뷰 설정이 필요하거나 다른 용도로 쓸 뷰를 만들 때 가끔 사용하는 것으로 일반적으로 체크하지 않는 경우는 거의 없습니다.

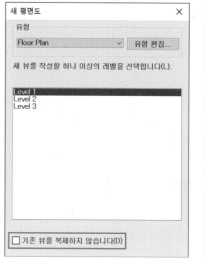

체크 박스를 해제하면 모든 레벨을 볼 수 있습니다.

4. 프로젝트 탐색기에 [Level 3]이 생성되고 [Level 3] 평면도가 자동으로 열립니다.

천장 평면도 생성하기

평면도를 만든 것과 비슷한 방법으로 천장 평면도를 만들어 보겠습니다. 평면도는 뷰를 자르는 위치에서 아래쪽으로 내려다보는 뷰이고 천장 평면도는 뷰를 자르는 위치에서 위쪽으로 올려다보는 뷰입니다. 천장 평면도는 바라보는 뷰의 방향만 다르고 나머지 대부분의 특징은 평면도와 같습니다. 따라서 천장 평면도를 생성하는 방법도 평면도를 생성하는 방법과 비슷합니다.

천장 평면도

평면도

Level 2
3000

Level 1
0

직접 해보세요!

천장 평면도 생성하기

:: 예제 파일 [06장] 폴더/[본문 실습] 폴더/View-1.rvt

평면도를 생성한 방법과 같은 방법으로 천장 평면도를 생성해 보겠습니다.

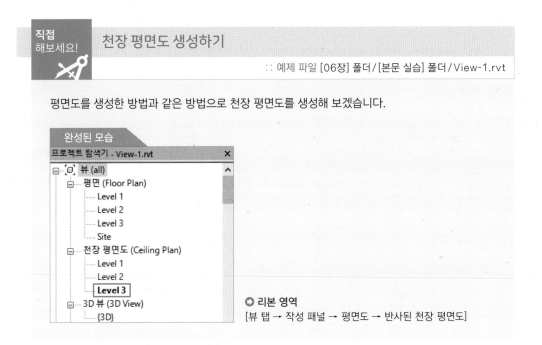

완성된 모습

프로젝트 탐색기 - View-1.rvt ✕

⊟ [☐] 뷰 (all)
　⊟ 평면 (Floor Plan)
　　── Level 1
　　── Level 2
　　── Level 3
　　── Site
　⊟ 천장 평면도 (Ceiling Plan)
　　── Level 1
　　── Level 2
　　── **Level 3**
　⊟ 3D 뷰 (3D View)
　　── {3D}

❖ 리본 영역
[뷰 탭 → 작성 패널 → 평면도 → 반사된 천장 평면도]

1. 예제 파일을 열고 프로젝트 탐색기의 [천장 평면도 (Ceiling Plan)]를 보면 [Level 3]이 없는 것을 확인할 수 있습니다.

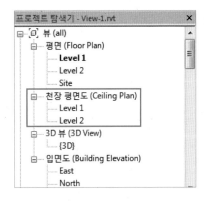

프로젝트 탐색기 - View-1.rvt ✕

⊟ [☐] 뷰 (all)
　⊟ 평면 (Floor Plan)
　　── **Level 1**
　　── Level 2
　　── Site
　⊟ 천장 평면도 (Ceiling Plan)
　　── Level 1
　　── Level 2
　⊟ 3D 뷰 (3D View)
　　── {3D}
　⊟ 입면도 (Building Elevation)
　　── East
　　── North

2. 리본 영역 선택하기

[뷰 탭 → 작성 패널 → 평면도]를 클릭해 [반사된 천장 평면도]를 선택합니다.

▶ '반사된 천장 평면도'는 레빗에서 이름을 그렇게 지정했을 뿐 '천장 평면도'와 같은 개념입니다.

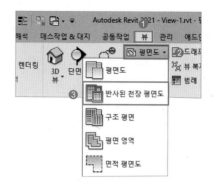

3. [새 RCP] 팝업 창이 뜨면 [Level 3]을 선택하고 [확인]을 누릅니다.

▶ RCP는 'Reflected Ceiling Plan'의 약자로 일반적으로 건축에서 '천장 평면도'를 지칭하는 용어입니다.

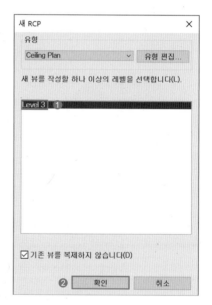

4. 프로젝트 탐색기에 [Level 3]이 생성되고 [Level 3] 천장 평면도가 자동으로 열립니다.

면적 평면도와 면적 계획

면적 평면도는 평면도를 바탕으로 2차원적 공간이나 면적을 표현할 때 사용하는 뷰로 기존 모델 정보를 바탕으로 한 '면적 경계'를 지정할 때와 면적을 사용해 그래픽을 생성하고 면적을 계산할 때 주로 사용합니다. 면적 평면도를 그리려면 먼저 '면적 계획'을 만들어야 합니다. 면적 계획에서는 프로젝트에서 사용할 면적 평면도의 종류를 결정합니다.

면적과 공간을 표현하는 방법에는 여러 가지가 있습니다. 예를 들어 면적을 계산하는 방식으로 벽 중심선을 따르거나 벽의 외부나 내부 마감선을 따라 면적을 산출하는 경우도 있습니다. 이렇듯 레빗에서는 면적 산출 기준에 따라 다른 면적 계획을 만들 수도 있습니다. 또한 굳이 면적을 산출하는 목적이 아니더라도 여러 목적에 따라 다른 면적 계획을 만들 수도 있습니다. 레빗에서는 이런 여러 면적 평면도 유형을 면적 계획을 통해 만들 수 있습니다.

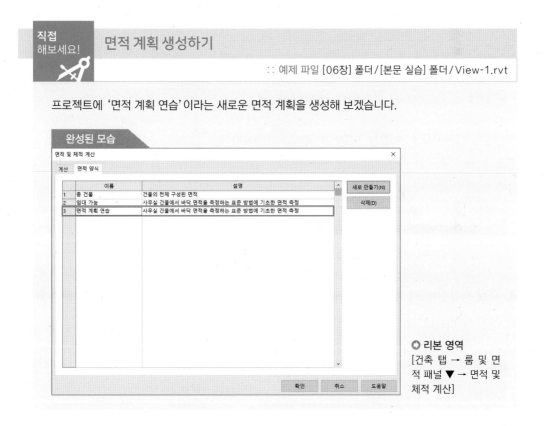

직접 해보세요! 면적 계획 생성하기

:: 예제 파일 [06장] 폴더/[본문 실습] 폴더/View-1.rvt

프로젝트에 '면적 계획 연습'이라는 새로운 면적 계획을 생성해 보겠습니다.

완성된 모습

◎ 리본 영역
[건축 탭 → 룸 및 면적 패널 ▼ → 면적 및 체적 계산]

1. 리본 영역 선택하기

[건축 탭 → 룸 및 면적 패널]로 마우스를 이동해 [룸 및 면적] 글자 옆의 [드롭다운 화살표]를 클릭합니다.

2. 맨 밑에 [면적 및 체적 계산] 아이콘을 클릭합니다.

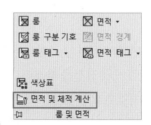

3. [면적 및 체적 계산] 팝업 창에서 [면적 양식] 탭을 선택하고 [새로 만들기] 버튼을 클릭하면 면적 계획이 추가됩니다.

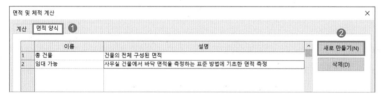

▶ 한글판이더라도 경우에 따라 화면에 면적 계획의 이름이나 설명이 영어로 나올 수도 있습니다.

기본적으로 [총 건물]과 [임대 가능]이라는 두 가지 면적 계획이 설정되어 있습니다.

4. 새로 생성된 면적 계획의 이름을 바꾸기 위해 면적 계획의 [이름]을 클릭해 '면적 계획 연습'으로 바꾸고 (Enter)를 누릅니다.

이렇게 생성된 면적 계획은 프로젝트 탐색기에 곧바로 나타나진 않지만 이어서 할 실습과 같이 면적 평면도를 생성하면 면적 계획의 이름도 프로젝트 탐색기에 함께 나타납니다. 따라서 면적 평면도를 생성하기 전 현재 프로젝트에 있는 면적 계획의 종류를 알고 싶다면 [면적 및 체적 계산] 팝업 창을 열어야 합니다.

면적 계획은 면적 평면도의 종류라고 이해하면 되는데요. 같은 레벨의 면적 평면도이더라도 면적 경계를 다르게 설정하고 싶다면 다른 면적 계획을 만들어야 합니다. 같은 면적 계획 내에서는 평면도를 복제하더라도 다른 면적 경계를 적용할 수 없기 때문에 필요한 면적 경계의 수에 따라 여러 개의 면적 계획이 프로젝트에 있는 것이 일반적입니다.

 장선배의 **노트**   실무에서는 보통 몇 개의 면적 계획이 있나요?

프로젝트 상황에 따라 다르지만 면적 계획은 단순히 면적을 계산하거나 표현하는 용도가 아닌 다양한 프레젠테이션 용도의 평면도를 생성할 때도 유리합니다. 그에 따라 여러 종류의 면적 계획을 가진 프로젝트도 많습니다.

직접 해보세요!   **면적 평면도 생성하기**

:: 예제 파일 [06장] 폴더/[본문 실습] 폴더/View-2.rvt

앞에서 만든 면적 계획을 선택해 면적 평면도를 생성해 보겠습니다.

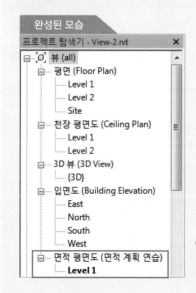

완성된 모습

● 리본 영역
[뷰 탭 → 작성 패널 → 평면도 → 면적 평면도]
[건축 탭 → 룸 및 면적 패널 → 면적 → 면적 평면도]

1. 리본 영역 선택하기

예제 파일을 열고 [뷰 탭 → 작성 패널]의 [평면도] 아이콘을 클릭해 [면적 평면도]를 선택합니다.

2.

[새 면적 평면도] 팝업 창이 뜨면 [유형]에서 앞의 실습에서 만든 [면적 계획 연습]을 클릭하고 [Level 1]을 선택한 후 [확인]을 누릅니다.

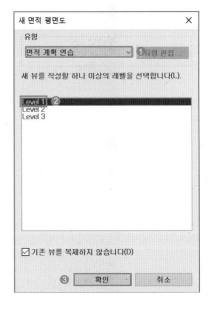

3. 건물 외벽을 따라 면적 경계를 자동으로 생성할지 여부를 묻는 팝업 창이 뜹니다. 여기서 [예]를 선택합니다.

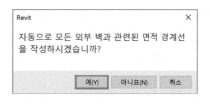

4. 건물 외벽을 따라 면적 경계가 자동으로 생성되며 면적 평면도가 생성되어 해당 뷰로 이동합니다.

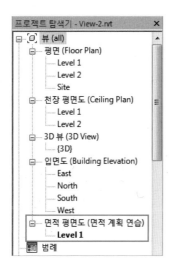

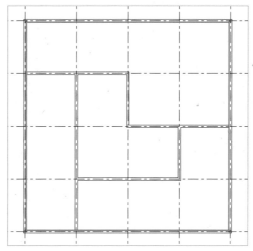

[예]를 선택했을 경우

👋 **장선배의 노트** **팝업 창에서 [아니요]를 선택하면 어떻게 되나요?**

[아니요]를 선택하면 면적 경계가 없는 해당 레벨의 면적 평면도가 생성되고 해당 뷰로 이동합니다.

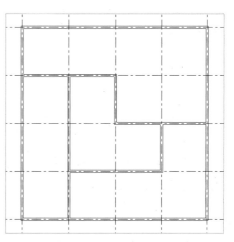

[아니요]를 선택했을 경우

면적 평면도는 면적을 정확히 계산해야 하거나 면적과 면적 경계를 이용해 평면도의 그래픽을 다르게 표현할 때 사용합니다. 평면도에서 룸을 이용해 면적을 계산할 수도 있지만 그 경우, 면적을 계산하는 규칙(벽 중심선 또는 벽 안쪽선 등)이 일괄적으로 적용되기 때문에 정확한 면적 계산이 어렵습니다. 예를 들어 정확한 면적 계산을 위해서는 건물 외벽은 바깥쪽을 기준으로 계산해야 하고 실내 벽은 벽 중심선을 기준으로 계산하기 때문에 룸을 이용하면 정확한 면적 산출이 어렵습니다. 그러나 면적 평면도를 이용하면 면적 경계를 원하는 위치에 생성할 수 있고 모델 정보가 아닌 면적 경계를 기준으로 면적이 생 성되기 때문에 정확한 계산이 가능합니다.

▷ 룸에 대한 자세한 설명은 09장을 참고하세요.

각 룸에 색상을 표현하는 것도 평면도에서는 룸 기준으로만 적용할 수 있는 반면, 면적 평면도는 앞에서 언급한 대로 면적 경계와 면적을 기준으로 색상을 넣을 수 있기 때문에 훨씬 다양한 방법으로 평면도를 표현할 수 있습니다.

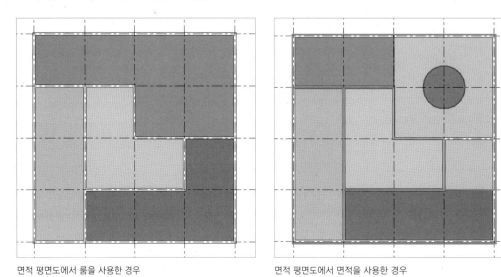

면적 평면도에서 룸을 사용한 경우   면적 평면도에서 면적을 사용한 경우

입면도 생성하기

레빗에서 입면도를 생성하려면 먼저 뷰 안에서 [입면 태그]를 배치해야 합니다. 입면 태그란 평면도나 천장 평면도 등에서 입면의 위치를 나타내는 표시입니다. 따라서 입면 태그를 배치하려면 입면도나 단면도가 아닌 평면도나 천장 평면도 중 하나로 먼저 이동해야 합니다. 이제 실습을 통해 입면도를 생성하고 수정해 보겠습니다.

직접 해보세요!

입면도 생성하기

:: 예제 파일 [06장] 폴더/[본문 실습] 폴더/View-3.rvt

프로젝트에 입면 태그를 배치해 입면도를 생성해 보겠습니다.

완성된 모습

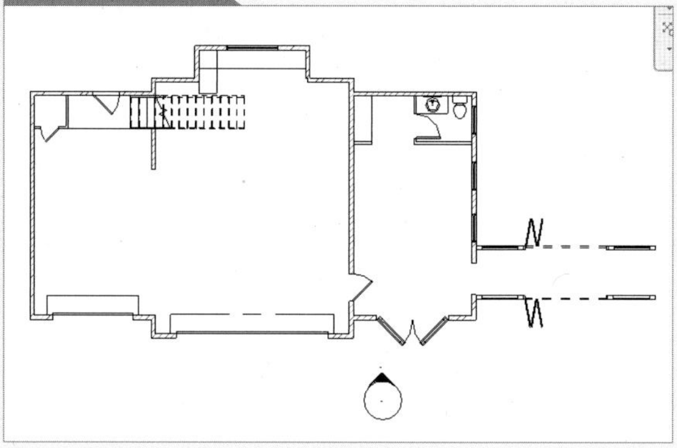

○ 리본 영역
[뷰 탭 → 작성 패널 → 입면도]

1. 예제 파일을 열고 [Level 1]이 열려 있는지 확인합니다.

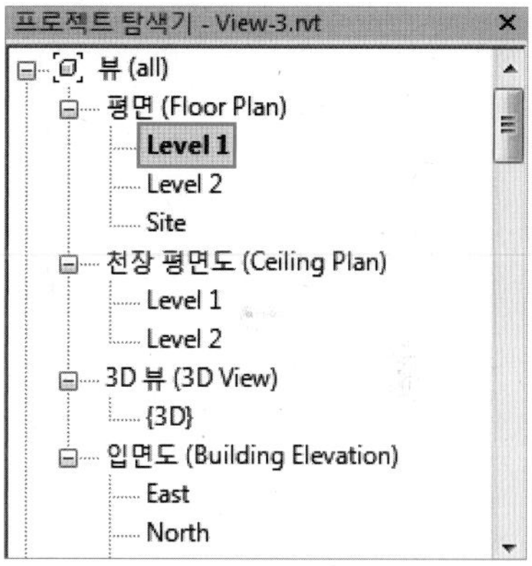

2. 리본 영역 선택하기

입면도를 생성하기 위해 [뷰 탭 → 작성 패널 → 입면도]의 윗부분을 클릭하거나 [드롭다운 화살표]를 선택한 후 [입면도]를 클릭합니다.

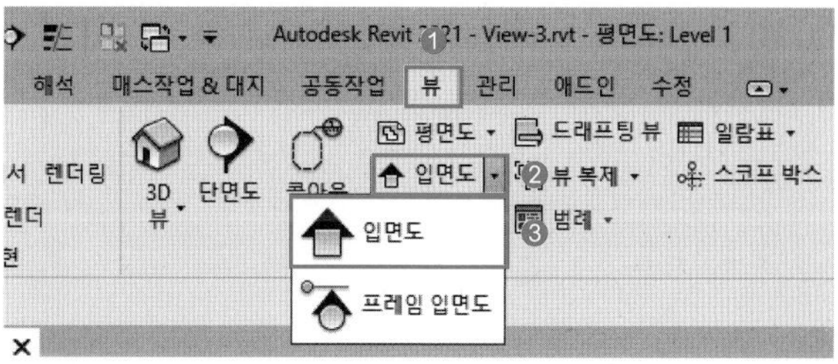

3. 마우스를 도면 영역으로 옮기면 마우스의 위치에 따라 기준이 되는 요소에 입면 태그가 수직 방향으로 표시되는데요. 원하는 위치를 클릭하면 입면도가 생성됩니다.

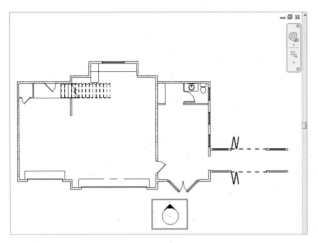 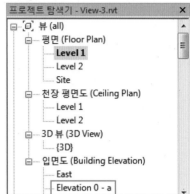

👋 **장선배의 노트** 하나의 입면 태그에서 여러 개의 입면 뷰를 만들 수 있어요!

입면 뷰를 생성한 위치에서 입면 뷰를 다른 방향으로 생성할 수도 있습니다. 입면 태그의 원 부분을 클릭하면 각 방향으로 체크 박스가 보이는데 원하는 박스를 체크하면 같은 위치에 다른 입면 뷰를 쉽게 만들 수 있습니다.

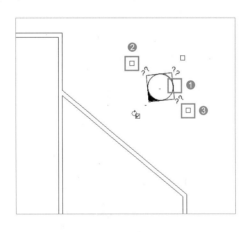 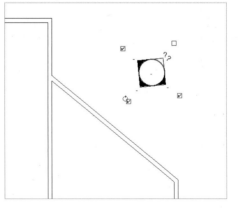

프로젝트에 배치된 입면도의 범위와 이름을 수정해 보겠습니다.

완성된 모습

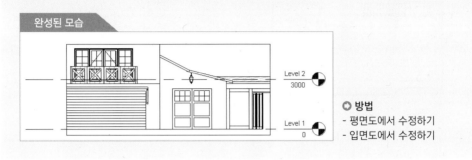

◑ 방법
- 평면에서 수정하기
- 입면도에서 수정하기

1. 예제 파일을 열고 [평면 → Level 1]이 열려 있는지 확인합니다. 입면도 범위를 수정하기 위해 입면 태그의 화살표 부분을 클릭합니다.

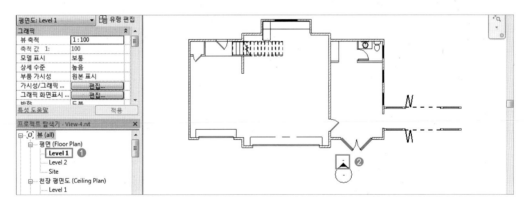

2. 평면도에서 입면도 범위 수정하기

파란색 선의 양 끝점을 드래그해 오른쪽 그림과 같이 입면도의 좌우 범위를 조절하고 파란색 화살표를 클릭한 채 드래그해 뷰의 깊이를 조절합니다.

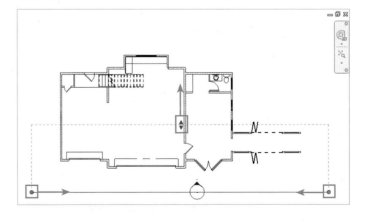

3. 도면 영역에서 빈 곳을 클릭하면 완료됩니다.

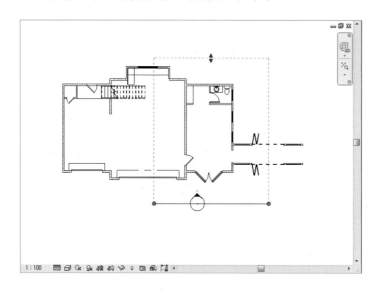

✋ **장선배의 노트** **입면도는 입면 태그의 위치에서 생성된 뷰인가요?**

흔히 입면 태그의 위치와 파란색 선 및 점선 박스의 위치가 같아야 한다고 오해하는데요. 필요하면 얼마든지 입면 태그와 실제 뷰의 범위 및 깊이가 다른 위치에 있을 수도 있습니다.

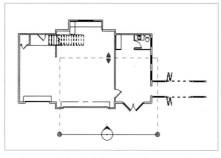 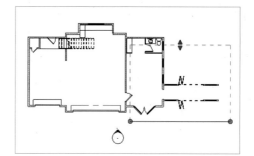

두 경우 모두 입면도를 생성할 수 있습니다.

4. 프로젝트 탐색기에서 입면도 이름 수정하기

입면도의 이름을 수정하기 위해 프로젝트 탐색기에서 [입면도 → Elevation 0 – a]를 선택한 후 마우스 오른쪽 버튼을 클릭해 [이름 바꾸기]를 선택합니다.

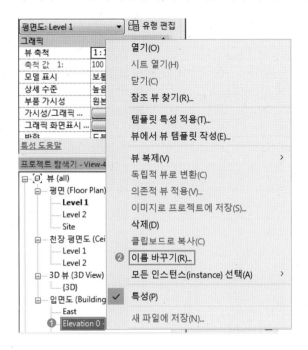

5. 프로젝트 탐색기에서 뷰 이름이 활성화되면, 원하는 이름을 입력하고 Enter를 누르거나 마우스로 다른 곳을 클릭하면 이름을 수정할 수 있습니다.

👏 **장선배의 노트** 뷰 이름 바꾸기 팝업 창이 사라졌나요?

레빗 2017 버전에서는 뷰의 이름 바꾸기를 실행하면 다음 그림과 같은 뷰 이름 바꾸기 팝업 창이 나타났지만, 레빗 2018 버전부터는 팝업 창 대신에 프로젝트 탐색기에서 뷰 이름이 활성화되어 이름을 수정할 수 있도록 변경되었습니다.

6. 입면도에서 입면도 범위 수정하기

프로젝트 탐색기에서 [입면도 → 입면도 이름이 수정된 모습]을 더블 클릭해 뷰로 이동합니다. 그리고 입면도의 범위를 수정하기 위해 입면도의 사각형 범위를 클릭합니다.

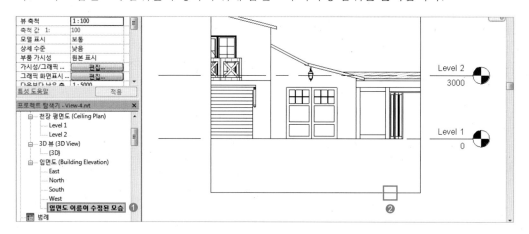

7. 선택하면 나타나는 파란색 점을 드래그해 입면도의 범위를 조절합니다. 사각형을 클릭해 드래그하면 사각형 전체가 움직입니다.

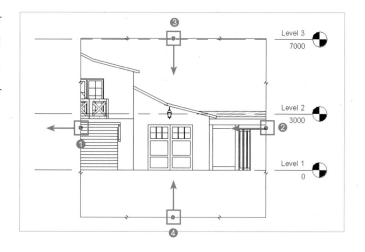

8. 입면도가 원하는 모습으로 수정되었습니다.

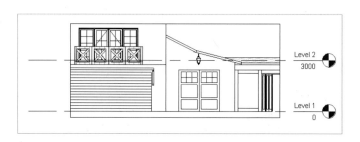

단면도 생성하기

단면도를 만들려면 입면도와 마찬가지로 단면 태그를 배치해야 합니다. 단면 태그가 입면 태그와 다른 점은 뷰의 종류와 상관없이 모든 뷰에 배치할 수 있다는 점입니다. 다시 말해 입면 태그를 넣을 수 없었던 입면도와 단면도 등에서도 단면 태그는 얼마든지 넣을 수 있습니다.

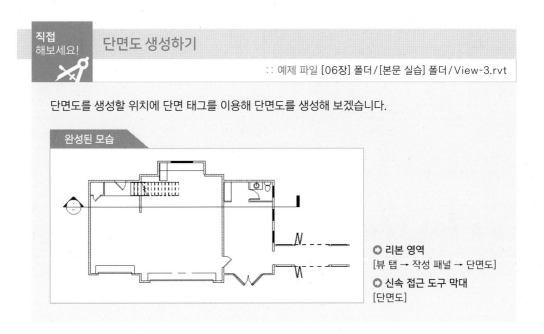

직접 해보세요!

단면도 생성하기

:: 예제 파일 [06장] 폴더/[본문 실습] 폴더/View-3.rvt

단면도를 생성할 위치에 단면 태그를 이용해 단면도를 생성해 보겠습니다.

완성된 모습

◉ 리본 영역
[뷰 탭 → 작성 패널 → 단면도]

◉ 신속 접근 도구 막대
[단면도]

1. 예제 파일을 열고 [평면 → Level 1]이 열려 있는지 확인합니다.

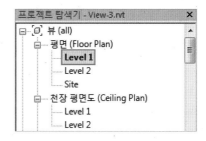

2. 리본 영역 선택하기

단면도를 생성하기 위해 [뷰 탭 → 작성 패널]의 [단면도] 아이콘을 클릭하거나 신속 접근 도구 막대에 있는 [단면도] 아이콘을 클릭합니다.

3. 도면 영역에서 단면 뷰를 생성할 위치에 시작점과 끝점을 지정해 줍니다.

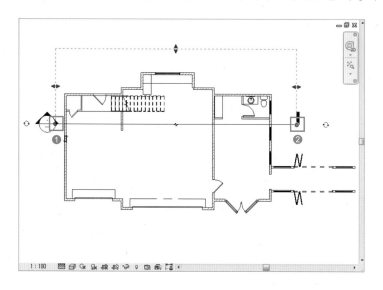

👏 **장선배의 노트** **처음 클릭하는 곳이 머리, 나중에 클릭하는 곳이 꼬리가 됩니다.**

처음 클릭하는 곳이 단면 태그의 머리가 되고 나중에 클릭하는 곳이 단면 태그의 꼬리가 됩니다. 단면 태그도 입면 태그와 마찬가지로 배치한 후 뷰의 위치나 범위, 깊이 등을 자유롭게 조절할 수 있습니다.

직접 해보세요! **단면 뷰의 범위나 위치, 뷰 깊이 등을 조절하기**

:: 예제 파일 [06장] 폴더/[본문 실습] 폴더/View-5.rvt

입면 뷰와 마찬가지로 단면 뷰도 뷰의 범위나 위치, 깊이 등을 조절할 수 있습니다.

완성된 모습

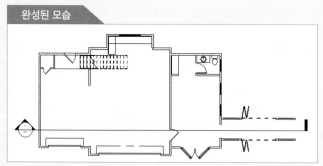

🔘 **방법**
- 평면도에서 조절하기
- 단면도에서 조절하기

1. 예제 파일을 열고 프로젝트 탐색기에서 [평면 → Level 1]이 열려 있는지 확인합니다. 그리고 도면 영역에서 [단면 태그]를 선택합니다.

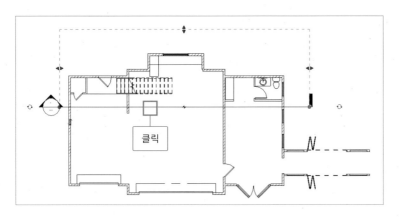

2. 평면도에서 단면 뷰 조절하기

선택하면 나타나는 파란색 점선 박스와 화살표, 점 등을 드래그해 원하는 위치와 영역을 지정합니다.

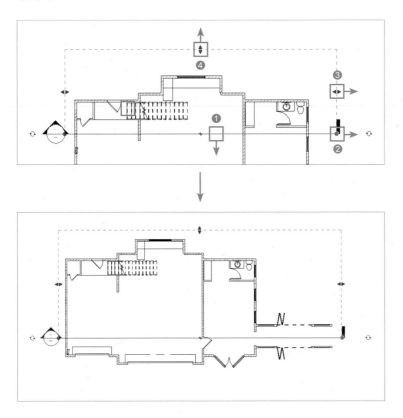

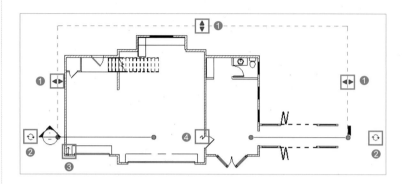
3. 단면도에서 단면 뷰 조절하기

프로젝트 탐색기에서 [단면 → Section 0]을 더블 클릭해 생성한 단면 뷰를 연 후 특성 창의 [뷰 자르기]와 [자르기 영역 보기]를 체크해 뷰 범위를 볼 수 있도록 만들 수 있는데요. 뷰 범위를 선택하면 나타나는 파란색 점을 드래그해 뷰 범위를 조절할 수도 있습니다.

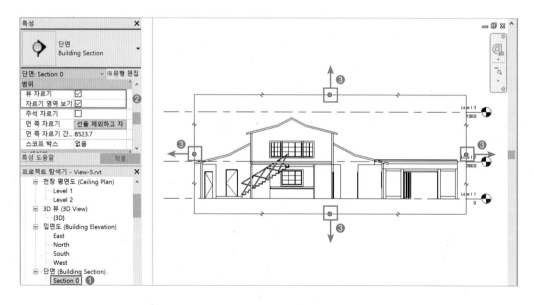

드래프팅 뷰 생성하기

드래프팅 뷰는 앞에서 설명한 대로 다른 뷰와 달리 독립적인 뷰입니다. 다시 말해 다른 뷰에 영향을 받거나 주지도 않습니다. 드래프팅 뷰에는 레빗의 대부분을 구성하는 3D 모델 요소를 넣을 수 없고 오직 2D 요소만 넣을 수 있습니다. 따라서 디테일 도면이나 이미지 등의 도면 세트에 부가적으로 필요한 뷰를 만들 때 주로 이용합니다.

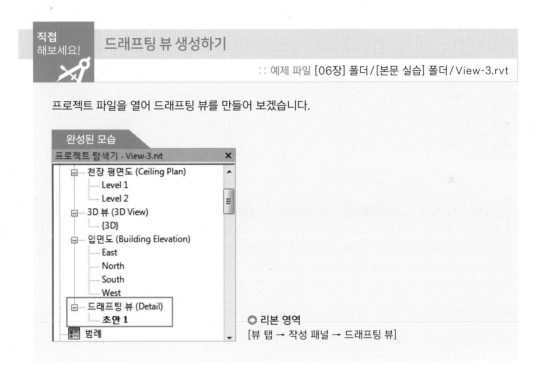

직접 해보세요! 드래프팅 뷰 생성하기

:: 예제 파일 [06장] 폴더 / [본문 실습] 폴더 / View-3.rvt

프로젝트 파일을 열어 드래프팅 뷰를 만들어 보겠습니다.

완성된 모습

◉ 리본 영역
[뷰 탭 → 작성 패널 → 드래프팅 뷰]

1. 리본 영역 선택하기

예제 파일을 열고 [뷰 탭 → 작성 패널]에서 [드래프팅 뷰]를 클릭합니다.

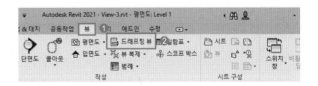

2. 아이콘을 클릭하면 나타나는 [새 드래프팅 뷰] 팝업 창에서 새로운 드래프팅 뷰의 [이름]과 [축척]을 정하고 [확인]을 누르면 드래프팅 뷰가 생성됩니다. 여기서는 바로 [확인]을 누르겠습니다.

▶ 다른 뷰와 달리 드래프팅 뷰는 프로젝트 내에 있는 모델링 정보와 전혀 상관없기 때문에 뷰의 이름과 축척을 먼저 정합니다.

3. 다른 뷰에서는 레빗에 포함된 3D 모델 정보를 바탕으로 해당 정보들이 나타나지만 드래프팅 뷰는 독립적인 뷰이므로 아무 요소도 보이지 않는 빈 뷰가 생성됩니다.

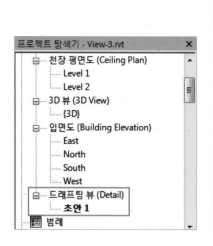 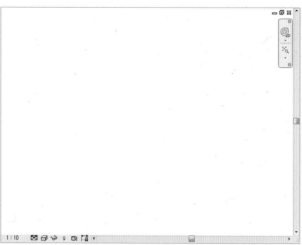

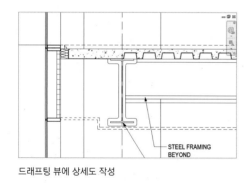
드래프팅 뷰에 상세도 작성

장선배의 노트   그럼 드래프팅 뷰에서는 어떤 작업을 하나요?

드래프팅 뷰에서는 캐드에서 도면을 그리는 것처럼 2D 작업을 할 수 있습니다. 상세 선이나 채워진 영역 등을 이용해 상세도를 그릴 수 있으며 아래 그림과 같이 이미지나 캐드 파일을 가져와 다이어그램을 만들 수도 있습니다.

드래프팅 뷰에 이미지 삽입

뷰 복제의 세 가지 방법

프로젝트를 진행하다 보면 같은 레벨의 평면도도 여러 종류의 뷰가 필요할 때가 있습니다. 축척에 따라 전체 평면도와 부분 평면도가 필요하거나 목적에 따라 가구나 치수 등이 표현된 평면도와 그렇지 않은 평면도 등도 필요합니다. 이럴 때 적절한 복제 방법으로 뷰를 복제하는 것이 매우 유용합니다.

뷰를 복제하는 방법에는 프로젝트 탐색기를 이용하는 방법과 [뷰] 탭의 [뷰 복제] 아이콘을 이용하는 방법이 있습니다. 레빗에서 뷰를 복제할 때는 세 가지 방법 중 하나를 선택해야 하는데요. 각 목적에 맞게 선택하면 훨씬 효율적으로 작업할 수 있지만 제대로 이해하지 못한 상태에서 뷰를 복제하면 나중에 문제가 생겨 뷰를 다시 복제하고 수정해야 할 수도 있습니다. 뷰를 복제하는 세 가지 방법에 대해 먼저 알아보겠습니다.

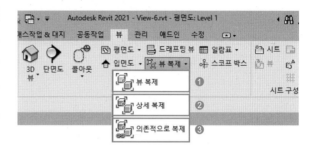

1. 뷰 복제

[뷰 복제]는 가장 기본적인 뷰 복제 방법으로 말 그대로 기존 뷰를 그대로 복제하는 역할만 합니다. 뷰를 복제하되 뷰에 포함된 주석 요소들이나 2D 요소들은 복사하지 않고 3D 모델 요소와 기준 요소에 해당하는 정보들만 복사합니다. 이 방법은 기본 요소들만 복사하기 때문에 사용빈도가 높지 않습니다. 뷰를 복제할 때 대부분 그 안에 포함된 주석 요소나 2D 요소들도 필요한 경우가 많기 때문입니다.

2. 상세 복제

[상세 복제]는 이름처럼 뷰에 포함된 주석 요소나 2D 요소들까지 함께 복사해 뷰를 만드는 방법입니다. 뷰를 복제해 다른 주석 요소나 2D 요소를 넣을 필요가 없으므로 가장 편리한 방법이며 사용빈도도 가장 높습니다.

3. 의존적으로 복제

위의 두 가지 방법은 뷰를 복제해 독립적인 뷰를 만들어 주는 반면, [의존적으로 복제]는 뷰를 복제하되 기존 뷰에 종속된 상태의 뷰를 만듭니다. 이 방법으로 만들어진 뷰는 원래 뷰에 종속되어 있으므로 1차 뷰 그래픽을 그대로 따릅니다. 예를 들어 1차 뷰의 축척을 수정하면 의존적 뷰는 따로 수정하지 않아도 자동으로 1차 뷰의 축척으로 바뀝니다.

또한 주석 요소나 2D 요소들은 뷰 특정 요소에 해당하기 때문에 생성하는 뷰에서만 보인다고 앞에서 말씀드렸는데요. 의존적 뷰의 경우, 1차 뷰에서 생성하거나 수정한 주석 요소와 2D 요소들이 자동으로 생성되고 수정됩니다. 실무에서는 몇 가지 상황이나 목적이 있을 때만 이 방법으로 뷰를 복제합니다.

부분 단면도가 시트 사이즈에 맞지 않을 때는 부득이하게 두세 부분으로 나누어 시트에 넣어야 하는데요. 이 경우, [의존적으로 복제] 방법을 주로 사용합니다. 이 방법을 사용하면 뷰를 복제한 후 1차 뷰를 수정해도 자동으로 모든 의존적 뷰에도 함께 업데이트됩니다. 다른 복제 방법의 경우, 복제한 후에는 연계성이 없으므로 일일이 수정해야 하지만 [의존적으로 복제]의 경우, 1차 뷰만 수정하면 되므로 부분 평면도나 단면도, 입면도 등을 생성할 때 자주 씁니다.

직접 해보세요! **뷰 복제하기**

:: 예제 파일 [06장] 폴더 / [본문 실습] 폴더 / View-6.rvt

프로젝트 파일에 뷰를 복제하는 세 가지 방법을 이용해 뷰를 복제해 보겠습니다.

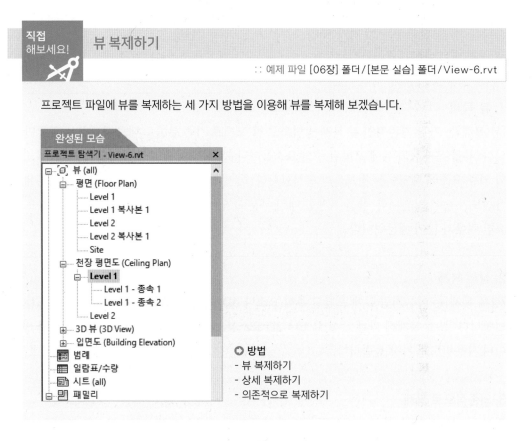

1. [뷰 복제]하기

예제 파일을 열고 [Level 1] 평면도를 [뷰 복제]하기 위해 프로젝트 탐색기에서 [평면 → Level 1]을 마우스 오른쪽 버튼으로 클릭한 후 [뷰 복제 → 복제]를 차례로 선택합니다.

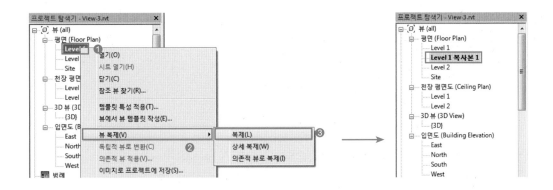

2. [뷰 복제]로 복제한 뷰를 보면 주석 요소들이나 2D 요소들은 복사되지 않고 3D 모델 요소와 기준 요소에 해당하는 정보들만 복사된 것을 알 수 있습니다.

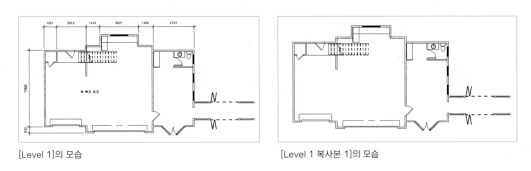

[Level 1]의 모습   [Level 1 복사본 1]의 모습

3. [상세 복제]하기

이번에는 [Level 2] 평면도를 [상세 복제]하기 위해 프로젝트 탐색기에서 [평면 → Level 2]를 마우스 오른쪽 버튼으로 클릭한 후 [뷰 복제 → 상세 복제]를 차례로 선택합니다.

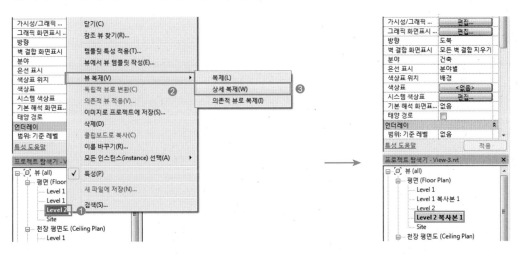

4. [상세 복제]로 복제한 [Level 2 복사본 1]을 열어 보면 [Level 2]와 모습이 같다는 것을 알 수 있습니다.

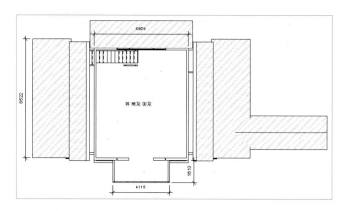

5. [의존적으로 복제]하기

마지막으로 [Level 1] 천장 평면도를 [의존적으로 복제]하기 위해 프로젝트 탐색기에서 [천장 평면도 → Level 1]을 마우스 오른쪽 버튼으로 클릭한 후 [뷰 복제 → 의존적 뷰로 복제]를 차례로 클릭합니다. 한 번 더 같은 순서를 반복해 두 개의 뷰를 복제합니다.

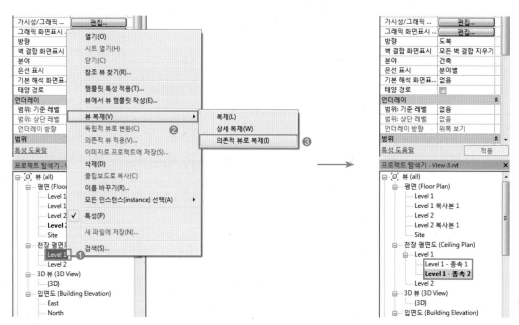

6. [의존적으로 복제]한 [Level 1 - 종속 1]과 복제 대상이었던 천장 평면도 [Level 1]을 비교한 후 [Level 1]에 있는 치수를 삭제해 보세요. [Level 1 - 종속 1]을 다시 열어 보면 방금 있던 치수가 사라진 것을 확인할 수 있습니다.

[Level 1]에서 치수 삭제 전 [Level 1 - 종속 1]의 모습

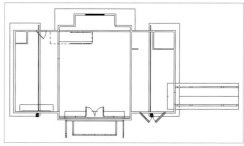

[Level 1]에서 치수 삭제 후 [Level 1 - 종속 1]의 모습

👏 장선배의 노트 탭을 이용해 뷰를 복제할 수도 있어요!

앞에서 실습했듯이 프로젝트 탐색기에서 뷰를 복제할 수 있지만 [뷰] 탭에서 아이콘을 직접 선택해 뷰를 복제할 수도 있습니다. 방법은 간단합니다. 프로젝트 탐색기에서 복제하고 싶은 뷰를 더블 클릭해 뷰를 연 후 [뷰 탭 → 작성 패널 → 뷰 복제]를 클릭하면 됩니다.

이때 주의할 점은 열고 있는 뷰가 복제되는 것이 아니라 프로젝트 탐색기에서 선택한 뷰가 복제된다는 것입니다. 물론 대부분 현재 열고 있는 뷰가 프로젝트 탐색기에서도 선택되어 있지만 종종 다른 뷰를 한 번만 클릭해 선택한 상태라면 선택된 뷰가 실수로 복제되기도 합니다. 따라서 이 방법을 이용할 때도 프로젝트 탐색기를 한 번 확인해야 하므로 개인적으로 이 방법보다 프로젝트 탐색기를 이용한 방법을 권합니다.

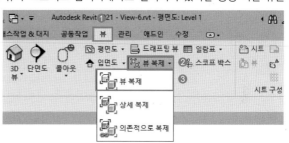

:: 예제 파일 [06장] 폴더/[본문 실습] 폴더/View-6.rvt

모델링 정보를 확인하기 위해 3D 뷰를 여는 방법을 살펴보고 3D 뷰를 복제해 보겠습니다.

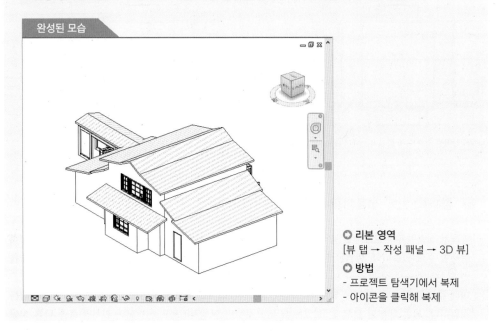

완성된 모습

◉ 리본 영역
[뷰 탭 → 작성 패널 → 3D 뷰]

◉ 방법
- 프로젝트 탐색기에서 복제
- 아이콘을 클릭해 복제

1. 3D 뷰 열기

[뷰] 탭의 [작성] 패널에서 [3D 뷰]의 [드롭다운 화살표]를 클릭해 [기본 3D 뷰]를 선택하거나 드롭다운 화살표의 윗부분 [3D 뷰] 아이콘을 클릭합니다.

▶ 신속 접근 도구 막대의 [3D 뷰] 아이콘을 클릭하거나 프로젝트 탐색기에서 [3D 뷰 → {3D}]를 더블 클릭해도 3D 뷰를 열 수 있습니다.

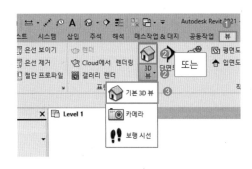

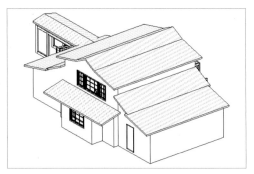

2. 3D 뷰 복제하기

3D 뷰를 복제할 때는 다른 뷰와 마찬가지로 프로젝트 탐색기에서 복제하거나 [뷰 복제] 아이콘을 이용한 방법을 사용합니다.

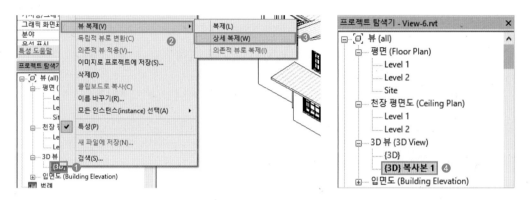

06-2 시트 - 뷰 앉히기

레빗에서 시트는 건축 도면 양식을 의미하며 도면 발행일이나 건축가, 도면 이름 등 기본적인 정보를 포함하고 있습니다. 따라서 건축 도면을 생성하려면 시트를 만들고 해당 시트로 뷰를 불러와 배치해야 합니다. 도면을 완성하는 마지막 과정인 시트의 특징과 생성 방법, 수정 방법 등에 대해 알아보겠습니다.

직접 해보세요! 시트 생성하기

:: 예제 파일 [06장] 폴더/[본문 실습] 폴더/View-3.rvt

도면을 생성하기 위해 먼저 시트를 생성해 보겠습니다.

완성된 모습

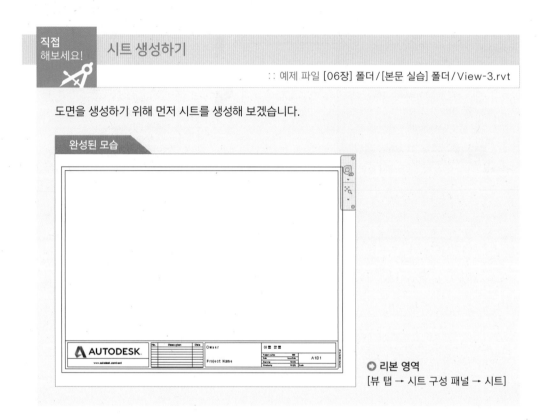

◑ 리본 영역
[뷰 탭 → 시트 구성 패널 → 시트]

1. 리본 영역 선택하기

예제 파일을 열고 [뷰] 탭의 [시트 구성] 패널에서 [시트] 아이콘을 클릭합니다.

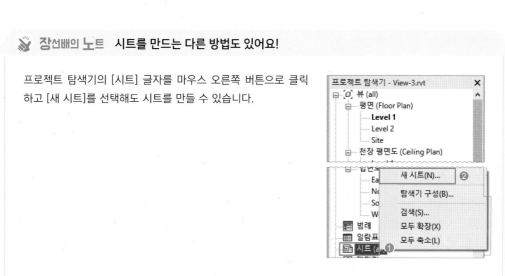

👋 장선배의 노트   시트를 만드는 다른 방법도 있어요!

프로젝트 탐색기의 [시트] 글자를 마우스 오른쪽 버튼으로 클릭하고 [새 시트]를 선택해도 시트를 만들 수 있습니다.

2. 아이콘을 클릭하면 나타나는 [새 시트] 팝업 창의 [제목 블록 선택]에서 [A3 metric]을 선택하고 [확인] 버튼을 누릅니다.

▶ [A3 metric]은 오토데스크에서 기본적으로 제공하는 시트 패밀리(제목 블록)의 한 종류입니다. 이름은 단순히 시트의 크기와 단위를 나타내는 것으로 [A3 metric]은 A3 크기이며 밀리미터(mm) 단위를 사용하는 시트라는 뜻입니다.

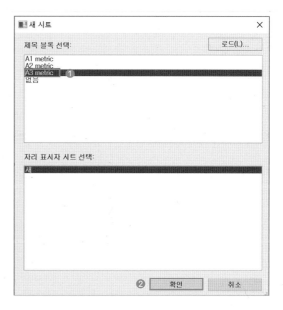

3. 시트가 생성되고 해당 시트로 이동합니다.

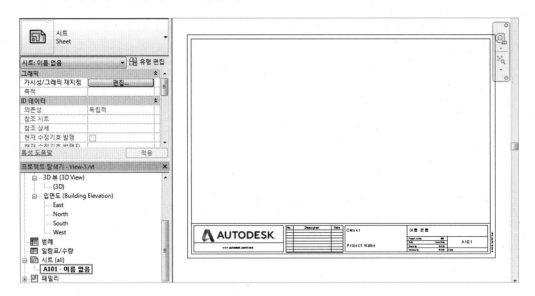

시트에 뷰 추가하기(뷰 배치 아이콘을 이용하는 방법)

:: 예제 파일 [06장] 폴더/[본문 실습] 폴더/View-7.rvt

[뷰] 탭의 [뷰 배치] 아이콘을 이용해 뷰를 시트에 추가해 보겠습니다.

완성된 모습

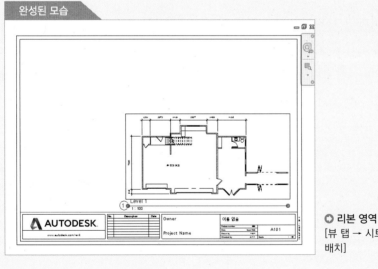

🔘 리본 영역
[뷰 탭 → 시트 구성 패널 → 뷰
배치]

1. 예제 파일을 열고 프로젝트 탐색기의 [시트 → A101 - 이름 없음]을 더블 클릭해 시트로 이동합니다.

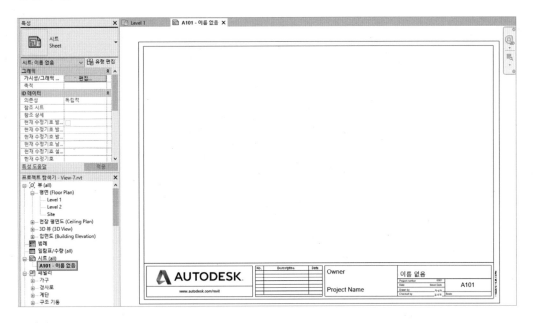

2. 리본 영역 선택하기

[뷰] 탭의 [시트 구성] 패널에서 [뷰 배치] 아이콘을 클릭합니다.

3. 아이콘을 클릭하면 나타나는 [뷰] 팝업 창에서 [평면도: Level 1]을 선택하고 [시트에 뷰 추가] 버튼을 누릅니다.

4. 마우스를 도면 영역으로 이동시키면 선택한 뷰가 마우스를 따라 움직이는데요. 원하는 시트의 위치에서 마우스를 한 번 클릭하면 뷰가 시트에 추가됩니다.

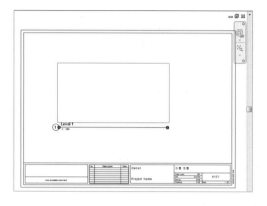 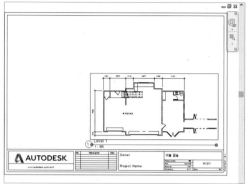

🖐 **장선배의 노트** 프로젝트 탐색기를 이용하면 뷰를 시트에 쉽게 추가할 수 있어요!

프로젝트 탐색기에서 [평면 → Level 1]을 클릭하고 도면 영역의 시트로 드래그해도 뷰를 시트에 추가할 수 있습니다.

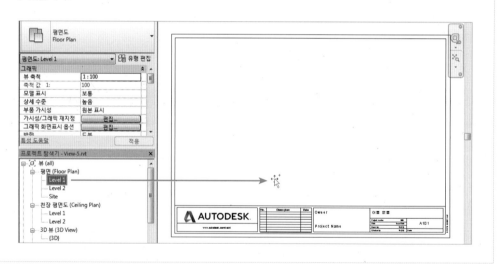

🖐 **장선배의 노트** 레빗 2023의 신기능 – 시트에 배치된 뷰를 다른 뷰로 변경하기

2023 이전 버전까지는 시트에 배치된 뷰를 다른 뷰로 변경하고 싶을 때 기존의 뷰를 시트에서 삭제하고, 다른 뷰를 시트에 가져와야만 했습니다. 레빗 2023 버전부터는 시트에 배치된 뷰를 선택하면, 리본 영역에서 다른 뷰를 선택해 시트에 배치된 뷰를 변경할 수 있습니다.

시트 정보 수정하기

:: 예제 파일 [06장] 폴더/[본문 실습] 폴더/View-8.rvt

생성된 시트의 이름과 번호, 뷰 이름 등의 정보를 수정하는 방법을 살펴보겠습니다.

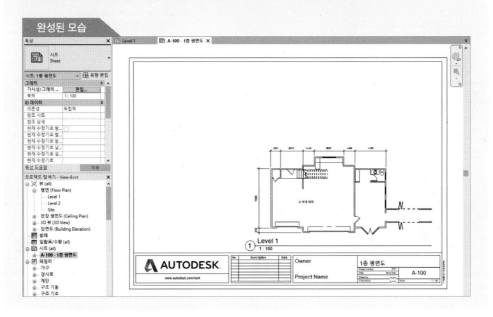

1. 시트 이름 수정하기

예제 파일을 열고 프로젝트 탐색기에서 마우스 오른쪽 버튼으로 [A101 - 이름 없음]을 클릭해 [이름 바꾸기]를 선택합니다.

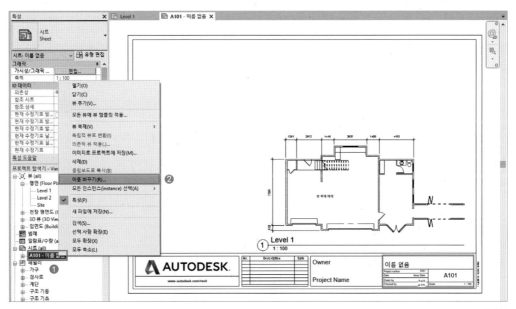

2. [시트 제목] 팝업 창에서 시트 번호와 이름을 [A-100]과 [1층 평면도]로 수정하고 [확인] 버튼을 누르면 됩니다.

▶ 프로젝트 탐색기에서 시트를 선택한 후 F2 를 눌러도 팝업 창이 뜹니다.

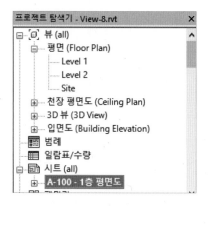

※ **장선배의 노트** 특성 창에서도 시트 이름을 수정할 수 있어요!

시트를 선택한 후 특성 창에서 시트 번호, 이름 등을 입력하고 [적용] 버튼을 눌러도 시트 정보를 수정할 수 있습니다.

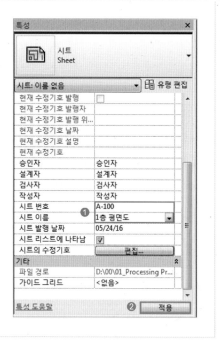

시트에서 뷰 수정하기

:: 예제 파일 [06장] 폴더/[본문 실습] 폴더/View-8.rvt

레빗에서 시트에 배치된 뷰는 일반적으로 비활성화되어 있으므로 시트에서 뷰를 곧바로 수정할 수 없습니다. 해당 뷰를 직접 열어 수정하는 것은 언제든지 가능하지만 시트에서 뷰를 간단히 수정하고 싶을 때는 먼저 뷰를 활성화해야 합니다.

완성된 모습

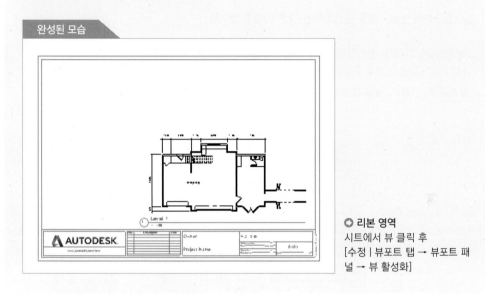

◆ 리본 영역
시트에서 뷰 클릭 후
[수정 | 뷰포트 탭 → 뷰포트 패널 → 뷰 활성화]

1. 예제 파일을 열고 프로젝트 탐색기에서 [시트 → A101 - 이름 없음]이 열려 있는지 확인합니다. 그리고 도면 영역 속 시트의 평면도 [Level 1]을 선택합니다.

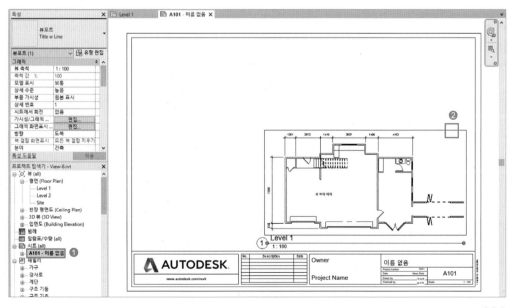

2. 리본 영역 선택하기

[수정 | 뷰포트] 탭의 [뷰포트] 패널에서 [뷰 활성화] 아이콘을
클릭합니다.

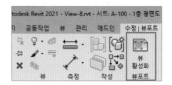

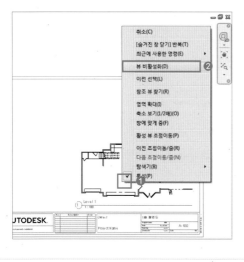
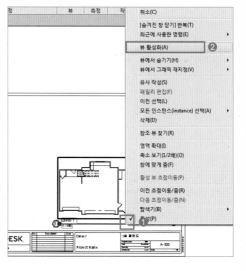

🔥 **장선배의 노트**   **뷰를 활성화하는 다른 방법도 있어요!**

[뷰 활성화] 아이콘을 클릭하지 않아도 뷰를 더블 클
릭하거나 마우스 오른쪽 버튼으로 뷰를 클릭해 [뷰
활성화]를 선택해도 뷰를 활성화할 수 있습니다.

▶ 뷰 활성화 상태에서 같은 방법으로 클릭하면 [뷰 비활성
화]를 할 수 있습니다.

---

3. 활성화된 뷰에서 원하는 정보를 수정합니다. 그런 후 활성화된 뷰의 바깥 부분을 더블 클릭해 다시 비활성화합니다.

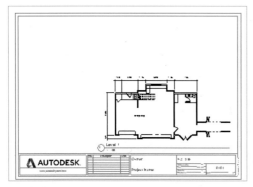
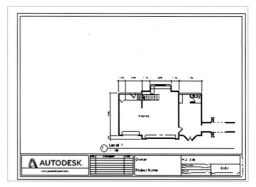

뷰가 활성화된 모습   뷰가 비활성화된 모습

도전! 미션

빌라 사보아 모델링을 도면으로 만들기

:: 미션 파일 [06장] 폴더/[미션] 폴더/도전 미션-5_시작.rvt

과제 시트를 생성하고 남측면도를 추가해 보세요!

기본 모델링이 끝난 빌라 사보아의 남측면도를 시트에 추가해 보세요!

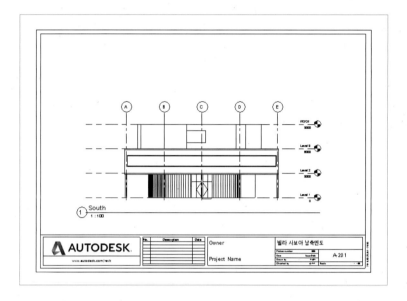

힌트

① 예제 파일 [도전 미션-5_시작.rvt]을 열고 [뷰 탭 → 시트 구성 패널 → 시트]를 선택해 시트를 생성합니다.

② 시트 이름을 [빌라 사보아 남측면도]로 변경하고 시트 번호를 [A-201]로 수정합니다.

③ 생성된 시트에 [입면도 → South]를 추가합니다.

:: 정답 파일 [06장] 폴더/[미션] 폴더/도전 미션-5_완성.rvt

캐드와 달리 레빗은 원하는 디자인을 모델링한 후 각 뷰의 용도에 따라 추가로 그래픽을 정리해야 합니다. 그리고 그 과정에서 가시성/그래픽과 뷰 템플릿으로 그래픽을 어떻게 조절하느냐에 도면의 품질이 달렸다고 해도 과언이 아닙니다.

가시성/그래픽이 각 뷰를 원하는 그래픽으로 바꿀 때 사용하는 것이라면 뷰 템플릿은 이 가시성/그래픽 설정을 포함해 뷰에 적용된 그래픽을 다른 뷰에도 함께 적용할 때 사용하는 기능입니다. 또한 [수정 탭 → 뷰 패널]에도 뷰의 그래픽을 수정하거나 재지정하는 기능이 있는데요. 이 기능을 이용하면 뷰에서 간단히 요소를 숨기기나 그래픽을 재지정할 수 있습니다.

이 장에서는 가시성/그래픽에 대해 알아보고 같은 가시성/그래픽을 여러 뷰에 적용할 수 있는 뷰 템플릿과 뷰 패널의 기능에 대해서도 살펴보겠습니다.

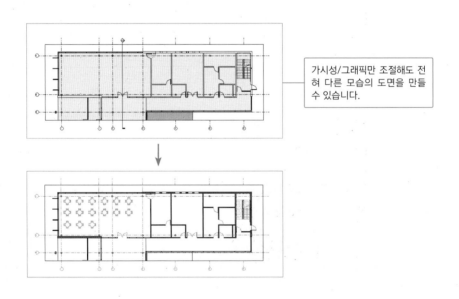

가시성/그래픽만 조절해도 전혀 다른 모습의 도면을 만들 수 있습니다.

07-1 뷰 패널 - 요소별로 그래픽 수정하기

07-2 가시성/그래픽 - 한 번에 그래픽 수정하기

07-3 뷰 템플릿 - 그래픽 적용하기

| 도면으로 만들기 | 도면 생성하기 | 그래픽 조정하기 | 주석 달기 | 시트에 넣기 |

07-1 뷰 패널 – 요소별로 그래픽 수정하기

사용자는 [수정] 탭의 [뷰] 패널에서 원하는 요소를 숨기거나 임의로 해당 요소의 그래픽을 바꿀 수 있습니다. 기본적으로 레빗에서 뷰의 그래픽은 [가시성/그래픽] 기능을 통해 수정하지만 전체 뷰가 아닌 요소별로 그래픽을 적용하고 싶다면 [뷰] 패널을 이용해야 합니다. [뷰] 패널은 [수정] 패널과 더불어 사용빈도가 가장 높은 패널이므로 기능을 잘 숙지하고 사용하길 바랍니다.

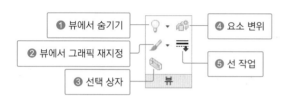

▶ [가시성/그래픽] 기능에 대한 설명은 07-2에서 다룹니다.

 직접 해보세요! 뷰에서 숨기기

:: 예제 파일 [07장] 폴더/[본문 실습] 폴더/Modify-2.rvt

[뷰에서 숨기기] 기능을 이용하면 뷰에서 숨기고 싶은 요소를 선택해 숨길 수 있습니다.

완성된 모습

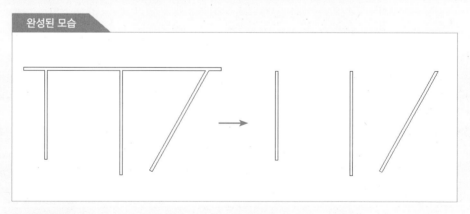

○ **리본 영역**
요소 선택 후 [수정 탭 → 뷰 패널 → 뷰에서 숨기기 → 요소 숨기기]

1. 예제 파일을 열고 프로젝트 탐색기에서 [평면 → 1. 뷰에서 숨기기 예제]를 더블 클릭해 엽니다.

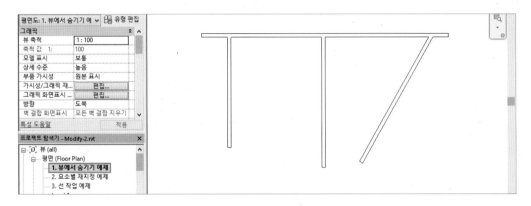

2. 리본 영역 선택하기

도면 영역에서 숨기고 싶은 요소를 선택하고 [수정 | 벽 탭 → 뷰 패널 → 뷰에서 숨기기 → 요소 숨기기] 아이콘을 클릭합니다.

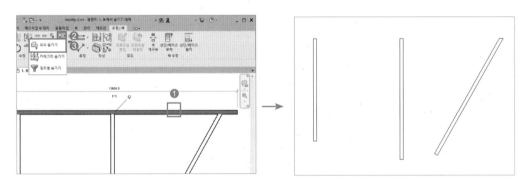

> ✋ **장선배의 노트** [뷰에서 숨기기]의 종류에는 어떤 것이 있나요?
>
> ❶ **요소 숨기기** - 선택한 요소만 숨길 때 사용합니다.
>
> ❷ **카테고리 숨기기** - 선택한 요소와 같은 카테고리를 한 번에 숨길 때 사용합니다. 예를 들어 그리드 하나를 선택하고 이 옵션을 선택하면 뷰에서 모든 그리드가 함께 숨겨집니다.
>
> ❸ **필터별 숨기기** - 필터를 만들어 원하는 요소를 숨길 때 사용합니다. 클릭하면 [가시성/그래픽] 팝업 창의 [필터] 탭으로 이동합니다.
>
>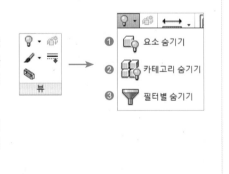

[뷰에서 숨기기]는 아이콘을 사용해 실행할 수도 있지만 도면 영역에서 원하는 대상을 선택한 후 마우스 오른쪽 버튼을 클릭해 실행할 수도 있습니다.

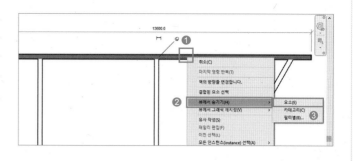

뷰에서 그래픽 재지정

:: 예제 파일 [07장] 폴더/[본문 실습] 폴더/Modify-2.rvt

[뷰에서 그래픽 재지정]을 사용하면 뷰에서 각 모델 요소의 그래픽을 사용자 임의로 재지정할 수 있습니다. 비슷한 역할을 하는 [가시성/그래픽]은 카테고리별로 그래픽을 지정할 수 있는 반면, [뷰에서 그래픽 재지정]은 그래픽을 요소별로 재지정할 수 있습니다. 그럼 그래픽을 요소별로 재지정하는 방법을 알아보겠습니다.

완성된 모습

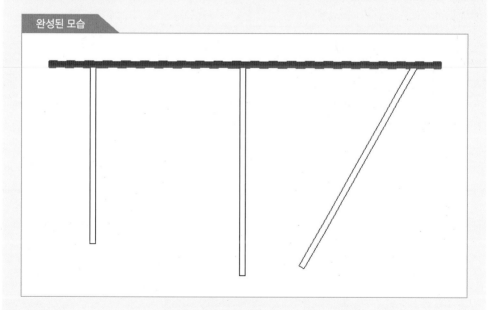

🔵 **리본 영역**
요소 선택 후 [수정 | 벽 탭 → 뷰 패널 → 뷰에서 그래픽 재지정 → 요소별 재지정]

1. 예제 파일을 열고 프로젝트 탐색기에서 [평면 → 2. 요소별 재지정 예제]를 더블 클릭해 엽니다.

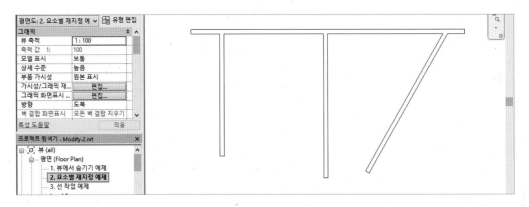

2. 리본 영역 선택하기

도면 영역에서 그래픽을 재지정할 요소를 선택하고 [수정 | 벽 탭 → 뷰 패널 → 뷰에서 그래픽 재지정 → 요소별 재지정]을 클릭합니다.

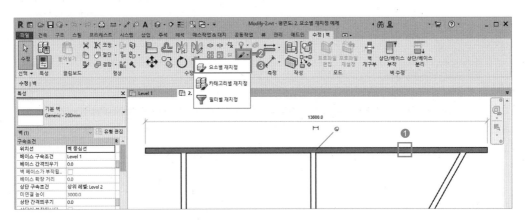

👋 **장선배의 노트** [요소별 재지정]을 실행하는 다른 방법도 있어요!

[요소별 재지정]은 아이콘을 클릭해 실행할 수도 있지만 도면 영역에서 원하는 대상을 선택한 후 마우스 오른쪽 버튼을 클릭해 실행할 수도 있습니다.

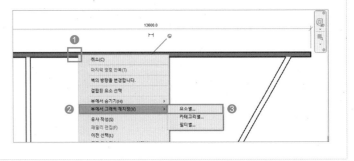

3. [뷰 특정 요소 그래픽] 팝업 창에서 원하는 그래픽을 설정한 후 [확인] 버튼을 누르면 그래픽이 적용됩니다. 여기서는 [절단 선]의 [패턴]을 [Aligning Line]으로, [색상]을 [빨간색]으로, [두께]를 [5]로 수정합니다. 그리고 [절단 패턴]의 [패턴]을 [솔리드 채우기]로, [색상]을 [RGB 128-128-128]로 수정하고 [확인]을 누릅니다.

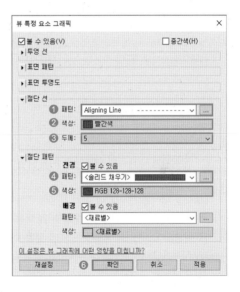

4. 그래픽이 수정되었습니다.

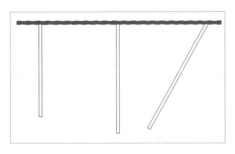

장선배의 노트 그래픽을 재지정할 수 있는 옵션에는 어떤 것이 있나요?

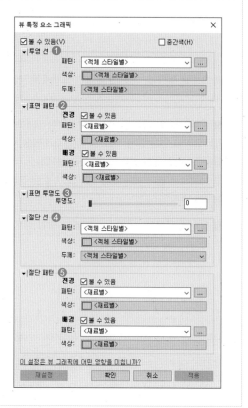

❶ **투영 선** - 뷰의 위치에서 투영되어 보이는 요소의 선을 조절하는 것으로 선의 [두께], [색상], [패턴]을 조절해 그래픽을 재지정할 수 있습니다.

❷ **표면 패턴** - [투영 선]과 마찬가지로 투영되어 보이는 요소의 패턴을 조절하는 것으로 [색상]과 [패턴]을 조절해 그래픽을 재지정할 수 있습니다.

❸ **표면 투명도** - 뷰에서 투영되어 보이는 요소들의 [투명도]를 조절하는 옵션으로 [0]은 불투명하게 만드는 것이고 [100]은 완전히 투명하게 만드는 것입니다.

❹ **절단 선** - [투영 선]과 옵션은 같지만 뷰에서 잘린 요소의 선을 조절하는 데 사용됩니다.

❺ **절단 패턴** - [표면 패턴]과 옵션은 같지만 뷰에서 잘린 요소의 패턴을 조절하는 데 사용됩니다.

▶ 레빗 2019 버전부터는 패턴에 서로 다른 두 가지 종류의 패턴을 동시에 적용할 수 있습니다. 또 특정 색상의 배경을 바탕으로 하나의 패턴을 적용할 수도 있습니다.

장선배의 노트 뷰 템플릿이 적용되었다면 가능하면 [요소별 재지정]은 사용하지 마세요!

[요소별 재지정]은 상황에 따라 유용한 기능이지만 사용할 때 주의해야 합니다. 일반적으로 실무에서 도면에 들어가는 모든 뷰는 [뷰 템플릿]을 이용해 그래픽을 조절합니다. 그런데 [요소별 재지정]으로 그래픽을 수정한 요소는 [뷰 템플릿]으로 조절할 수 없습니다. 따라서 [뷰 템플릿]이 적용된 뷰에서는 함부로 [요소별 재지정]을 이용해 그래픽을 바꾸면 안 됩니다.

▶ [뷰 템플릿]에 대해서는 7-03에서 자세히 설명하겠습니다.

직접 해보세요! 선 작업

:: 예제 파일 [07장] 폴더/[본문 실습] 폴더/Modify-2.rvt

[선 작업]은 뷰에서 보이는 모델 요소들의 선 스타일을 새로 지정하는 기능입니다.

완성된 모습

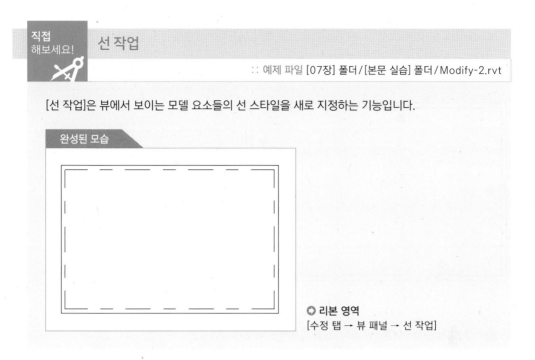

◐ 리본 영역
[수정 탭 → 뷰 패널 → 선 작업]

1. 예제 파일을 열고 프로젝트 탐색기에서 [평면 → 3. 선 작업 예제]를 더블 클릭해 엽니다.

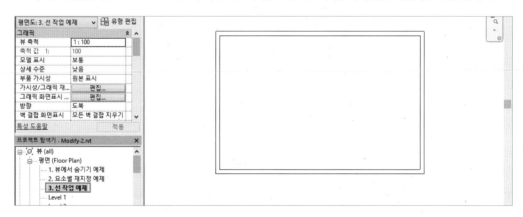

2. 리본 영역 선택하기

선 작업 기능을 이용하기 위해 [수정 | 선 작업 탭 → 뷰 패널 → 선 작업]을 클릭합니다. 아이콘을 클릭하면 [선 스타일] 패널이 나타나는데요. 여기서 [〈중심선〉]을 선택하고 도면 영역에서 변경할 선을 클릭하면 선 그래픽이 변경됩니다. 벽의 네 개 안쪽 선을 선택해 그래픽을 바꿔 보세요.

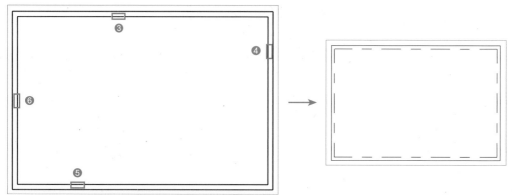

✋ **장선배의 노트** 다른 [선 스타일]을 적용하면 어떻게 되나요?

[선 스타일] 선택에 따라
그래픽이 달라집니다.

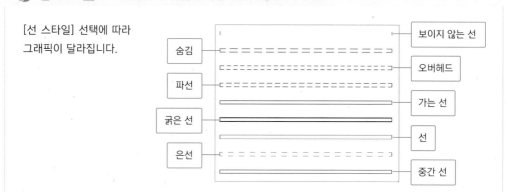

✋ **장선배의 노트** 선 작업으로 선 스타일을 바꾼 것을 원래대로 되돌릴 수 있나요?

선 작업을 적용하는 것과 같은 순서로 하되 [선 스
타일]을 〈카테고리별〉로 선택하고 도면 영역을 클
릭하면 선 스타일이 원래대로 바뀝니다.

[선택 상자]는 레빗 2016 버전부터 새로 추가된 기능으로 선택한 요소들만 따로 분리해 3D 뷰로 볼 수 있도록 도와주는 기능입니다. 건물 외부에서 볼 수 없는 실내 특정 부분을 3D로 확인할 때 매우 유용합니다.

완성된 모습

⦿ 리본 영역
요소 선택 후
[수정 탭 → 뷰 패널 → 선택 상자]

1. 예제 파일을 열고 프로젝트 탐색기에서 [평면 → 01 - Entry Level]을 더블 클릭해 엽니다.

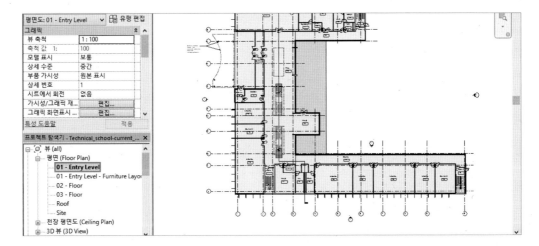

2. 도면 영역에서 따로 분리해 3D 뷰로 보려는 요소들을 선택합니다. 여기서는 계단을 선택합니다.

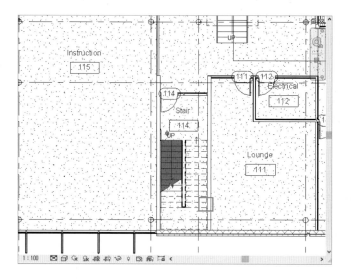

3. 리본 영역 선택하기

[수정 탭 → 뷰 패널 → 선택 상자]를 클릭하면 선택한 요소만 따로 분리한 3D 뷰로 이동합니다.

07-2 가시성/그래픽 - 한 번에 그래픽 수정하기

보이고 싶지 않은 요소가 도면에 있을 때 캐드에서는 간단히 삭제하면 되지만 레빗에서는 함부로 삭제하면 안 됩니다. 특정 뷰에서 모델 요소를 삭제하면 다른 모든 뷰에서도 삭제되기 때문입니다. 따라서 특정 뷰에서 불필요한 요소를 숨기거나 다른 모습으로 표현할 때는 [가시성/그래픽] 기능을 사용해야 합니다. [가시성/그래픽] 기능을 잘 사용하면 같은 3D 모델로도 전혀 다른 품질의 도면을 생성할 수 있습니다.

가시성/그래픽 구성 요소 살펴보기

[가시성/그래픽]은 원하는
목적에 맞게 뷰를 수정하는
기능으로 단축키 [VG] 또는
[VV]를 눌러 실행할 수 있고

[뷰] 탭의 [그래픽] 패널에 있는 [가시성/그래픽] 아이콘을 클릭해 실행할 수도 있습니다. 명령을 실행하면 뜨는 팝업 창에는 [모델 카테고리] 탭, [주석 카테고리] 탭, [해석 모델 카테고리] 탭, [가져온 카테고리] 탭, [필터] 탭 등의 다섯 가지 탭이 있습니다. 그럼 각 탭들을 살펴보겠습니다.

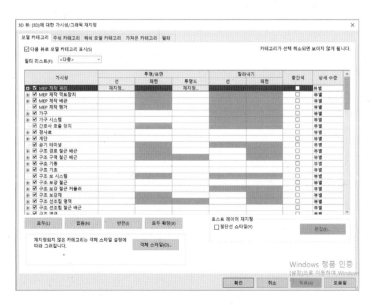

1. [모델 카테고리] 탭

[모델 카테고리] 탭은 레빗에 포함된 3D 모델 요소의 그래픽 조절을 도와주는데요. 각 모델 카테고리를 나타내거나 숨길 수도 있으며 주로 선의 두께와 종류 및 단면 패턴 등을 조절하는 데 쓰입니다. 또한 필요하면 특정 모델 카테고리가 [중간색(Halftone)]으로 보이게 만들 수도 있습니다. 이때 이름을 봐도 알겠지만 특정 요소의 그래픽이 바뀌는 것이 아니라 카테고리에 해당하는 모든 요소의 그래픽이 수정됩니다.

▶ [중간색]에 대한 자세한 설명은 240쪽을 참고하세요.

▶ 각 항목의 의미와 특징은 실습 중간에 설명하겠습니다.

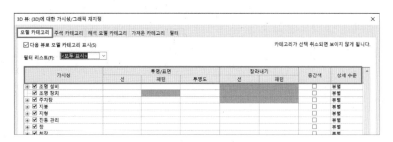

2. [주석 카테고리] 탭

[주석 카테고리] 탭은 이름처럼 치수나 각종 태그 등 주석 요소와 그리드와 레벨, 참조 평면 등 기준 요소의 그래픽을 조절할 때 쓰입니다. 이 탭의 모든 요소는 3D 모델이 아니므로 [잘라내기]나 [패턴] 항목은 없고 [가시성]과 더불어 [투영/표면]의 [선]과 [중간색]만 조절할 수 있으며 조절하는 방법은 [모델 카테고리] 탭과 같습니다.

3. [해석 모델 카테고리] 탭

[해석 모델 카테고리] 탭은 일반적인 3D 모델 표현이 아닌 공학적인 다이어그램 형식으로 표현할 때 쓰이는데요. 이 탭은 건축 분야와는 상관없고 주로 구조 분야에서 사용되므로 실무에서 이 탭을 이용하는 경우는 거의 없습니다. 이 탭에서는 [가시성]과 더불어 [투영/표면]의 [선], [패턴], [투명도]를 조절할 수 있고 [중간색]과 [상세 수준]도 사용자가 원하는 대로 적용할 수 있습니다.

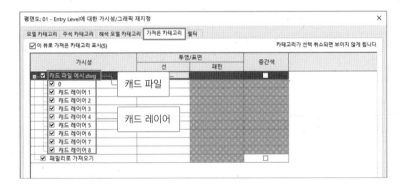

4. [가져온 카테고리] 탭

[가져온 카테고리] 탭에서는 캐드 파일을 비롯해 레빗에 가져온 다른 포맷의 파일들에 대한 그래픽을 조절할 수 있습니다. 예를 들어 캐드에서 불러온 도면의 각 레이어에 해당하는 선의 두께나 종류 및 색상 등을 다르게 적용할 수 있고 해당 뷰에서 특정 캐드 파일을 숨기거나 나타낼 수도 있습니다. 프로젝트에 캐드 파일을 가져오면 해당 캐드 파일의 이름으로 카테고리가 생기고 레이어별로 적용이 가능해집니다. 이 탭에서는 [가시성]과 더불어 [투영/표면]의 [선], [패턴]과 [중간색]을 조절할 수 있습니다.

5. [필터] 탭

기본적으로 [가시성/그래픽]은 카테고리별로 그래픽을 적용하고 수정하는데요. 특정 카테고리의 일부 요소들만 나타내거나 숨기고 싶을 때 또는 다른 그래픽을 적용하고 싶을 때 [필터] 탭이 상당히 유용하게 쓰입니다. 예를 들어 해당 뷰에서 모든 문을 보이지 않게 하거나 그래픽을 조절하고 싶을 때 [모델 카테고리] 탭에서 조절할 수 있습니다. 그러나 뷰에 보이는 모든 문을 조절하는 것이 아니라 특정한 문에 대해서만 그래픽을 다르게 적용할 때 [필터] 탭에서 필터를 만들어 적용할 수 있습니다.

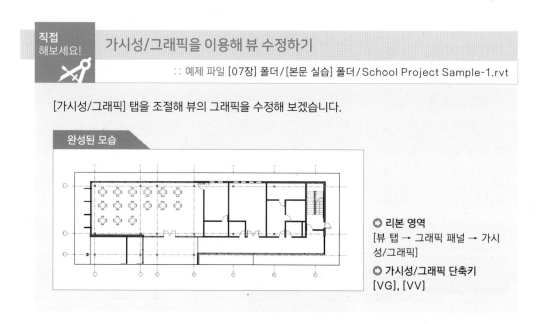

직접 해보세요!

가시성/그래픽을 이용해 뷰 수정하기

:: 예제 파일 [07장] 폴더/[본문 실습] 폴더/School Project Sample-1.rvt

[가시성/그래픽] 탭을 조절해 뷰의 그래픽을 수정해 보겠습니다.

완성된 모습

▶ 리본 영역
[뷰 탭 → 그래픽 패널 → 가시성/그래픽]

▶ 가시성/그래픽 단축키
[VG], [VV]

1. 예제 파일을 열고 프로젝트 탐색기에서 [평면 → 01 - Entry Level - 부분 평면도 1]을 더블 클릭해 엽니다.

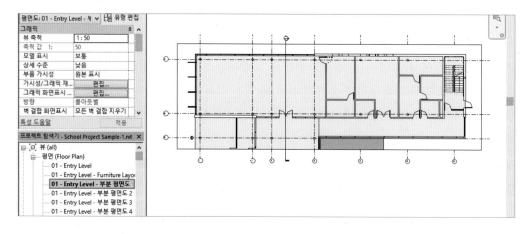

2. 리본 영역 선택하기

[가시성/그래픽] 팝업 창을 열기 위해 키보드 단축키 [VG]를 누르거나 [뷰 탭 → 그래픽 패널 → 가시성/그래픽]을 클릭합니다.

3. [모델 카테고리] 탭에서 가시성/그래픽 조절하기

[가시성/그래픽] 팝업 창에서 현재 보이지 않는 가구를 나타내기 위해 [모델 카테고리 탭 → 가구]의 [가시성] 체크 박스를 체크합니다.

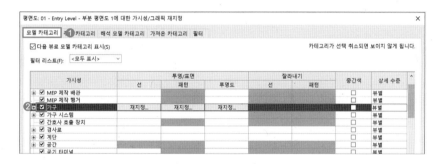

🖐 장선배의 노트 [가시성] 체크를 해제하면 어떻게 되나요?

[가시성] 체크 박스로 해당 요소의 가시성을 조절할 수 있습니다. 체크하면 해당 뷰에서 보이고 체크를 해제하면 해당 뷰에서 안 보입니다. 또한 [가시성/그래픽] 기능을 사용한 뷰에서만 적용되고 다른 뷰에서는 적용되지 않는다는 점도 알아두면 좋습니다.

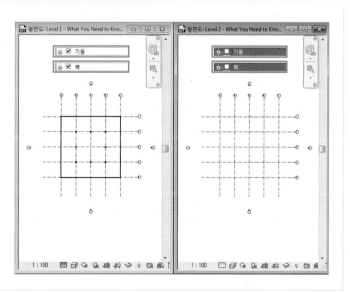

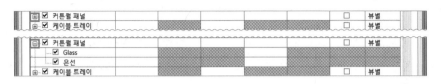
4. 검은색으로 보이는 문과 계단, 가구를 흐리게 나타내기 위해 [문]과 [계단], [가구]의 [중간색(Halftone)]을 체크합니다.

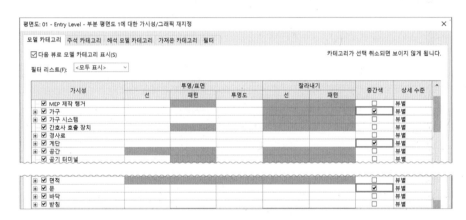

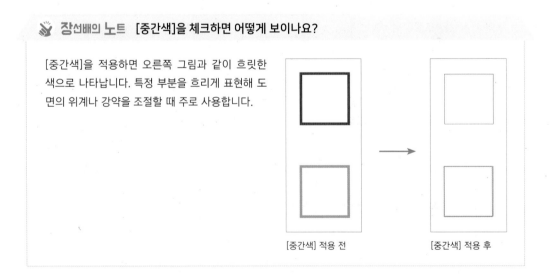

5. 평면도에서 흰색으로 보이는 벽 단면을 회색으로 나타내기 위해 [벽] 항목에서 [잘라내기 → 패턴]을 선택합니다.

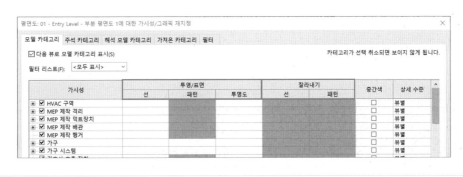

※ **장선배의 노트** **[투영/표면]과 [잘라내기]의 차이는 뭔가요?**

다른 카테고리와 달리 [모델 카테고리] 탭은 선의 색이나 두께, 투명도 등을 조절하는 부분이 [투영/표면]과 [잘라내기]로 나뉩니다. 모델 요소들은 레빗에서 뷰를 잘라 보는 위치에 따라 잘린 단면이 보이거나 투영된 모습이 보일 수 있습니다. 예를 들어 1층 평면도가 레벨 1의 바닥에서 1,200밀리미터(mm) 높이의 위치에서 자른 뷰라면 벽은 레벨 2까지 도달하므로 뷰를 생성하는 위치에서 벽은 잘린 단면으로 보이고 바닥은 레벨 1에 있으므로 표면이 투영되어 보입니다. 도면에서 잘린 단면 부분은 [잘라내기]로, 그렇지 않은 부분은 [투영/표면]으로 그래픽을 조절합니다.

특정 요소의 [패턴] 부분이 회색으로 채워져 있을 때도 있는데요. 이것은 사용자가 임의로 가시성/그래픽을 조절할 수 없다는 뜻입니다. 클릭해 보면 회색으로 채워진 부분은 선택할 수 없다는 것을 알 수 있습니다.

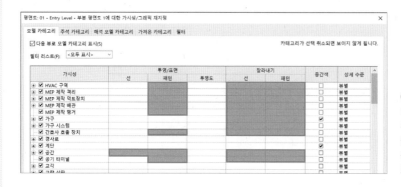

▶ 레빗 2023 버전부터 가구, 가구 시스템, 위생 기구, 특수 시설물 카테고리가 절단 가능한 카테고리로 추가되었습니다.

6. [채우기 패턴 그래픽] 팝업 창이 뜨면 [전경]의 [패턴]을 [솔리드 채우기]로, [색상]은 [RGB 128-128-128]로 수정하고 [확인]을 누릅니다. 원래 설정으로 돌아가고 싶으면 팝업 창의 왼쪽 아래에 있는 [재지정 지우기] 버튼을 클릭합니다.

▶ 특정 색상으로 채우려면 [색상]만 선택하면 안 되고 [패턴] 부분도 [솔리드 채우기(Solid fill)]를 적용해야 한다는 것을 잊지 마세요.

▶ 레빗 2019 버전부터 [패턴]에 전경과 배경의 2가지 패턴을 적용할 수 있도록 바뀌었습니다.

팝업 창 위쪽에 있는 [볼 수 있음] 체크 박스를 통해 가시성을 조절할 수 있습니다. [볼 수 있음]을 체크하지 않으면 [색상]이나 [패턴]과 상관없이 패턴은 보이지 않습니다. 하지만 [채우기 패턴 그래픽]은 말 그대로 '채워지는 면'에 대한 설정이므로 외곽선은 남은 채 보이며 외곽선 그래픽은 [선] 항목을 통해 조절할 수 있습니다.

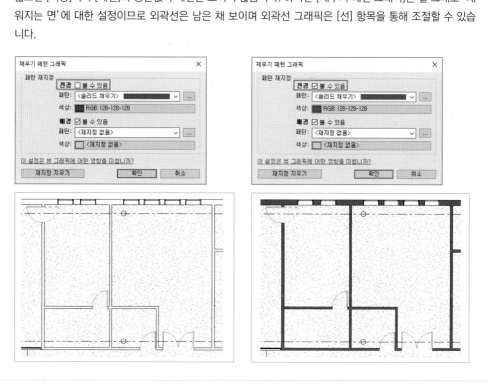

7. 바닥에 보이는 재료 패턴을 없애고 흰색 바닥으로 바꾸기 위해 [바닥] 항목에서 [투영/표면 → 패턴]을 클릭합니다.

8. [채우기 패턴 그래픽] 팝업 창이 뜨면 [전경]의 [패턴]을 [솔리드 채우기]로, [색상]을 [흰색]으로 바꾸고 [확인]을 누릅니다.

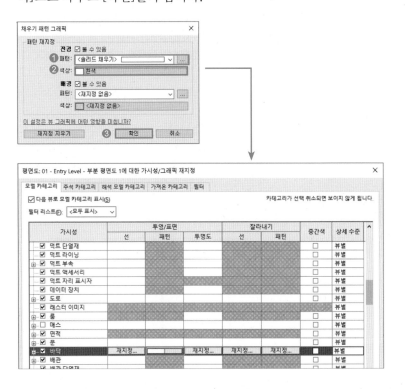

장선배의 노트 [투명도] 조절은 어떻게 하나요?

해당 요소의 투명도를 조절하고 싶을 때는 [투영/표면 →
투명도] 부분을 클릭해 나타나는 [표면] 팝업 창에서 투명
도를 조절하고 [확인]을 누르면 됩니다.

장선배의 노트 [상세 수준]을 조절하면 어떻게 되나요?

상세 수준은 각 요소나 패밀리를 뷰에서 얼마나 자세히 보여줄지 결정합니다. 예를 들어 복합 벽은 상세
수준이 [낮음]으로 설정되어 있으면 일반적으로 벽의 외곽선만 보이지만 [중간]이나 [높음]으로 바꾸면 벽
의 각 레이어까지 상세히 보입니다. 구조 기둥이나 패밀리도 상세 수준의 영향을 받습니다.

평면도: 02 - Floor에 대한 가시성/그래픽 재지정

모델 카테고리 | 주석 카테고리 | 해석 모델 카테고리 | 가져온 카테고리 | 필터

☑ 다음 뷰로 모델 카테고리 표시(S)
필터 리스트(F): `<모두 표시>`

카테고리가 선택 취소되면 보이지 않게 됩니다.

가시성	투영/표면			잘라내기		중간색	상세 수준
	선	패턴	투명도	선	패턴		
⊞ ☑ 바닥						☐	뷰별
⊞ ☑ 배관						☐	뷰별
☐ 배관 단열재						☐	뷰별
☑ 배관 밸브류						☐	뷰별
⊞ ☑ 배관 부속류						☐	뷰별
☐ 배관 자리표시						☐	뷰별
⊞ ☑ 벽						☐	높음
☑ 보안 장치						☐	뷰별
⊞ ☐ 부품						☐	뷰별
⊞ ☑ 상세 항목						☐	뷰별

[가시성/그래픽 재지정]으로 Level 2에서 [벽]의 [상세 수준]만 [높음]으로 변경

↓

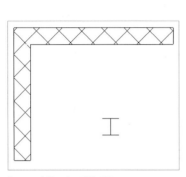

[Level 1]의 모습 - 변화 없음

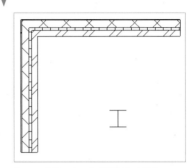

[Level 2]의 모습 - 상세해진 벽 그래픽

[상세 수준]은 도면 영역 아래쪽의 뷰 조절 막대에서도 조절할 수 있습니다. 하지만 이 방법을 사용하면 상세 수준을 요소별로 지정할 수 없고 모든 요소에 일괄적으로 적용됩니다. 예를 들어 위에서 사용한 예시로 [상세 수준]을 똑같이 [높음]으로 바꿔 보겠습니다. 언뜻 비슷해 보이지만 뷰 조절 막대로 그래픽을 조절하면 기둥도 상세히 표현된 것을 알 수 있습니다.

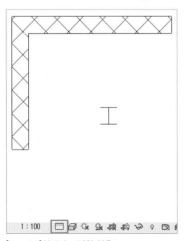

[Level 1]의 모습 - 변화 없음

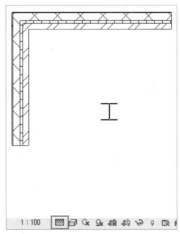

[Level 2]의 모습 - 상세해진 벽과 기둥 그래픽

이렇게 같은 기능이라도 적용하는 방법에 따라 결과가 달라지므로 잘 숙지하고 필요한 상황에서 적절히 응용해야 합니다.

9. [주석 카테고리] 탭에서 가시성/그래픽 조절하기

그리드 색을 검은색에서 회색으로 흐리게 나타내기 위해 [주석 카테고리 탭 → 그리드 → 중간색]을 체크합니다. 그리고 도면 영역에서 단면 태그를 숨기기 위해 [주석 카테고리 탭 → 단면] 앞의 [가시성] 체크 박스를 체크 해제합니다.

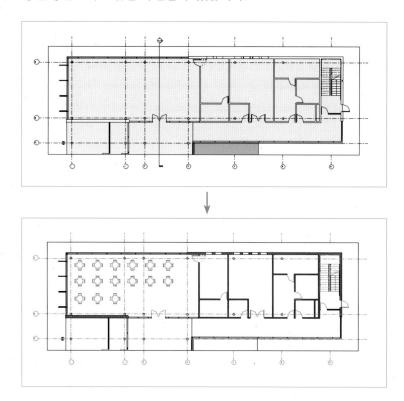

10. 수정이 완료되면 [확인]을 눌러 [가시성/그래픽] 팝업 창을 닫습니다. 도면 영역에서 수정된 평면도의 모습을 확인할 수 있습니다.

추가된 가시성/그래픽 탭

공동 작업하는 파일의 경우, [작업 세트] 탭이 추가로 나타나며 [Revit 링크] 탭, [설계 옵션] 탭 등은 프로젝트에 다른 레빗 파일을 링크하거나 설계 옵션을 생성하면 자동으로 추가됩니다.

▶ 공동 작업과 작업 세트에 대한 자세한 설명은 10장을 참고하세요.

1. [작업 세트] 탭

[작업 세트] 탭은 일반 레빗 파일의 경우, 나타나지 않으며 여러 사람이 파일을 공동으로 작업할 때 나타납니다. 작업 세트는 캐드에서 레이어와 비슷한 역할을 한다고 이해하면 되는데요. 작업 세트를 구성하면 모델 요소나 구성 요소를 원하는 작업 세트에 지정할 수 있습니다. 작업 세트를 만들어 생긴 [가시성/그래픽 재지정] 팝업 창의 [작업 세트] 탭에서는 필요한 작업 세트만 나타내거나 불필요한 작업 세트를 보이지 않게 조절할 수 있습니다.

▶ 작업 세트에 대한 자세한 설명은 10장을 참고하세요.

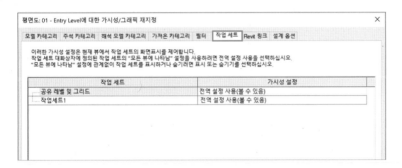

2. [Revit 링크] 탭

필요하면 레빗 프로젝트 내에 다른 레빗 파일을 링크할 수 있는데요. 보통 다른 협력사(구조, 설비 등)의 레빗 파일을 링크하는 경우가 많습니다. 레빗 파일을 링크하면 [가시성/그래픽 재지정] 팝업 창에 [Revit 링크] 탭이 추가되는데요. 여기서 링크된 레빗 파일의 가시성과 그래픽을 조절할 수 있습니다.

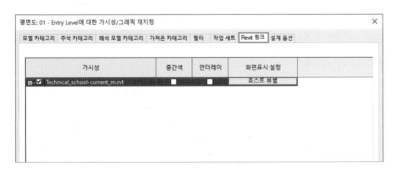

3. [설계 옵션] 탭

레빗 프로젝트 내에서도 디자인을 발전시킬 때 여러 시안을 놓고 옵션을 생성할 수 있고 디자인이 결정되면 옵션을 삭제할 수도 있는데요. 이것을 가능하게 해 주는 것이 바로 [설계 옵션] 탭입니다. 예를 들어 프로젝트 내에서 건물 로비나 인테리어 배치 등에는 여러 가지 시안이 있을 수 있고 그 중 하나를 선택하는 과정이 필요합니다. 이런 경우, 해당 부분을 설계 옵션으로 지정해 여러 가지 시안을 프로젝트 내에 저장할 수 있고 각 뷰에서 어떤 설계 옵션을 보이게 할지 결정할 수도 있는데요. [설계 옵션] 탭을 이용하면 화면에 나타낼 옵션을 선택할 수 있습니다.

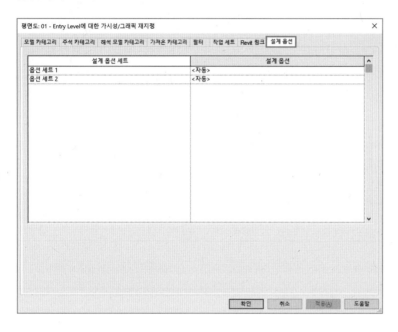

07-3 뷰 템플릿 - 그래픽 적용하기

대규모 레빗 프로젝트 내에는 수천 개의 뷰가 존재합니다. 그리고 이 수많은 뷰의 그래픽을 일일이 하나씩 조절해야 한다면 비효율적일 수밖에 없겠죠. 이때 뷰를 좀 더 효율적으로 관리하고 일관성을 유지하도록 도와주는 기능이 바로 뷰 템플릿입니다. 뷰 템플릿을 사용하면 가시성/그래픽을 포함해 뷰 그래픽과 관련된 설정을 저장할 수 있습니다. 실무에서는 뷰 템플릿을 필수적으로 사용해야 하며 제대로 이해하지 못하고 사용하면 프로젝트 전체에 피해를 줄 수도 있으므로 주의해 다루어야 합니다.

뷰 템플릿이란?

[뷰 템플릿]은 특정 뷰에서 보이는 그래픽을 다른 뷰에도 그대로 적용하고 싶을 때 사용하는 기능입니다. 앞에서 말했듯이 대규모 프로젝트의 경우, 일일이 각 뷰를 열어 [가시성/그래픽]을 조절하고 [축척]과 [상세 수준]을 비롯한 많은 것을 설정하기에는 시간과 노력이 너무 많이 필요합니다. 따라서 모든 평면도에서 적용하고 싶은 설정이 있을 때 평면도용 [뷰 템플릿]을 만들어 적용하면 같은 그래픽을 일괄적으로 적용할 수 있습니다. 또한 나중에 그래픽 변경 사항이 있을 때도 [뷰 템플릿] 설정만 수정하면 적용된 모든 뷰의 설정도 업데이트되므로 뷰의 그래픽을 효율적으로 조절할 수 있습니다.

[뷰 템플릿]은 [가시성/그래픽]에 해당하는 모든 설정을 조절할 수 있을 뿐만 아니라 뷰의 [축척] 및 [상세 수준]을 비롯한 요소도 조절할 수 있습니다. 뷰 템플릿을 실행하려면 [뷰] 탭의 [그래픽] 패널에서 가장 왼쪽에 있는 [뷰 템플릿] 아이콘을 클릭해야 합니다. 아이콘을 클릭하면

세 가지 옵션이 나타나는데요. [현재 뷰에 템플릿 특성 적용], [현재 뷰에서 템플릿 작성], [뷰 템플릿 관리] 중에서 원하는 명령을 클릭하면 됩니다. 그럼 이제 각 실습을 통해 세 가지 옵션을 배워 보겠습니다.

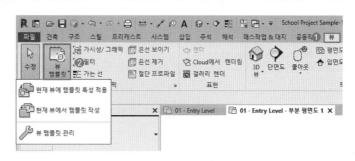

직접 해보세요! [현재 뷰에 템플릿 특성 적용] 사용하기

:: 예제 파일 [07장] 폴더/[본문 실습] 폴더/School Project Sample-1.rvt

[현재 뷰에 템플릿 특성 적용]은 그 이름에서도 알 수 있듯이 뷰 템플릿을 선택해 현재 뷰에 특성을 적용하는 기능입니다. 직접 실습해 보겠습니다.

완성된 모습

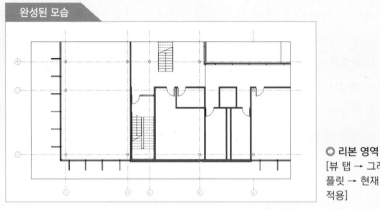

◉ **리본 영역**
[뷰 탭 → 그래픽 패널 → 뷰 템 플릿 → 현재 뷰에 템플릿 특성 적용]

1. 예제 파일을 열고 프로젝트 탐색기에서 [평면 → 01 - Entry Level - 부분 평면도 3]을 더블 클릭해 엽니다.

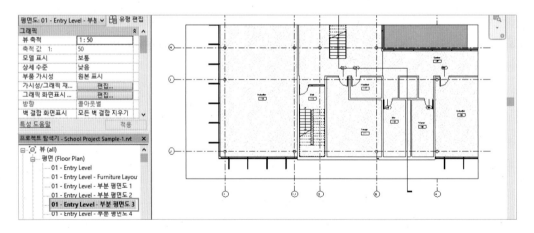

2. 리본 영역 선택하기

프로젝트에 저장된 템플릿을 현재 뷰에 적용하기 위해 [뷰 탭 → 그래픽 패널 → 뷰 템플릿 →
현재 뷰에 템플릿 특성 적용]을 클릭합니다.

📌 장선배의 노트 특성 창에서도 뷰 템플릿을 적용할 수 있어요!

현재 뷰에 템플릿을 적용하는 방식에는 리본 영역에서 [현재 뷰에 템플릿 특성 적용] 아이콘을 클릭하거
나 특성 창을 이용하는 방법이 있습니다. 두 번째 방법인 특성 창을 클릭하는 방법은 간단합니다. 적용하
고 싶은 뷰를 띄운 후 특성 창에서 [뷰 템플릿]을 클릭하면 됩니다.

위의 두 가지 방법은 뷰 템플릿을 적용한다는 점에서 같지만 뷰 템플릿을 적용한 후 큰 차이가 있습니다.
우선 [현재 뷰에 템플릿 특성 적용] 아이콘을 클릭해 뷰 템플릿을 적용하면 일시적으로 적용되므로 이후
뷰 템플릿 설정과 다르게 그래픽 설정을 바꿀 수 있습니다. 하지만 특성 창을 이용하면 뷰 템플릿이 영구
적으로 적용되므로 설정을 바꾸려면 뷰 템플릿 자체를 수정하거나 특성 창에서 뷰 템플릿을 [<없음>]으로 바
꿔야 합니다.

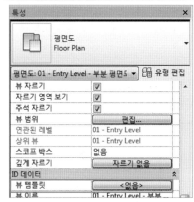

아이콘을 클릭해 뷰 템플릿을 적용한 경우

특성 창에서 뷰 템플릿을 적용한 경우

---

3. 그럼 [뷰 템플릿 적용] 팝업 창이 뜹니다. 팝업 창의 왼쪽에는 현재 적용할 수 있는 뷰 템플릿의 종류가 나타나고 아래쪽에는 뷰 템플릿을 [복제], [이름 바꾸기], [삭제]할 수 있는 아이콘들이 있습니다. 오른쪽에는 현재 선택된 뷰 템플릿의 설정 내용이 있고 원한다면 설정 내용을 변경할 수도 있습니다. 여기서는 왼쪽의 [뷰 유형 필터]를 [〈모두〉]로 바꾸고 [이름]에서는 [뷰 템플릿 예시] 템플릿을 선택해 [확인]을 누릅니다.

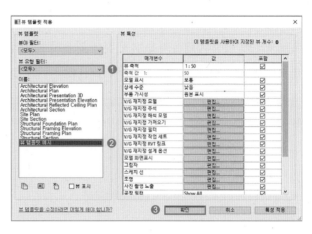

▶ 뷰 템플릿의 세부 내용을 수정하는 것은 다소 어려워 이 책에서는 다루지 않겠습니다.

▶ [확인] 또는 [특성 적용]을 누르면 뷰 템플릿이 뷰에 적용됩니다. 하지만 [확인]을 누르면 창이 닫히고, [특성 적용]을 누르면 팝업 창이 그대로 유지됩니다.

4. 템플릿이 현재 뷰에 적용됩니다.

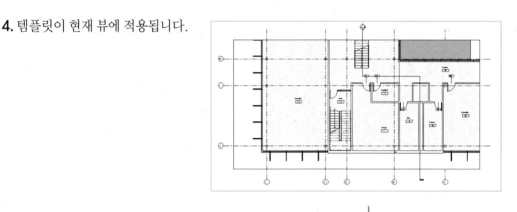

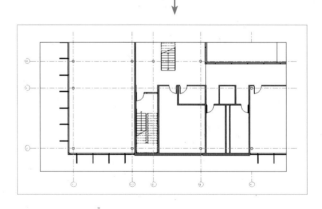

현재 뷰에서 템플릿 작성

카메라를 고를 때 사양만 비교하면서 고른다면 전문가가 아닌 이상, 어떤 차이가 있는지 알기 힘듭니다. 하지만 카메라로 찍은 사진들을 보면 초보자도 차이를 쉽게 이해할 수 있고 자신이 원하는 카메라를 고를 수 있습니다.

뷰 템플릿도 마찬가지입니다. 새로운 뷰 템플릿을 설정할 때 막연히 많은 항목을 조절하기보다 실제로 하나의 뷰를 수정해 원하는 설정으로 바꾼 후 해당 뷰의 설정대로 뷰 템플릿을 만들면 무엇을 더 수정해야 하는지 쉽게 알 수 있습니다. 이처럼 실무에서는 주로 하나의 뷰를 정해 가시성/그래픽을 조절한 후 그 설정을 그대로 뷰 템플릿으로 만듭니다.

직접 해보세요! [현재 뷰에서 템플릿 작성] 사용하기

:: 예제 파일 [07장] 폴더/[본문 실습] 폴더/School Project Sample-1.rvt

[현재 뷰에서 템플릿 작성] 기능을 이용해 현재 뷰의 그래픽 설정을 뷰 템플릿으로 만들어 봅니다.

완성된 모습

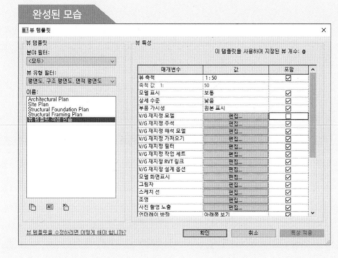

◑ **리본 영역**
[뷰 탭 → 그래픽 패널 → 뷰 템플릿 → 현재 뷰에서 템플릿 작성]

1. 예제 파일을 열고 프로젝트 탐색기에서 [평면 → 01 - Entry Level - 부분 평면도 4]를 더블 클릭해 엽니다.

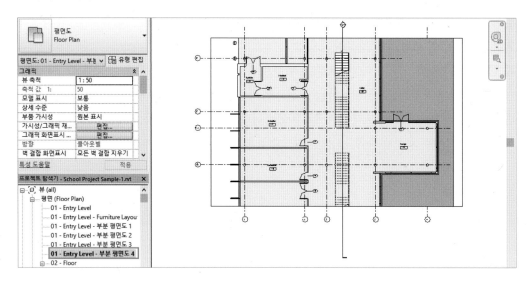

2. 리본 영역 선택하기

현재 뷰의 그래픽 설정을 뷰 템플릿으로 만들기 위해 [뷰 탭 → 그래픽 패널 → 뷰 템플릿 → 현재 뷰에서 템플릿 작성]을 클릭합니다.

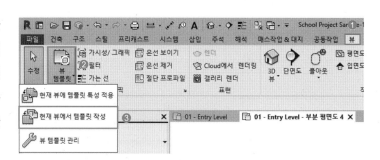

3. [새 뷰 템플릿] 팝업 창이 뜨면 [이름] 부분에 [뷰 템플릿 작성 연습]이라고 입력하고 [확인]을 누릅니다.

4. 그럼 [뷰 템플릿] 팝업 창이 뜹니다. 팝업 창의 오른쪽 부분에서 템플릿으로 적용하고 싶은 매개변수는 [포함]을 체크하고 각 뷰에서 다르게 조절하고 싶은 매개변수는 [포함]을 체크하지 않습니다. 여기서 [V/G 재지정 모델]은 [포함]을 체크하지 않고 나머지 부분은 모두 체크한 상태로 두겠습니다.

▷ [값]에 있는 [편집...]을 클릭하면 가시성/그래픽을 재지정할 수 있습니다.

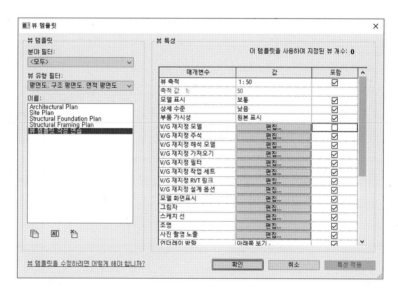

👋 장선배의 노트 뷰 템플릿에 포함되지 않은 매개변수는 뷰 템플릿을 적용할 때 어떻게 되나요?

뷰 템플릿을 적용할 때 뷰 템플릿에 포함한 매개변수만 변경되고 포함하지 않은 매개변수는 뷰 템플릿을 적용해도 변경되지 않습니다. 위 예제에서 [V/G 재지정 모델]을 포함하지 않은 뷰 템플릿을 만들었습니다. 이때 [V/G 재지정 모델]은 [가시성/그래픽 팝업 창 → 모델 카테고리 탭]과 관련된 부분이기 때문에 다른 뷰에서 이 뷰 템플릿을 적용하면 모델 카테고리만 빼고 그래픽이 적용됩니다. ▶ 매개변수 중 앞에 [V/G-]가 붙은 것은 [가시성/그래픽] 팝업 창에 있는 각 탭을 의미합니다.

5. 마지막으로 [확인]을 누르면 [뷰 템플릿 작성 연습]이라는 뷰 템플릿이 프로젝트에 생성됩니다.

👋 장선배의 노트 보통 어떤 [매개변수]를 [포함]시키나요?

기본적으로 모든 매개변수의 [포함]이 체크되어 있는데요. 모두 체크해 뷰 템플릿을 만들면 여러 뷰를 조절하는 데 편리하지만 각 뷰마다 개별적으로 적용할 여지가 없어지므로 무조건 모두 체크해 만들기보다 상황에 맞게 반드시 필요한 것만 체크하는 것이 좋습니다.

뷰 템플릿 관리

마지막으로 [뷰 탭 → 그래픽 패널 → 뷰 템플릿 → 뷰 템플릿 관리]를 클릭하면 현재 프로젝트

에 저장된 모든 뷰 템플
릿을 확인하고 관리할 수
있도록 [뷰 템플릿] 팝업
창이 뜹니다. 뷰 템플릿
을 새로 생성하거나 복제
또는 삭제하거나 뷰 템플
릿의 설정을 바꿀 때 주
로 사용합니다.

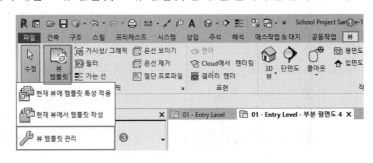

뷰 템플릿을 수정할 때는 먼저 팝업 창의 왼쪽에서 원하는 뷰 템플릿을 선택하고 팝업 창의 오
른쪽에서 수정하면 됩니다. 뷰 템플릿에 포함하고 싶지 않은 매개변수는 [포함] 체크 박스를
해제하면 되고 설정을 구체적으로 조정할 때는 가운데 [값] 부분의 [편집...] 버튼이나 오른쪽
끝부분을 클릭해 수정하면 됩니다.

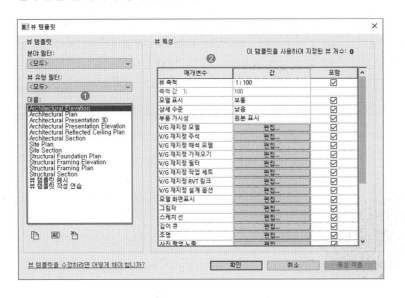

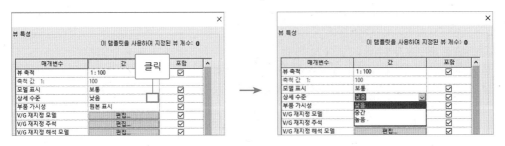

빌라 사보아 도면 그래픽 수정하기

:: 미션 파일 [07장] 폴더/[미션] 폴더/도전 미션-6_시작.rvt

과제 **가시성/그래픽을 이용해 평면도를 수정해 보세요!**

1층 평면도에서 가시성/그래픽을 이용해 벽과 기둥, 그리드의 그래픽을 수정하고 입면도를 뷰에서 보이지 않게 설정해 보세요!

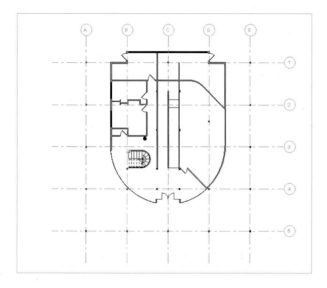

힌트

① 예제 파일 [도전 미션-6_시작.rvt]을 열고 프로젝트 탐색기에서 [평면도 → Level 1]이 열려 있는지 확인합니다.

② [가시성/그래픽 재지정] 팝업 창을 열고 [모델 카테고리] 탭에서 기둥의 [잘라내기] [패턴] 색을 [검은색]으로 설정하고 벽의 [잘라내기] [패턴] 색을 [RGB 192-192-192]로 변경합니다.

③ [주석 카테고리] 탭에서 그리드에 [중간색]을 적용하고 입면도가 보이지 않게 변경합니다.

:: 정답 파일 [07장] 폴더/[미션] 폴더/도전 미션-6_완성.rvt

건물 모델링 후 각 도면에서 디자인의 의도를 표현하는 모든 요소를 '주석 요소'라고 부릅니다. 우리가 흔히 도면에서 볼 수 있는 치수나 문자, 태그 등이 주석 요소에 해당하며 각 뷰에 표현을 추가할 수 있는 상세 선과 영역 등도 여기에 속합니다. 이 장에서는 도면 작성에 필요한 주석 요소들을 살펴보고 사용하는 방법과 특징에 대해 알아보겠습니다.

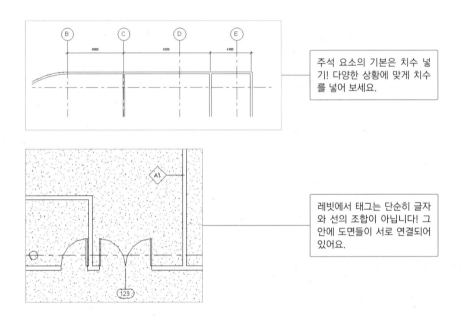

주석 요소의 기본은 치수 넣기! 다양한 상황에 맞게 치수를 넣어 보세요.

레빗에서 태그는 단순히 글자와 선의 조합이 아닙니다! 그 안에 도면들이 서로 연결되어 있어요.

도면으로 만들기 → 도면 생성하기 → 그래픽 조정하기 → **주석 달기** → 시트에 넣기

08-1 치수 넣기

05장에서 배운 [수정] 탭과 함께 실무에서 가장 많이 사용하는 [주석] 탭은 여섯 개 패널로 구성됩니다. 각 패널에는 실무에서 도면 작업을 할 때 주로 사용하는 모든 2D 요소가 포함됩니다. 그럼 각 패널들을 하나씩 살펴보겠습니다.

[치수] 패널에는 레빗에서 생성할 수 있는 모든 종류의 치수들이 있으며 아이콘을 클릭하면 각 치수의 유형을 설정하고 새로운 유형을 만들 수 있습니다. 레빗에서 생성할 수 있는 치수의 종류로는 [정렬], [선형], [각도], [반지름], [지름], [호 길이], [지정점 레벨], [지정점 좌표], [지정점 경사] 아홉 가지가 있으며 각 치수의 유형도 새로 설정하거나 생성할 수 있습니다. 그럼 도면 영역에 치수를 기입하는 방법과 치수 유형을 설정하는 방법에 대해 알아보겠습니다.

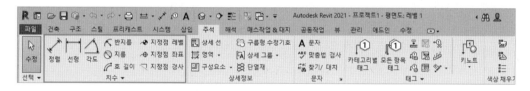

[정렬 치수]와 [선형 치수]의 차이

일반적으로 두 지점이나 요소 사이의 거리를 기입할 때 정렬과 선형 두 가지 옵션을 사용합니다. [정렬 치수]는 일반적으로 사용하는 치수 옵션으로 두 개의 평행한 요소나 두 점 사이의 거리를 측정할 때 사용합니다. 반면, [선형 치수]는 두 점 사이의 거리를 수직이나 수평으로 측정할 때 사용합니다.

흔히 우리가 거리를 측정하고 기입할 때 몇 가지 경우를 제외하고 [정렬 치수]를 사용하는데요. 다음 그림과 같이 두 기둥 중심 사이의 거리를 [정렬 치수]와 [선형 치수]로 기입하면 차이를 확실히 이해할 수 있습니다.

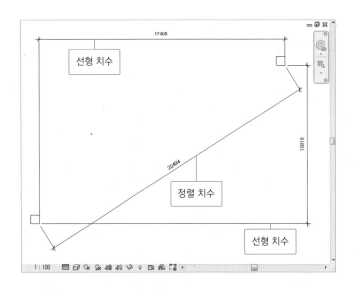

직접
해보세요!

[정렬 치수] 생성하기

:: 예제 파일 [08장] 폴더 / [본문 실습] 폴더 / Annotate-1.rvt

[선형 치수]를 생성하는 방법과 순서는 [정렬 치수]와 같습니다. 이번 예제에서는 도면 영역의 벽에
[정렬 치수]를 생성해 보겠습니다.

완성된 모습

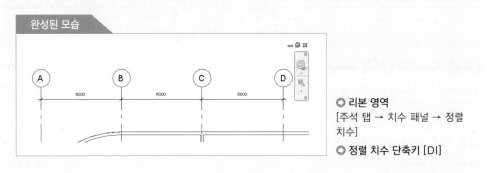

◉ 리본 영역
[주석 탭 → 치수 패널 → 정렬
치수]

◉ 정렬 치수 단축키 [DI]

1. 예제 파일을 열고 프로젝트 탐색기에서 [평면 → 정렬 치수 예제]를 더블 클릭해 엽니다.

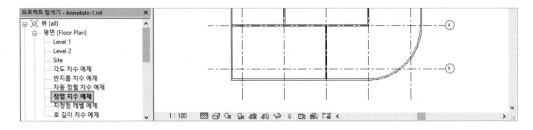

2. 리본 영역 선택하기

[주석 탭 → 치수 패널 → 정렬 치수]를 클릭합니다.

3. 아이콘 선택 후 치수를 넣을 두 지점을 차례로 클릭하고 치수를 기입할 지점을 클릭합니다.

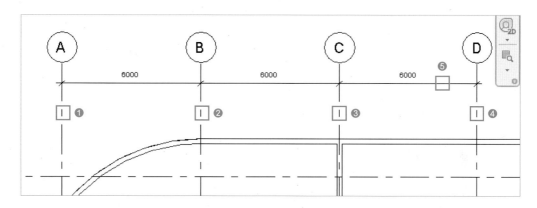

👋 **장선배의 노트** 옵션 막대 설정은 바꾸지 않아도 되나요?

치수를 생성할 때는 보통 옵션 막대의 기본 설정을 따릅니다.

| 수정 | 치수 배치 | 벽 중심선 선호 ▾ | 선택: 개별 참조 ▾ | 옵션 |

옵션 막대 앞의 [벽 중심선 선호] 부분은 벽에 치수를 생성할 때 자동으로 벽 중심선을 선택하도록 도와주는 기능으로 보통 각 상황마다 [Tab]을 눌러 벽 중심선이나 벽면을 정하므로 자주 사용하지 않습니다.
[선택] 부분도 원하는 요소나 면을 선택해 치수를 생성하기 위해 보통 [개별 참조]로 사용합니다. 만약 [전체 벽]으로 설정하면 벽의 전체 길이 치수가 자동으로 생성되고 원하는 구간 사이의 치수는 생성할 수 없습니다.

벽에 자동으로 [정렬 치수] 생성하기

:: 예제 파일 [08장] 폴더 / [본문 실습] 폴더 / Annotate-1.rvt

이번에는 도면 영역의 벽에 자동으로 [정렬 치수]를 생성하는 방법을 알아보겠습니다.

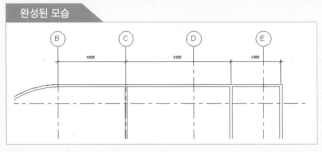

● 리본 영역
[주석 탭 → 치수 패널 → 정렬
치수]
[옵션] → [자동 치수 옵션] 팝
업 창

1. 예제 파일을 열고 프로젝트 탐색기에서 [평면 → 자동 정렬 치수 예제]를 더블 클릭해 엽니다.

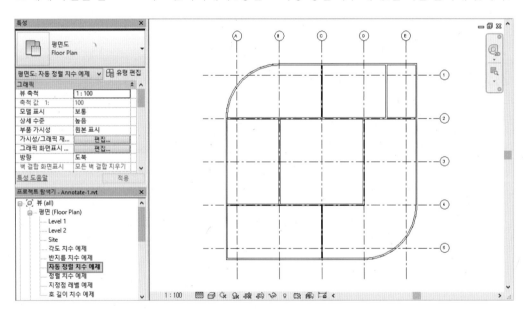

2. 리본 영역 선택하기

[주석] 탭의 [치수] 패널에 있는 [정렬 치수] 아이
콘을 선택합니다.

3. 옵션 막대의 [선택]에서 [전체 벽]을 선택합니다. 그리고 [전체 벽] 옆에 있는 [옵션]을 클릭합니다.

4. [자동 치수 옵션] 팝업 창에서 벽 사이에만 정렬 치수를 생성하기 위해 [교차 벽]만 체크하고 [확인]을 누릅니다.

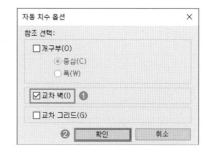

👏 **장선배의 노트** **[자동 치수 옵션]에서 다른 것을 선택하면 어떻게 되나요?**

위의 [자동 치수 옵션] 팝업 창에는 [개구부], [교차 벽], [교차 그리드] 세 가지 옵션이 있으며 필요하면 두 개 이상의 옵션을 동시에 사용할 수도 있습니다. [개구부]는 벽에 있는 개구부를 기준으로 자동 치수를 생성하고 [교차 벽]은 아래 그림과 같이 벽과 벽이 만나는 곳을 기준으로 자동 치수를 생성합니다. 마지막으로 [교차 그리드]는 자동 치수를 생성하는 벽과 만나는 그리드를 기준으로 치수를 생성합니다.

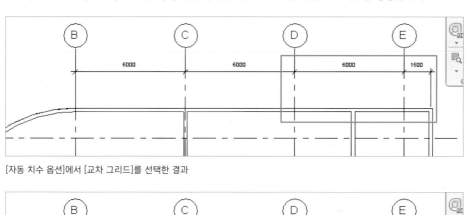

[자동 치수 옵션]에서 [교차 그리드]를 선택한 결과

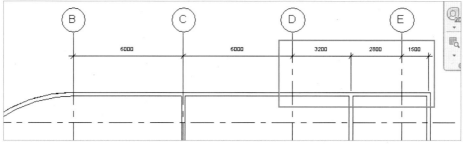

[자동 치수 옵션]에서 [교차 그리드]와 [교차 벽]을 선택한 결과

5. 치수를 생성할 벽을 선택하고 치수를 생성하고 싶은 지점을 한 번 더 클릭합니다.

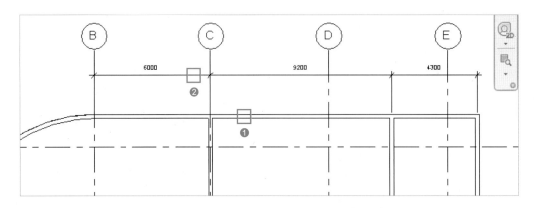

[각도 치수] 생성하기

직접
해보세요!

:: 예제 파일 [08장] 폴더/[본문 실습] 폴더/Annotate-1.rvt

[각도 치수]는 두 요소 사이의 각도를 측정해 치수를 표현할 때 사용합니다. 예제를 통해 벽 사이의 [각도 치수]를 생성해 보겠습니다.

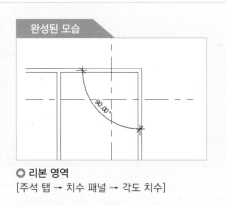

완성된 모습

◉ 리본 영역
[주석 탭 → 치수 패널 → 각도 치수]

1. 예제 파일을 열고 프로젝트 탐색기에서 [평면 → 각도 치수 예제]를 더블 클릭해 엽니다.

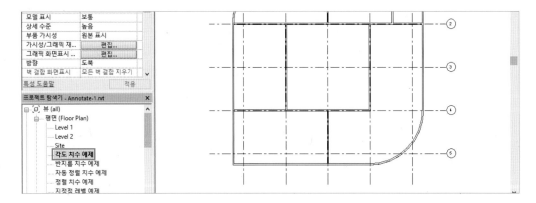

2. 리본 영역 선택하기

[주석] 탭의 [치수] 패널에 있는 [각도 치수] 아이콘을 선택합니다.

3. 각도 치수를 기입할 두 개의 요소를 선택하고 치수를 넣을 지점을 클릭합니다.

▷ 동일 선상의 요소가 아니라면 서로 평행한 요소 사이에는 [각도 치수]를 넣을 수 없으니 주의하세요!

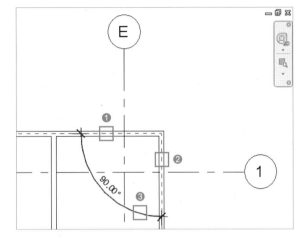

[반지름 치수], [지름 치수] 생성하기

:: 예제 파일 [08장] 폴더/[본문 실습] 폴더/Annotate-1.rvt

[반지름 치수]와 [지름 치수]는 호나 원 등의 반지름과 지름을 측정할 때 사용합니다. 예제를 통해 벽에 [반지름 치수]를 생성해 보겠습니다.

▷ [지름 치수]를 생성하는 방법과 순서는 [반지름 치수]와 같습니다.

완성된 모습

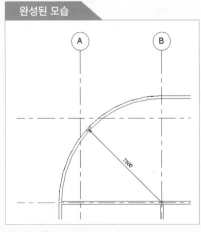

○ 리본 영역
[주석 탭 → 치수 패널 → 반지름 치수 / 지름 치수]

1. 예제 파일을 열고 프로젝트 탐색기에서 [평면 → 반지름 치수 예제]를 더블 클릭해 엽니다.

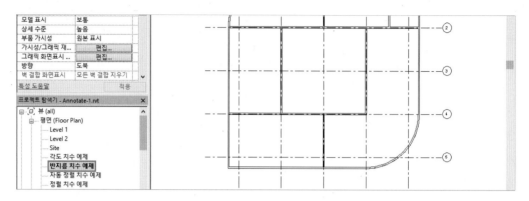

2. 리본 영역 선택하기

[주석] 탭의 [치수] 패널에 있는 [반지름 치수] 아
이콘을 클릭합니다.

3. 반지름 치수를 기입할 대상을 클릭하고 치
수를 기입할 지점을 클릭합니다.

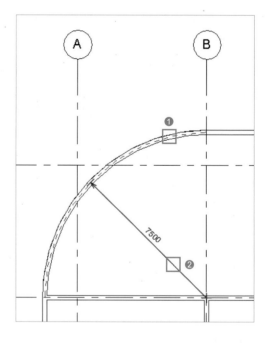

[호 길이 치수] 생성하기

:: 예제 파일 [08장] 폴더/[본문 실습] 폴더/Annotate-1.rvt

호의 길이를 측정해 치수를 입력하는 기능으로 [호 길이 치수]를 생성해 보겠습니다.

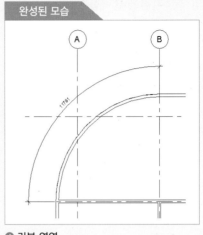

완성된 모습

◐ 리본 영역
[주석 탭 → 치수 패널 → 호 길이 치수]

1. 예제 파일을 열고 프로젝트 탐색기에서 [평면 → 호 길이 치수 예제]를 더블 클릭해 뷰를 엽니다.

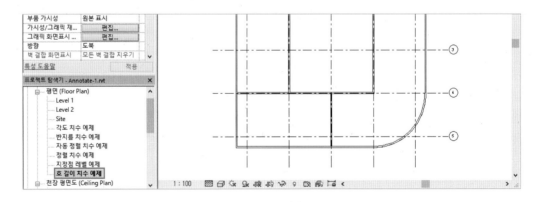

2. 리본 영역 선택하기

[주석] 탭의 [치수] 패널에 있는 [호 길이 치수] 아이콘을 선택합니다.

3. 호 길이 치수를 기입할 대상을 선택한 후 길이를 측정할 호의 양쪽 끝점을 선택합니다. 마지막으로 치수를 입력할 지점을 클릭합니다.

▶ 호의 양쪽 끝점을 선택하기 어려울 경우, 키보드의 [Tab]을 누르면 손쉽게 원하는 지점을 클릭할 수 있습니다.

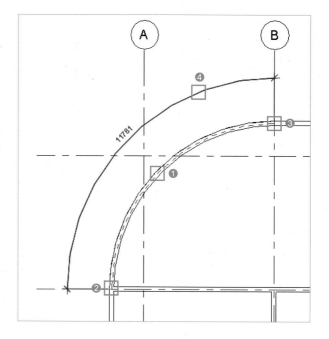

직접 해보세요! **[지정점 레벨], [지정점 좌표], [지정점 경사] 생성하기**

:: 예제 파일 [08장] 폴더 / [본문 실습] 폴더 / Annotate-1.rvt

[지정점 레벨]은 특정 지점의 레벨을 표현할 때 사용하고 [지정점 좌표]는 특정 지점의 좌표를 보여줄 때 사용합니다. [지정점 경사]는 경사면 특정 지점의 경사도를 표현할 때 사용합니다. 세 가지 기능을 사용하는 방법은 모두 같습니다. 아이콘을 클릭하고 측정할 지점으로 마우스를 옮기면 치수가 자동으로 나타납니다. 이때 원하는 위치를 클릭하면 치수를 넣을 수 있습니다. 세 가지 기능 중 대표로 [지정점 레벨]을 생성해 보겠습니다.

완성된 모습

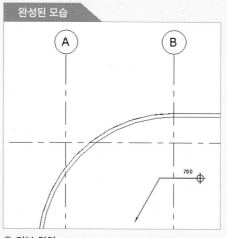

◎ **리본 영역**
[주석 탭 → 치수 패널 → 지정점 레벨/지정점 좌표/지정점 경사]

1. 예제 파일을 열고 프로젝트 탐색기에서 [평면 → 지정점 레벨 예제]를 더블 클릭해 엽니다.

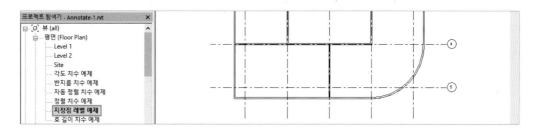

2. 리본 영역 선택하기

[주석 탭 → 치수 패널 → 지정점 레벨]을 선택합니다.

3. 옵션 막대에서 지시선의 사용 여부와 고도 표시 옵션을 선택합니다. 이 예제에서는 [지시선]과 [보조선]을 체크하고 [고도 표시]에서 [실제(선택한) 고도]를 선택합니다.

| 수정 | 치수 배치 | ☑지시선 ☑보조선 | 관련 기준: 현재 레벨 ∨ | 고도 표시: 실제(선택한) 고도 ∨ |

❶　　　　　　　　　　　　　　　　　　　　　　　❷

🖐 **장선배의 노트** [지시선], [보조선]에 따라 모양이 어떻게 달라지나요?

[지시선], [보조선] 체크에 따라 치수 모양이 아래와 같이 달라집니다.

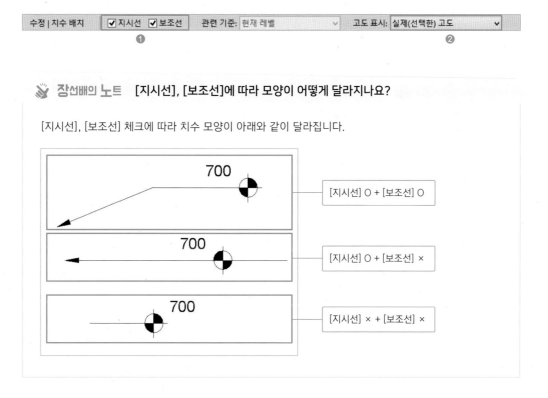

4. 도면 영역에서 지정점 레벨을 생
성할 위치와 지시선에 구부림을 추
가하는 위치, 끝점을 선택하면 지정
점 레벨이 나타납니다.

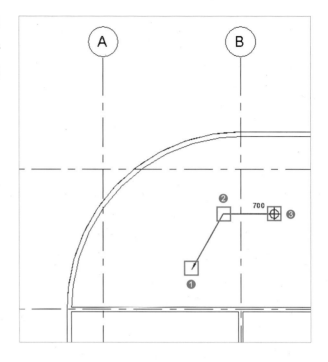

치수 유형 수정하기

레빗에서는 프로젝트에 이미 설정된 치수들을 사용할 수도 있고 회사나 개인 기준에 따라 치수
그래픽을 변경하고 새로운 유형을 만들 수도 있습니다. 기존 치수 유형을 수정하거나 새로운
유형을 만드는 방법을 알아보겠습니다.

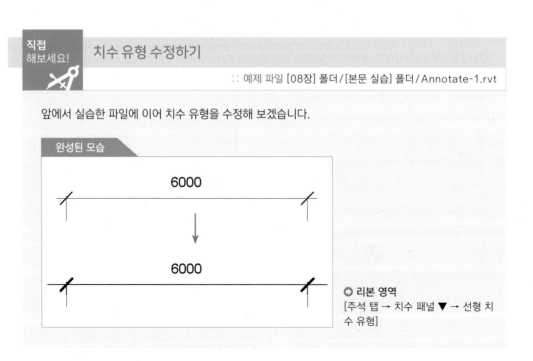

> **직접
> 해보세요!** 　치수 유형 수정하기
>
> :: 예제 파일 [08장] 폴더/[본문 실습] 폴더/Annotate-1.rvt

앞에서 실습한 파일에 이어 치수 유형을 수정해 보겠습니다.

완성된 모습

○ **리본 영역**
[주석 탭 → 치수 패널 ▼ → 선형 치
수 유형]

1. 치수 유형을 수정하기 전 비교를 위해 프로젝트 탐색기에서 [Level 1]을 더블 클릭하고 [그리드 A]와 [그리드 B] 사이에 [정렬 치수]를 생성합니다.

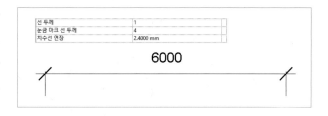

2. 리본 영역 선택하기

[주석] 탭의 [치수] 패널 이름 옆에 있는 [드롭다운 화살표]를 클릭합니다.

3. [드롭다운 화살표]를 누르면 뜨는 창에서 [선형 치수 유형]을 클릭합니다. 다른 유형의 치수를 수정하고 싶다면 원하는 치수 유형을 클릭하면 됩니다. 여기서는 [선형 치수 유형]을 클릭합니다.

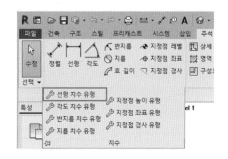

4. [유형 특성] 팝업 창에서 원하는 정보를 수정할 수 있습니다. 기존 유형을 수정하지 않고 새로운 유형을 생성하기 위해 팝업 창의 오른쪽 윗부분에 있는 [복제] 버튼을 누릅니다.

5. [이름] 팝업 창에서 [이름]을 [복제한 새로운 선형 치수]로 입력하겠습니다. [확인] 버튼을 누릅니다.

6. [유형 특성] 팝업 창에서 [선 두께]와 [눈금 마크 선 두께], [치수선 연장]을 각 각 [3], [6], [4.8000 mm]로 수정한 후 [확인]을 눌러 그래픽을 적용해 보겠습니다.

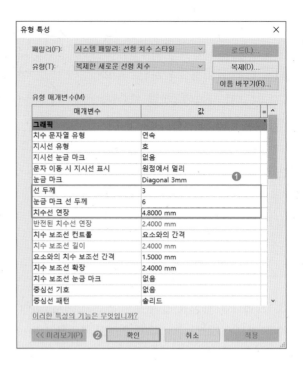

7. 앞에서 생성한 치수와 비교해 보면 그래픽이 달라진 것을 확인할 수 있습니다.

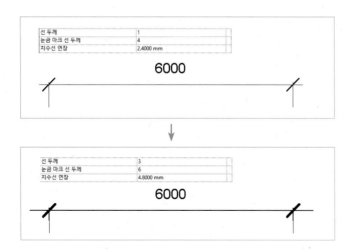

08-2 상세정보 넣기

레빗은 3D 모델의 원하는 위치에 뷰를 만들어 도면을 작성하는 프로그램이므로 뷰에서 보이는 모습이 사용자가 원하는 것과 다른 경우가 많습니다. 따라서 일정 부분 선과 영역 등을 이용해 뷰를 보정하는 작업이 필요합니다. 이때 주로 사용하는 것이 바로 [상세정보] 패널입니다. [상세정보] 패널에는 [상세 선], [영역](채워진 영역, 마스킹 영역), [구성요소], [구름형 수정 기호], [상세 그룹](상세 그룹 배치, 그룹 작성), [단열재] 등이 있는데요. 이 중에서 사용빈도가 가장 높은 [상세 선], [영역], [구성요소]에 대해 알아보겠습니다.

[상세 선] 생성하기

:: 예제 파일 [08장] 폴더/[본문 실습] 폴더/Annotate-2.rvt

상세 선(Detail Line)은 뷰 특정 요소에 속하며 생성한 뷰에서만 보입니다. 만약 특정 뷰가 아닌 모든 뷰에 나타나는 선을 그리고 싶다면 상세 선이 아닌 [건축] 탭에 있는 [모델 선]을 이용해야 합니다. 상세 선을 그리는 방법은 다음과 같습니다.

완성된 모습

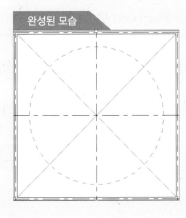

⊙ **리본 영역**
[주석 탭 → 상세정보 패널 → 상세 선]

⊙ **상세 선 단축키** [DL]

1. 예제 파일을 열고 프로젝트 탐색기에서 [평면 → 상세 선 예제]를 더블 클릭해 엽니다.

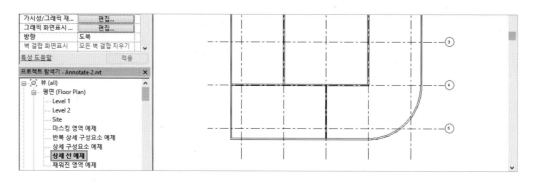

2. 리본 영역 선택하기

[주석 탭 → 상세정보 패널 →
상세 선] 아이콘을 클릭합니다.

3. [그리기] 패널에서 [선]을 선택하고 [선 스타일]에서 [빨간선]을 선택합니다.

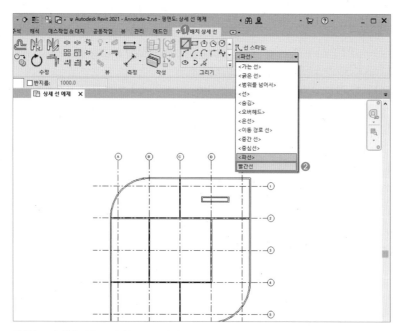

▶ [선 스타일]에 따른 그래픽은 232쪽을 참고하세요.

4. 선을 생성할 두 지점을 도면 영역에서 클릭하면 상세 선이 생성됩니다.

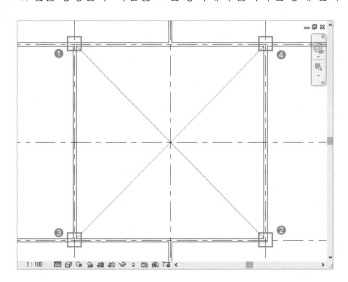

▶ 중간에 선을 끊거나 그리기를 마치고 싶다면 [Esc]를 누르면 됩니다.

5. 원을 그리기 위해 [그리기] 패널에서 [원]을 선택하고 [선 스타일]을 [은선]으로 바꿉니다. 먼저 원의 중심점을 선택하고 반지름이 5,000인 부분을 선택하거나 [5000]을 입력하고 [Enter]를 누릅니다.

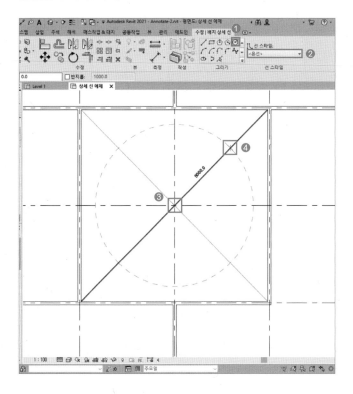

[채워진 영역] 생성하기

:: 예제 파일 [08장] 폴더/[본문 실습] 폴더/Annotate-2.rvt

[채워진 영역(Filled Region)]이란 특정 영역에 색상이나 해치 패턴을 넣을 때 사용하는 것으로 영역을 투명하거나 불투명하게 만들 수 있습니다. [채워진 영역]을 생성하는 방법은 다음과 같습니다.

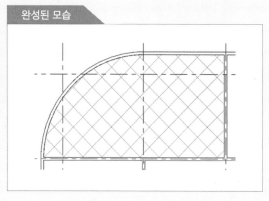

완성된 모습

○ 리본 영역
[주석 탭 → 상세정보 패널 → 영역 ▼ → 채워진 영역]

1. 예제 파일을 열고 프로젝트 탐색기에서 [평면 → 채워진 영역 예제]를 더블 클릭해 엽니다.

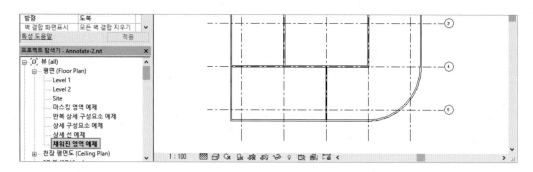

2. 리본 영역 선택하기

[주석 탭 → 상세정보 패널 → 영역] 아이콘을 클릭하거나 [드롭다운 화살표 → 채워진 영역]을 선택합니다.

3. [그리기] 패널에서 [선 선택]을 클릭하고
[선 스타일]에서 [가는 선]을 선택합니다.

▶ [선 스타일]을 [<보이지 않는 선>]으로 그리면 경계가 보이
지 않습니다.

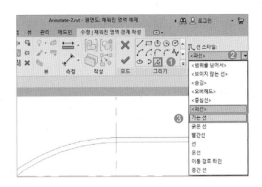

4. 채워진 영역을 생성할 벽의
안쪽 선을 클릭합니다.

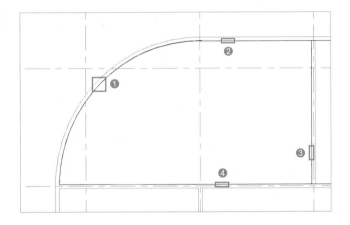

5. [코너로 자르기/연장] 기능을
이용해 닫힌 선으로 만듭니다.

▶ [코너로 자르기/연장] 기능에 대한 자세
한 설명은 05장을 참고하세요.

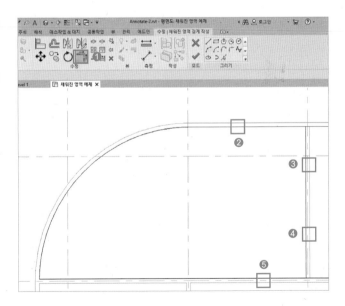

6. 특성 창에서 채워진 영역의 유형을 [채워진 영역 예시]로 바꿉니다. 이 유형은 예시로 넣어둔 것이고 실제로는 원하는 유형을 선택하면 됩니다.

7. 스케치가 완료되면 [편집 모드 완료] 버튼을 눌러 채워진 영역을 생성합니다.

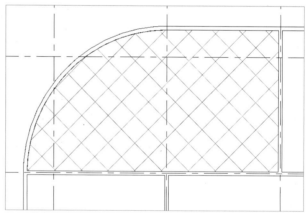

[마스킹 영역] 생성하기

:: 예제 파일 [08장] 폴더/[본문 실습] 폴더/Annotate-2.rvt

[마스킹 영역(Masking Region)]이란 특정 영역을 숨길 때 사용하는 것으로 불투명하게만 설정이 가능하고 해치 패턴을 넣거나 영역을 투명하게 만들 수는 없습니다. [마스킹 영역]을 생성하는 방법은 다음과 같습니다.

완성된 모습

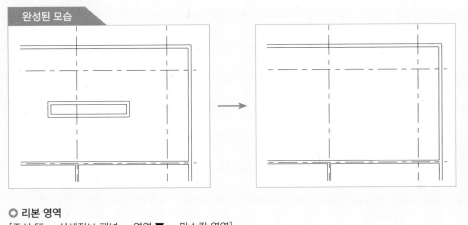

◐ 리본 영역

[주석 탭 → 상세정보 패널 → 영역 ▼ → 마스킹 영역]

1. 예제 파일을 열고 프로젝트 탐색기에서 [평면 → 마스킹 영역 예제]를 더블 클릭해 엽니다.

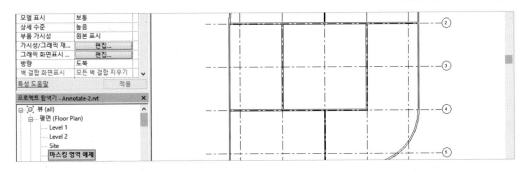

2. 리본 영역 선택하기

[주석] 탭의 [상세정보] 패널에서 [영역] 아이콘의 [드롭다운 화살표]를 클릭해 [마스킹 영역]을 선택합니다.

3. [그리기] 패널에서 [직사각형]을 클릭하고 [선 스타일]에서 [<보이지 않는 선>]을 클릭합니다.

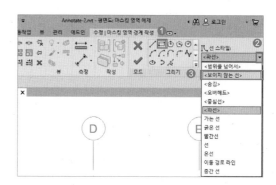

4. 도면 영역에서 직사각형의 대각선 양 끝점을 클릭해 마스킹 영역을 생성하고 [편집 모드 완료] 버튼을 누릅니다.

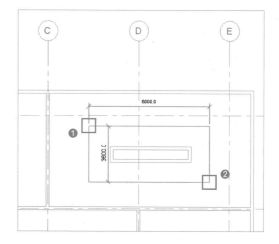

5. 마스킹 영역이 생성되면서 벽이 가려져 보이지 않는 것을 확인할 수 있습니다.

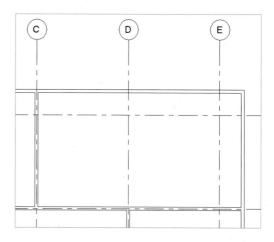

✋ **장선배의 노트** [마스킹 영역]에도 다른 그래픽 유형이 있나요?

[마스킹 영역]은 특정 부분을 가리는 것이 목적이므로 [채워진 영역]처럼 영역의 그래픽 종류가 나뉘어 있지 않고 단순히 스케치만 하면 됩니다.

✋ **장선배의 노트** 요소를 숨길 때 무조건 [마스킹 영역]을 사용해야 하나요?

실무에서 특정 모델 요소를 보이지 않게 할 때는 [마스킹 영역]보다 [뷰에서 숨기기]를 더 많이 사용합니다. [마스킹 영역]의 경우, 모델 요소들이 도면 영역에서 보이진 않지만 선택할 수 있으므로 작업할 때 번거롭기 때문입니다.

▶ [뷰에서 숨기기]에 대한 자세한 내용은 07-1을 참고하세요.

✋ **장선배의 노트** [채워진 영역]을 [마스킹 영역]처럼 사용할 수 있어요!

레빗 뷰를 캐드로 내보낼 때 [채워진 영역]은 캐드에서 해치 패턴으로 나타나는 반면, [마스킹 영역]은 캐드에서 영역으로 표현되지 않고 해당 영역의 레빗 요소들을 가려 캐드에 나타나지 못하게 하는 역할만 합니다. 또한 [마스킹 영역]의 외곽선을 [<보이지 않는 선>]으로 설정하면 내보내기가 되지 않습니다. 따라서 특별한 경우를 제외하고 [채워진 영역]을 불투명으로 설정해 [마스킹 영역]처럼 사용합니다.

직접 해보세요! [상세 구성요소] 생성하기

:: 예제 파일 [08장] 폴더/[본문 실습] 폴더/Annotate-2.rvt

[상세 구성요소(Detail Component)]는 일반 3D 패밀리처럼 독립된 파일로 존재하지만 2D로 구성되므로 해당 뷰에만 보이는 패밀리입니다. [상세 구성요소]는 주로 [상세 선]과 [채워진 영역]으로 구성되며 이름처럼 디테일을 표현할 때 주로 사용됩니다. [상세 구성요소]를 생성하는 방법은 다음과 같습니다.

▶ 레빗에서 3D로 표현하는 것은 보통 1:50 정도의 축척까지이므로 그보다 더 자세한 것은 상세 구성요소를 사용해 표현합니다.

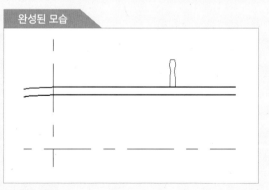
완성된 모습

▶ 리본 영역
[주석 탭 → 상세정보 패널 → 구성요소 ▼ → 상세 구성요소]

1. 예제 파일을 열고 프로젝트 탐색기에서 [평면 → 상세 구성요소 예제]를 더블 클릭해 엽니다.

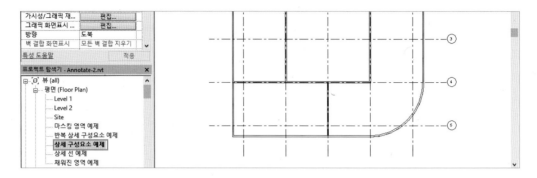

2. 리본 영역 선택하기

[주석 탭 → 상세정보 패널 → 구성요소]의 [드롭다운 화살표]를 클릭해 [상세 구성요소]를 선택합니다.

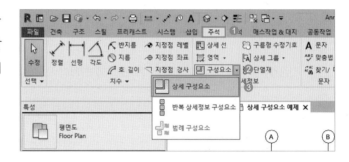

3. 특성 창에서 유형을 [상세 구성요소 예시]로 선택합니다. 이 유형은 예시로 넣어 둔 것이고 실제로는 원하는 유형을 선택하면 됩니다.

◎ [Brick]은 벽돌이고 [Beam]은 'I'형 철제 보나 기둥입니다.

4. 도면 영역에서 원하는 지점을 클릭해 상세 구성요소를 배치합니다.

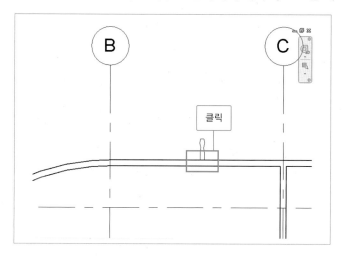

[반복 상세정보 구성요소] 생성하기

:: 예제 파일 [08장] 폴더 / [본문 실습] 폴더 / Annotate-2.rvt

[반복 상세정보 구성요소]는 상세 구성요소를 반복해 넣을 때 사용하는 옵션입니다. 다시 말해 하나의 상세 구성요소를 일정한 간격이나 규칙으로 반복적으로 생성해야 할 때 일일이 복사하는 것이 아니라 앞에서 배운 [배열]처럼 일정한 거리와 간격 등을 설정해 쉽게 넣어 주는 기능입니다.

완성된 모습

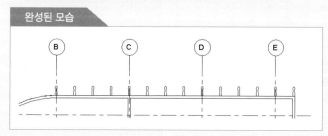

⏵ **리본 영역**
[주석 탭 → 상세정보 패널 →
구성요소 ▼ → 반복 상세정보
구성요소]

1. 예제 파일을 열고 프로젝트 탐색기에서 [평면 → 반복 상세 구성요소 예제]를 더블 클릭해 엽니다.

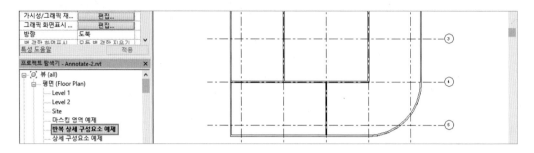

2. 리본 영역 선택하기

[주석 탭 → 상세정보 패널 → 구성요소] 아이콘의 [드롭다운 화살표] 부분을 클릭한 후 [반복 상세정보 구성요소]를 선택합니다.

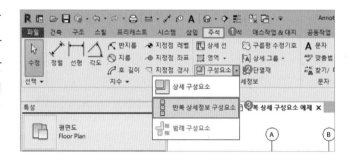

3. 특성 창에서 [유형 편집]을 클릭하고 [유형 특성] 팝업 창에서 [복제] 버튼을 눌러 새로운 반복 상세정보를 만듭니다.

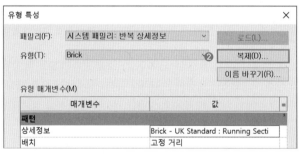

4. [이름] 팝업 창에서 [이름]을 [새로운 반복 상세정보 예시]로 입력하고 [확인]을 누릅니다.

5. [유형 특성] 팝업 창에서 [상세정보]는 [상세 구성요소 예시]를 선택하고 [배치]는 [고정 거리], [간격]은 [1500], [상세정보 회전]은 [시계 반대 방향으로 90도]로 옵션을 지정하고 [확인] 버튼을 눌러 저장합니다.

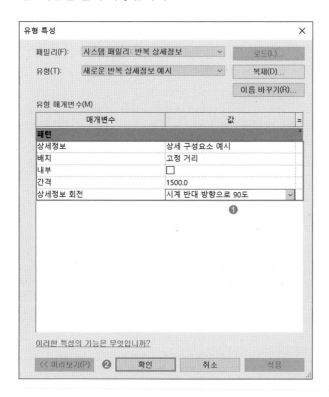

6. 저장한 후 도면 영역에서 반복 상세 구성요소를 배치하고 싶은 부분의 시작점과 끝점을 클릭하거나 이미 배치된 선을 선택해 같은 위치에 반복 상세 구성요소를 생성합니다.

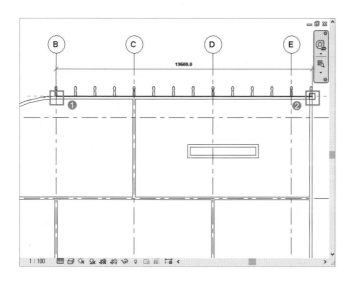

매개변수	값
패턴	⌃
상세정보 ❶	상세 구성요소 예시
배치 ❷	고정 거리
내부 ❸	☐
간격 ❹	1500.0
상세정보 회전 ❺	시계 반대 방향으로 90도 ▾

❶ **상세정보** - 반복 상세정보에 쓰일 상세 구성요소를 정합니다.

❷ **배치** - 상세 구성요소가 반복될 거리를 설정하는 방법을 정합니다.

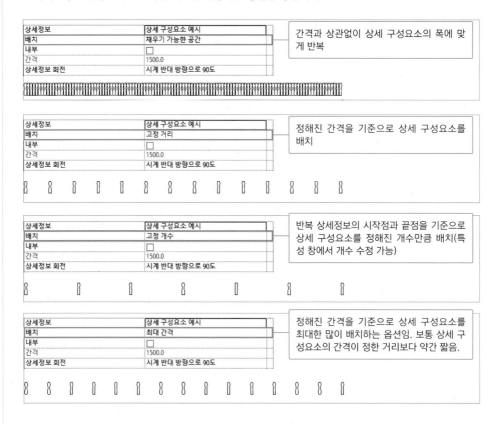

상세정보	상세 구성요소 예시
배치	채우기 가능한 공간
내부	☐
간격	1500.0
상세정보 회전	시계 반대 방향으로 90도

간격과 상관없이 상세 구성요소의 폭에 맞게 반복

상세정보	상세 구성요소 예시
배치	고정 거리
내부	☐
간격	1500.0
상세정보 회전	시계 반대 방향으로 90도

정해진 간격을 기준으로 상세 구성요소를 배치

상세정보	상세 구성요소 예시
배치	고정 개수
내부	☐
간격	1500.0
상세정보 회전	시계 반대 방향으로 90도

반복 상세정보의 시작점과 끝점을 기준으로 상세 구성요소를 정해진 개수만큼 배치(특성 창에서 개수 수정 가능)

상세정보	상세 구성요소 예시
배치	최대 간격
내부	☐
간격	1500.0
상세정보 회전	시계 반대 방향으로 90도

정해진 간격을 기준으로 상세 구성요소를 최대한 많이 배치하는 옵션임. 보통 상세 구성요소의 간격이 정한 거리보다 약간 짧음.

❸ **내부** - 반복 상세정보를 생성할 때 마지막 상세 구성요소가 배치되는 방법에 대한 내용입니다. 내부가 체크되어 있으면 마지막 상세 구성요소가 반복 상세정보의 끝점 안으로 배치되지만 체크되어 있지 않으면 끝점 밖으로 배치되거나 끝점과 겹쳐 배치됩니다.

❹ **간격** - [배치] 옵션이 [고정 거리]나 [최대 간격]으로 설정되어 있을 때만 사용할 수 있는 옵션으로 반복되는 상세 구성요소의 거리를 정하는 데 쓰입니다.

❺ **상세정보 회전** - 상세 구성요소를 원하는 방향으로 회전시켜 배치하도록 도와줍니다.

08-3 문자 넣기

[문자] 패널은 이름처럼 도면 영역에 문자를 생성하는 것을 도와주는 패널로 여기서 만든 요소는 2D 요소로 생성한 뷰에서만 보입니다. [문자] 패널에는 문자를 생성할 수 있는 [문자], 맞춤법 검사를 해주는 [맞춤법 검사], 도면 영역에서 원하는 문자를 찾아주는 [찾기/대치] 기능 등이 있습니다. 그 중 실무에서 주로 사용하는 '문자를 도면 영역에 생성하는 방법'과 '새로운 문자 유형을 생성하는 방법'에 대해 알아보겠습니다.

> ✋ **장선배의 노트** **3D 뷰에 문자를 어떻게 넣나요?**
>
> 3D 뷰를 포함한 모든 뷰에서 확인할 수 있는 글자를 넣고 싶다면 [건축] 탭에 있는 [입체 문자]를 사용해야 합니다.
>
>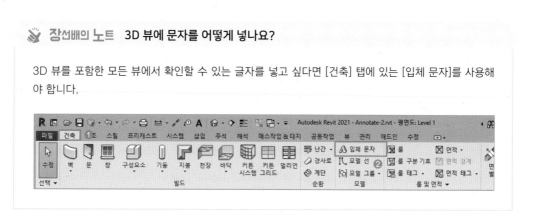

문자를 도면 영역에 생성하는 방법

[주석 탭 → 문자 패널]에서 [문자] 아이콘을 클릭합니다. 그리고 도면 영역에서 문자를 넣을 지점을 클릭해 원하는 글자를 입력하면 됩니다.

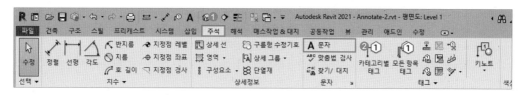

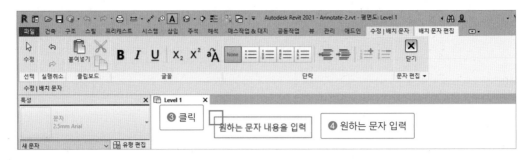

[문자] 아이콘을 클릭하면 맨 오른쪽에 [수정 | 배치 문자] 탭이 생기고 문자 정렬 방법이나 지시선의 추가 여부, 문자를 굵게 만들거나 밑줄 긋기 등의 옵션을 선택할 수 있습니다.

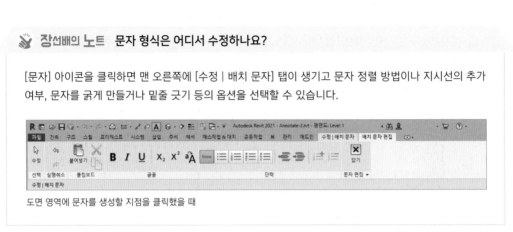

도면 영역에 문자를 생성할 지점을 클릭했을 때

문자 입력 후 [수정 | 배치 문자 탭 → 선택 패널 → 수정]을 클릭하거나 도면 영역의 다른 부분을 클릭하면 문자가 생성됩니다.

문자를 입력하는 도중 Enter 를 누르면 행을 바꿀 수 있습니다. 그리고 문자를 입력하는 도중 Esc 를 누르면 [문자 편집 취소] 팝업 창이 뜨는데요. 여기서 [예]를 누르면 지금까지 선택했던 문자가 도면 영역에 입력되고 [아니요]를 누르면 입력하던 문자가 사라집니다.

:: 예제 파일 [08장] 폴더/[본문 실습] 폴더/Annotate-2.rvt

프로젝트에 저장된 문자 유형 외의 다른 문자 유형을 생성해 보겠습니다.

1. 리본 영역 선택하기

새로운 문자 유형을 만들기 위해 [주석 탭 → 문자 패널]에 보이는 [사선 화살표]를 클릭합니다.

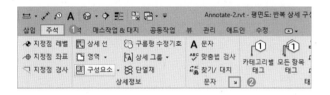

2. [유형 특성] 팝업 창에서 [복제] 버튼을 누릅니다.

3. 팝업 창에 새로운 문자 유형의 [이름]을 입력합니다. 여기서는 [새로운 문자 유형 예시]라고 입력하겠습니다. 입력한 후 [확인]을 누릅니다.

4. 팝업 창에서 원하는 문자 유형을 설정합니다. 여기서는 [색상]을 [빨간색], [선 두께]를 [2], [배경]을 [투명], [문자 글꼴]을 [굴림체]로 수정하고 [확인]을 누릅니다.

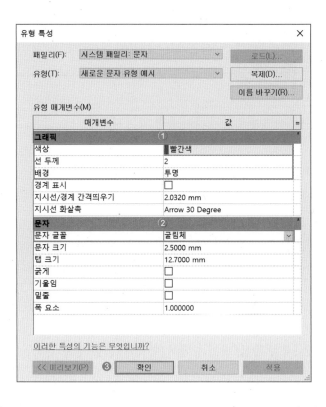

5. 새로 만든 문자 유형은 문자를 생성할 때 특성 창에서 찾을 수 있습니다.

08-4 태그 넣기

캐드에서 태그를 넣거나 설명을 입력할 때 이용하는 '문자' 기능은 사용자가 원하는 내용을 직접 입력하므로 요소의 위치가 바뀌거나 삭제되었을 때 자동으로 업데이트되지 않습니다. 하지만 레빗에서는 사용자가 태그 정보를 임의로 입력하는 것이 아니라 태그 패밀리가 요소 정보를 자동으로 읽어 보여주므로 사용자가 일일이 수정하지 않아도 실시간으로 업데이트됩니다. 이렇게 레빗에서 태그 생성을 도와주는 영역이 바로 [태그] 패널입니다.

[태그] 패널에는 레빗에서 넣을 수 있는 태그, 키노트와 관련된 아이콘들이 있습니다. 각 아이콘을 클릭해 태그를 하나씩 지정해 넣을 수도 있고 원하는 카테고리 요소에 한 번에 넣을 수도 있습니다.

[주석] 탭을 누르면 아래와 같은 [태그] 패널이 나타납니다. 이제 각 아이콘의 기능을 살펴보겠습니다.

▶ [키노트]는 매개변수의 한 종류로 모든 모델 요소와 상세 구성요소, 재료 등에 적용할 수 있으며 미국 CSI(Construction Specification Institute)의 시스템을 기준으로 정보를 제공합니다. 건축 실무 관련 용어로 이 책에서는 다루지 않습니다.

▶ 이 책에서는 [태그] 패널의 [키노트]를 비롯해 자주 쓰지 않는 기능이나 복잡한 설정과 이해가 필요한 기능은 다루지 않습니다.

[카테고리별 태그] 아이콘

[카테고리별 태그]는 태그를 생성할 요소들을 하나씩 선택해 넣습니다. 예를 들어 [카테고리별 태그]를 클릭하고 문을 선택하면 선택된 문에 문 태그가 생성되고 벽을 클릭하면 벽 태그가 생성됩니다. 일반적으로 도면 작업에서 한 번에 모든 태그를 넣는 경우도 있지만 대부분 나타내고 싶은 태그만 선택해 넣으므로 가장 많이 사용하는 기능이라고 할 수 있습니다.

[모든 항목 태그] 아이콘

앞에서 언급한 [카테고리별 태그] 기능과 달리 [모든 항목 태그]는 같은 카테고리 내에 있는 모든 요소에 태그를 한 번에 생성할 수 있습니다. 예를 들어 해당 뷰의 문, 벽, 창문 등에 일괄적으로 태그를 넣을 수 있습니다.

[다중 카테고리] 아이콘

[다중 카테고리]는 말 그대로 하나가 아닌 여러 개의 카테고리에 적용할 수 있는 태그를 원하는 요소에 적용하는 기능입니다. 보통 이 기능을 사용하려면 여러 개의 카테고리에 적용할 수 있는 [다중 카테고리] 태그가 필요하고 이 태그는 일반적으로 공유 매개변수를 이용해 생성합니다.

[다중 카테고리] 태그를 생성하는 과정은 이 책에서 설명하지 않습니다. 만약 불러온 프로젝트에 [다중 카테고리] 태그가 있다면 [다중 카테고리] 아이콘을 클릭해 원하는 요소를 선택하면 [다중 카테고리] 태그를 생성할 수 있습니다.

> ▶ 모든 태그는 패밀리 파일로 이루어져 있습니다. 따라서 태그를 넣기 전 태그 패밀리를 먼저 불러와야 합니다. 특히 [다중 카테고리]는 여러 개의 카테고리 정보를 불러와야 하므로 프로젝트에 다중 카테고리 패밀리가 있어야 합니다.

[재료 태그] 아이콘

[재료 태그]는 레빗 프로젝트에 있는 각 요소들의 재료 정보를 보여주는 태그로 각 재료의 설명에 입력된 값을 표현합니다. 그런데 만약 재료 태그를 배치했는데 물음표 [?]로 나타난다면

재료 설명이 있어야 할 [설명] 칸에 아무것도 입력되어 있지 않다는 의미입니다.

물음표를 더블 클릭해 [설명]을 입력할 수 있습니다. 주의할 점은 이렇게 입력한 [설명]은 태그를 생성한 요소에만 적용되는 것이 아니라 프로젝트 내에서 같은 재료가 적용된 모든 요소에 적용된다는 점입니다.

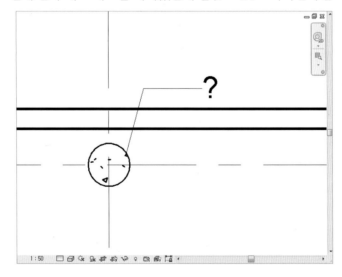

[뷰 참조] 아이콘

[뷰 참조]는 신속히 다른 뷰로 이동하도록 도와주는 주석 요소입니다. 예를 들어 [부분 평면도 A]에서 [부분 평면도 B]로 쉽게 이동하고 싶다면 [부분 평면도 A]에 [뷰 참조] 태그를 넣어 해당 태그를 클릭하면 [부분 평면도 B]를 자동으로 열도록 도와줄 수 있습니다. 이 기능은 주로 전체 평면도에서 각 부분 평면도로 쉽게 이동하거나 부분 평면도 사이에서 이동하는 데 사용되며 매치 라인 (Matchline)과 함께 사용됩니다.

> ◉ 매치 라인에 대한 자세한 설명은 297쪽을 참고하세요.

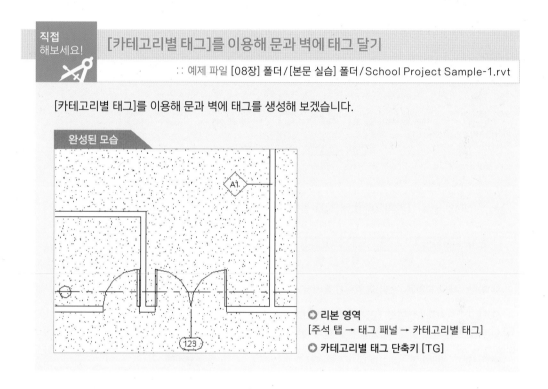

직접 해보세요! [카테고리별 태그]를 이용해 문과 벽에 태그 달기

:: 예제 파일 [08장] 폴더/[본문 실습] 폴더/School Project Sample-1.rvt

[카테고리별 태그]를 이용해 문과 벽에 태그를 생성해 보겠습니다.

완성된 모습

◉ 리본 영역
[주석 탭 → 태그 패널 → 카테고리별 태그]
◉ 카테고리별 태그 단축키 [TG]

1. 예제 파일을 열고 프로젝트 탐색기에서 [평면 → 01 - Entry Level - 부분 평면도 1]을 더블 클릭해 엽니다.

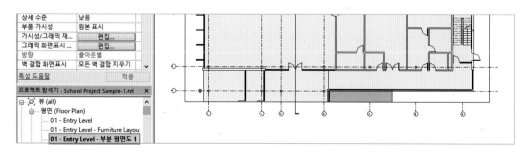

2. 리본 영역 선택하기

명령을 실행하기 위해 [주석 탭 → 태그 패널 → 카테고리별 태그]를 클릭합니다.

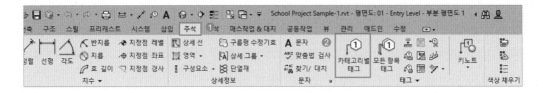

3. 아이콘을 선택하면 옵션 막대에 몇 가지 옵션이 나타납니다. 여기서는 아래 그림과 같이 [열린 끝]을 [부착된 끝]으로 수정합니다.

👏 **장선배의 노트** [카테고리별 태그]를 실행할 때 어떤 옵션이 있는지 궁금해요!

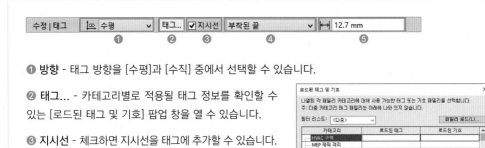

❶ **방향** - 태그 방향을 [수평]과 [수직] 중에서 선택할 수 있습니다.

❷ **태그...** - 카테고리별로 적용될 태그 정보를 확인할 수 있는 [로드된 태그 및 기호] 팝업 창을 열 수 있습니다.

❸ **지시선** - 체크하면 지시선을 태그에 추가할 수 있습니다.

❹ **부착된 끝 / 열린 끝** - 지시선을 요소에 연결하는 방법으로 [부착된 끝]은 요소에 연결하고 [열린 끝]은 사용자가 지시선의 끝점을 원하는 대로 조절할 수 있습니다.

❺ **치수 입력 칸** - 이곳에 입력하는 치수는 [부착된 끝]의
방법을 사용할 경우, 태그와 요소 사이의 거리 즉, 지시선 길이를 지정하는 데 사용됩니다. 물론 [열린 끝]의 경우, 사용자가 지시선의 끝점을 원하는 대로 조절하므로 해당 사항이 없습니다.

4. 도면 영역에서 태그를 생성할 문과 벽을 클릭합니다.

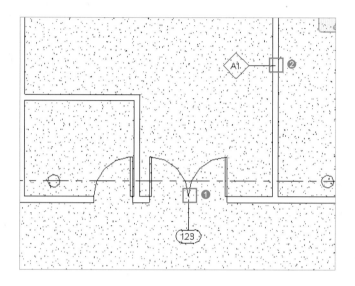

[모든 항목 태그]를 이용해 룸 태그를 생성해 보겠습니다.

완성된 모습

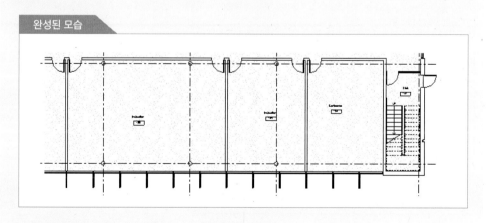

🔸 **리본 영역** [주석 탭 → 태그 패널 → 모든 항목 태그]

1. 예제 파일을 열고 프로젝트 탐색기에서 [평면 → 01 - Entry Level - 부분 평면도 2]를 더블 클릭해 엽니다.

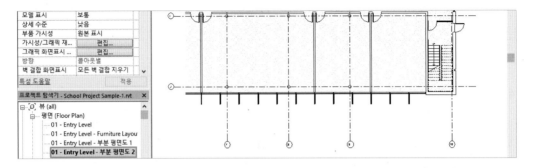

2. 리본 영역 선택하기

명령을 실행하기 위해 [주석 탭 → 태그 패널 → 모든 항목 태그] 아이콘을 클릭합니다.

3. 팝업 창에서 태그를 생성할 카테고리의 체크 박스를 클릭해 선택하고 [확인]을 누르면 됩니다. 여기서는 [룸 태그]를 선택하겠습니다.

▶ [확인]을 누르면 설정되면서 팝업 창이 닫히고 [적용]을 누르면 설정되지만 팝업 창은 여전히 열려 있습니다.

▶ 여러 카테고리를 한 번에 태그할 때는 Ctrl 을 누르고 여러 카테고리를 선택해 [확인]을 누르면 됩니다. 또한 여러 종류의 태그가 있는 경우, 원하는 태그 종류로 변경해 적용할 수도 있습니다.

4. 도면 영역에서 룸 태그가 생성된 것을 확인할 수 있습니다.

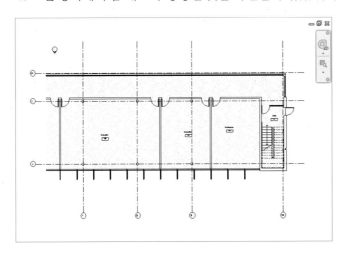

직접
해보세요!

매치 라인과 뷰 참조 기능 이용하기

:: 예제 파일 [08장] 폴더/[본문 실습] 폴더/School Project Sample-1.rvt

매치 라인은 전체 뷰에서 부분 뷰가 나뉘는 경계를 표현할 때 사용하며 레빗에서는 일반적으로 전체 뷰에서 부분 뷰를 의존적 복제 방법으로 생성하고 전체 뷰에 매치 라인을 배치합니다. 그럼 매치 라인을 생성하고 매치 라인을 기준으로 뷰 참조를 만들어 보겠습니다.

◑ 뷰의 의존적 복제 방법은 06장의 뷰 복제 방법을 참고하세요.

완성된 모습

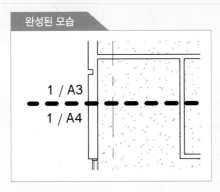

1 / A3

1 / A4

◑ 리본 영역
[뷰 탭 → 시트 구성 패널 → 매치 라인]

1. 예제 파일을 열고 프로젝트 탐색기에서 [평면 → 02- Floor]를 더블 클릭해 엽니다.

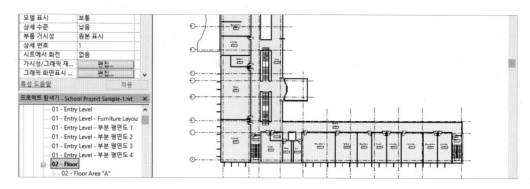

2. 리본 영역 선택하기

[매치 라인]을 배치하기 위해 [뷰 탭 →
시트 구성 패널 → 매치 라인] 아이콘을
선택합니다.

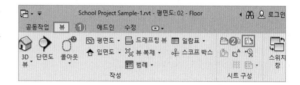

3. [그리기] 패널에서 [선]을 선택하고 매치 라인을 원하는 위치에 스케치한 후 [편집 모드 완
료] 버튼을 클릭합니다.

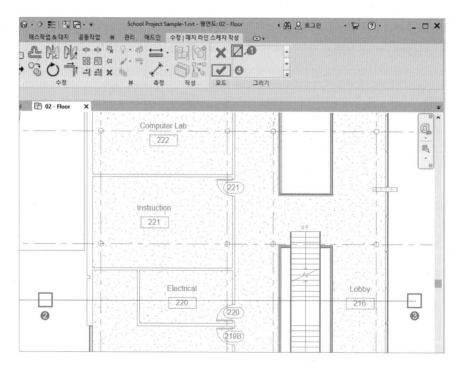

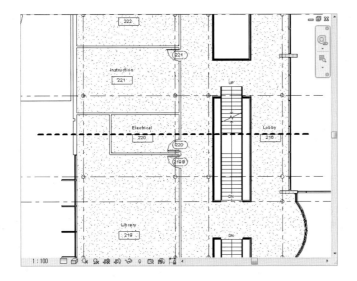

4. 이제 뷰 참조 태그를 생성하기 위해 [주석 탭 → 태그 패널 → 뷰 참조] 아이콘을 선택합니다.

▶ [뷰 참조] 아이콘은 [뷰 탭 → 시트 구성 패널 → 뷰 참조]에서 선택할 수도 있습니다.

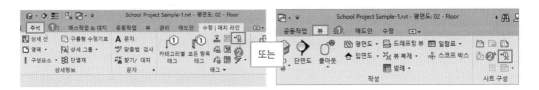

5. 아이콘을 선택하면 리본 영역의 오른쪽 끝에 [수정 | 뷰 참조] 탭이 나타나는데요. 여기서 [대상 뷰]로 [평면도: 02 - Floor Area "A"]를 선택한 후 도면 영역에서 원하는 곳을 클릭해 태그를 배치합니다.

▶ 프로젝트에 미리 로드해 둔 뷰 참조 패밀리가 있으므로 시트 번호와 상세 번호가 자동으로 나타납니다.

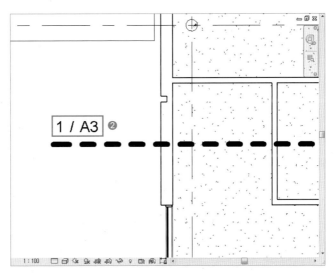

6. 다시 [주석 탭 → 태그 패널 → 뷰 참조] 아이콘을 선택합니다. [수정 | 뷰 참조] 탭에서 다시 [평면도: 02 – Floor Area "B"]를 선택하고 태그를 배치합니다.

◐ 프로젝트에 미리 로드해 둔 뷰 참조 패밀리가 있으므로 시트 번호와 상세 번호가 자동으로 나타납니다.

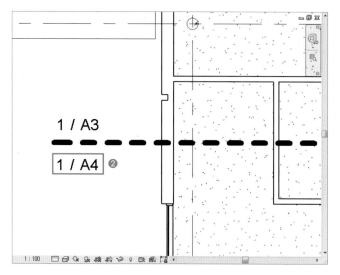

👋 **장선배의 노트** 매치 라인과 뷰 참조를 단순히 그려서 쓰면 안 되나요?

보통 매치 라인과 뷰 참조를 모르면 선(모델 선, 상세 선)과 문자를 이용해 뷰 참조를 나타내기도 합니다. 하지만 이것은 비효율적이며 나중에 여러 혼란이 생길 수도 있으므로 피하는 것이 좋습니다. 예를 들어 도면 번호나 이름이 바뀔 경우, 뷰 참조를 이용하면 자동으로 수정되지만 문자를 이용하면 일일이 확인하고 수정해야 하므로 정확성과 일관성을 유지하기 힘들고 비효율적입니다. 또한 뷰 참조는 더블 클릭하면 해당 뷰로 이동할 수 있지만 문자를 사용하면 불가능하므로 여러 가지로 불편합니다.

빌라 사보아 평면도에 주석 추가하기

:: 미션 파일 [08장] 폴더/[미션] 폴더/도전 미션-7_시작.rvt

과제 1층 평면도에 주석 요소를 추가해 보세요!

1층 평면도에 치수와 문 태그를 생성하고 문자를 기입해 보세요.

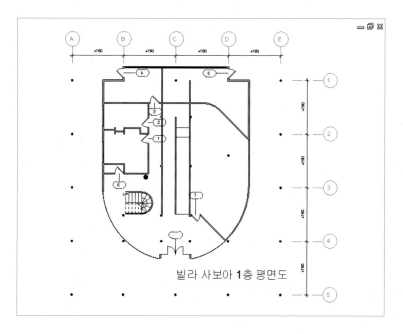

빌라 사보아 1층 평면도

힌트

① 예제 파일 [도전 미션-7_시작.rvt]을 열고 프로젝트 탐색기에서 [평면도 → Level 1]이 열려 있는지 확인합니다.

② [주석 탭 → 치수 패널 → 정렬]을 선택해 그리드에 치수를 추가하고 [주석 탭 → 태그 패널 → 카테고리별 태그]를 선택해 문 태그를 생성합니다.

③ [주석 탭 → 문자 패널 → 문자]를 선택해 [빌라 사보아 1층 평면도]라고 기입합니다.

:: 정답 파일 [08장] 폴더/[미션] 폴더/도전 미션-7_완성.rvt

룸과 면적

룸과 면적은 캐드에는 없던 기능이어서 처음에는 다소 생소할 수 있습니다. 단순히 특정 공간에 대한 넓이 정보뿐만 아니라 다양한 정보를 포함한 룸과 면적은 레빗에서 매우 유용한 기능 중 하나입니다. 룸과 면적은 비슷해 보여 혼동되기 쉬운데요. 둘 다 특정 공간이나 영역에 대한 정보를 담고 있지만 용도와 특성이 다르므로 잘 이해하고 사용해야 합니다. 이 장에서는 룸과 면적의 특성에 대해 알아보고 생성하는 방법을 살펴보겠습니다.

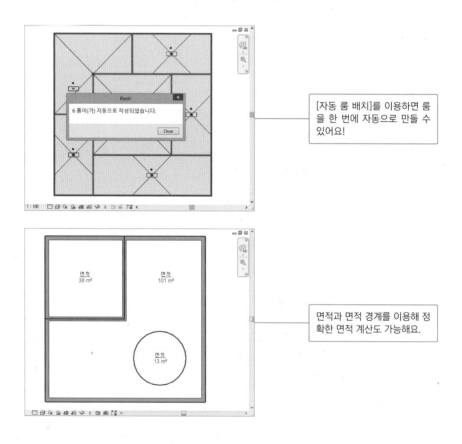

[자동 룸 배치]를 이용하면 룸을 한 번에 자동으로 만들 수 있어요!

면적과 면적 경계를 이용해 정확한 면적 계산도 가능해요.

09-1 룸 - 일정한 규칙으로 공간 정보 나타내기   09-2 면적 - 자유롭게 공간 정보 나타내기

도면으로 만들기 | 도면 생성하기 | 그래픽 조정하기 | 주석 달기 | 시트에 넣기

09-1 룸 - 일정한 규칙으로 공간 정보 나타내기

[룸 및 면적] 패널 알아보기

[룸]과 [면적]은 [건축] 탭의 [룸 및 면적] 패널에 있습니다. [룸 및 면적] 패널에는 [룸]과 [면적]을 생성하고 태그를 다는 것을 도와주는 기능들이 있으며 색상표나 면적 계획, 룸의 경계 지정 규칙 등을 정할 수도 있습니다.

❶ **룸** - 벽이나 기둥과 같은 요소에 의해 구분되는 특정 테두리 내에 룸을 생성할 때 이용합니다.

❷ **룸 구분 기호** - 테두리가 완전히 구분되지 않는 거실과 같은 공간에 경계를 만들거나 넓은 공간을 벽을 이용하지 않고 여러 공간으로 나눌 때 사용합니다. [룸 구분 기호]는 벽이나 기둥처럼 룸에 의해 경계로 인식될 수 있는 3D 요소 지만 각 요소의 개수나 정보 등을 요약해 보여주는 일람표에는 나타나지 않으므로 룸의 영역을 지정할 때 자주 이용합니다.

❸ **룸 태그** - 프로젝트에 생성된 룸에 [룸 태그]를 부착해 룸 정보를 표현합니다.

❹ **면적** - [룸]과 비슷한 역할을 하지만 좀 더 정확한 면적을 계산할 때 주로 사용하며 일반 평면도에서는 사용할 수 없고 면적 평면도에서만 사용할 수 있습니다. 또한 벽이나 기둥과 같은 요소를 이용해 경계를 지정하지 않고 면적 경계로 테두리가 정의됩니다.

❺ **면적 경계** - [면적]의 테두리 역할을 하는 요소로 면적을 생성하려면 먼저 [면적 경계]를 이용해 영역을 설정해야 합니다.

❻ **면적 태그** - 프로젝트에 생성된 [면적] 정보를 [면적 태그]를 통해 표현합니다.

❼ **색상표** - [룸]이나 [면적] 등의 정보를 이용해 뷰에서 각 [룸]이나 [면적]에 색을 표현합니다.

❽ **면적 및 체적 계산** - 면적이나 체적을 계산하는 규칙을 설정하거나 면적 계획을 생성, 수정, 삭제할 수 있습니다.

룸이란?

레빗에서 룸은 단순히 룸의 이름만 의미하는 것이 아니라 특정한 테두리 내의 공간에 대한 통합적인 정보를 담은 입체적 요소입니다. '입체적 요소'라는 이유는 룸이 높이를 가지며 평면과 단면 등에서 볼 수 있기 때문입니다. 단, 3D 뷰에서는 볼 수 없습니다.

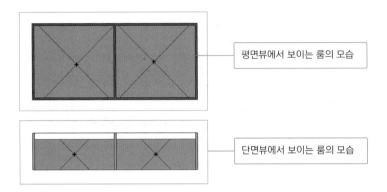

평면뷰에서 보이는 룸의 모습

단면뷰에서 보이는 룸의 모습

룸은 이름이나 면적, 부피 등 수치뿐만 아니라 마감이나 점유(Occupancy) 등 공간 정보도 포함합니다. 따라서 레빗에서 룸은 단순히 해당 공간에 이름을 넣는 데 필요한 것이 아니라 프로젝트 전반에 유용하게 사용됩니다.

룸에 대해 흔히 오해하기 쉬운 것은 치수나 문자처럼 특정 뷰에서만

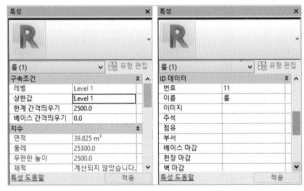

특성 창에서 볼 수 있는 다양한 룸 정보

볼 수 있는 2D 요소라고 생각하는 것인데요. 룸은 모델 요소처럼 모든 뷰에서 볼 수 있는 3D 요소입니다. 다시 말해 룸을 생성하고 정보를 적절히 설정해 두면 다른 뷰에서는 태그만 생성하면 자동으로 원하는 정보가 표시됩니다. 그럼 이제 룸을 생성하는 방법을 살펴보겠습니다.

👋 장선배의 노트　룸 이름을 그냥 문자로 넣으면 안 되나요?

'복잡하게 룸을 사용하지 말고 단순히 문자를 이용해 룸의 이름만 적어도 되지 않나' 라고 생각하는 사람도 있습니다. 물론 룸을 생성하지 않고 문자를 기입해도 상관없지만 그럴 경우, 다른 뷰에서 문자로 기입된 룸 이름을 확인할 수 없고 각 뷰마다 일일이 다시 룸 이름을 확인해 기입해야 하므로 번거롭고 비효율적입니다.

그에 반해 룸을 생성해 놓으면 다른 뷰에서도 동일한 룸 정보를 확인할 수 있고 태그만 넣으면 룸 이름이나 정보를 쉽게 표시할 수 있어 훨씬 편리하고 효율적입니다. 또한 룸을 생성하면 필요할 때 일람표를 이용해 룸 정보를 정리해 보여줄 수 있지만 단순히 룸 이름만 문자로 넣는다면 일람표로 룸 정보를 한눈에 확인할 수 없습니다. 따라서 룸 이름을 기입할 때 단순히 문자로 넣는 것이 아니라 룸을 먼저 생성하고 룸 태그를 넣는 것이 일반적입니다.

룸을 생성하는 방법

∷ 예제 파일 [09장] 폴더/[본문 실습] 폴더/Room-1.rvt

프로젝트에 생성한 벽과 [룸 구분 기호]를 이용해 [룸]을 생성해 보겠습니다.

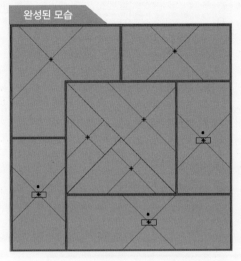

완성된 모습

◉ 리본 영역

[건축 탭 → 룸 및 면적 패널 → 룸 구분 기호]

[수정 | 배치 실구분 탭 → 그리기 패널]

룸 구분 기호 생성 후

[건축 탭 → 룸 및 면적 패널 → 룸]

◉ 룸 단축키 [RM]

1. 예제 파일을 열고 프로젝트 탐색기에서 [평면 → Level 1]이 열려 있는지 확인합니다.

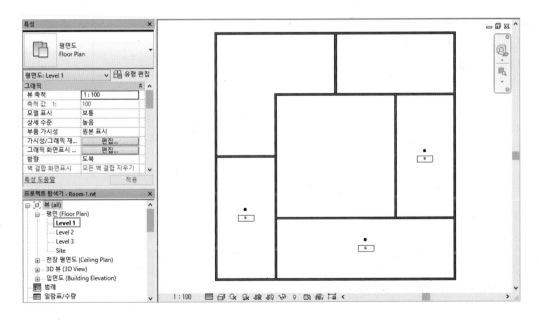

2. 리본 영역 선택하기

[룸 구분 기호]를 이용해 공간을 나누기 위해 [건축 탭 → 룸 및 면적 패널 → 룸 구분 기호]를 선택합니다.

3. [수정 | 배치 실구분 탭 → 그리기 패널 → 선]을 선택하고 도면 영역에서 시작점과 끝점을 클릭해 [룸 구분 기호]를 생성합니다. 리본 영역에서 [수정] 아이콘을 클릭하거나 Esc를 눌러 명령을 종료합니다.

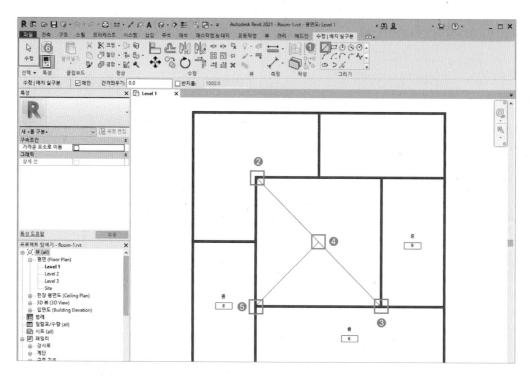

4. 이제 룸을 배치하기 위해 [건축 탭 → 룸 및 면적 패널 → 룸]을 선택합니다.

5. [룸]을 클릭하고 도면 영역으로 이동하면 이미 룸이 배치되어 있는 공간은 하늘색으로 나타나고 룸이 없는 공간은 흰색으로 보입니다.

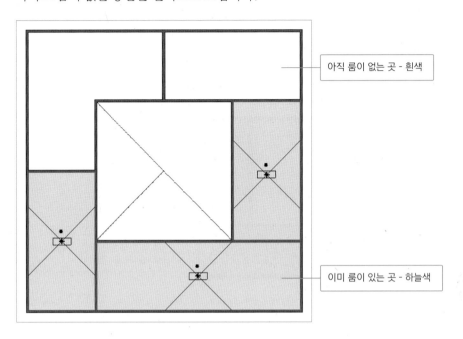

아직 룸이 없는 곳 - 흰색

이미 룸이 있는 곳 - 하늘색

👋 **장선배의 노트**   **[룸]을 생성할 때 옵션 막대에는 어떤 옵션들이 있나요?**

[룸]을 생성할 때 옵션 막대에서 다섯 가지 설정을 선택할 수 있습니다.

❶ **상한값** - 룸의 높이를 설정하는 상단 레벨을 정하는 옵션입니다. 예제에서는 룸을 배치하는 하단과 상단 레벨이 모두 [Level 1]이지만 [간격띄우기]를 [4000]으로 설정했기 때문에 룸의 높이가 Level 1로부터 4,000인 룸이 생성됩니다.

❷ **간격띄우기** - 룸의 상단 레벨로부터 간격을 조절할 때 사용합니다.

❸ **수평** - 수평, 수직, 모델 세 가지 옵션이 있으며 룸 태그 방향을 결정하는 역할을 합니다.

❹ **지시선** - 룸 태그에 지시선을 포함할지 여부를 결정합니다.

❺ **룸** - 룸을 새로 생성할지 사용했다가 삭제했던 기존 룸 중에서 선택해 다시 생성할지 결정하는 옵션입니다. [새로 만들기]로 되어 있으면 새로운 룸이 생성되고 기존 룸을 재활용하고 싶으면 [드롭다운 화살표]를 클릭해 원하는 룸을 선택하면 됩니다.

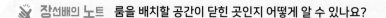

이미 룸이 있는 공간은 하늘색으로 채워져 표시되며 경계가 설정된 곳으로 이동하면 해당 테두리가 하늘색으로 나타나며 경계가 불분명한 곳으로 이동하면 룸 태그 주변으로 하늘색 박스가 나타납니다.

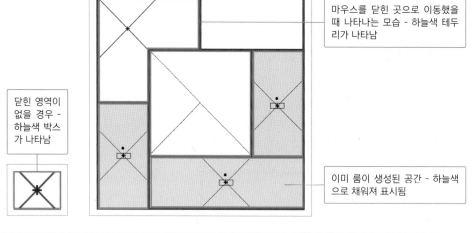

마우스를 닫힌 곳으로 이동했을 때 나타나는 모습 - 하늘색 테두리가 나타남

닫힌 영역이 없을 경우 - 하늘색 박스가 나타남

이미 룸이 생성된 공간 - 하늘색으로 채워져 표시됨

6. 이제 도면 영역에서 룸을 배치할 공간을 차례로 선택합니다. 원하는 공간에 룸을 배치한 후 리본 영역에서 [수정] 아이콘을 클릭하거나 Esc 를 누르면 명령을 종료할 수 있습니다.

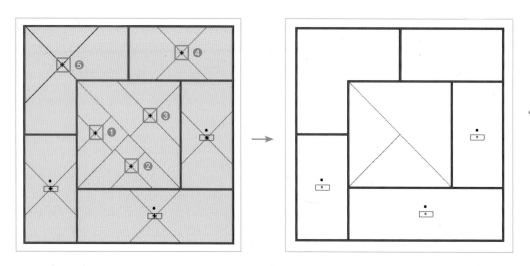

✌ 장선배의 노트 [태그 삽입] 기능은 어떤 상황에서 사용하나요?

[룸]을 클릭하면 [수정 | 배치 룸] 탭에 [태그 삽입]이라는 아이콘이 생깁니다. 도면 영역에서 룸을 배치하기 전 [태그 삽입]을 클릭하고 룸을 배치하면 [룸]과 더불어 [룸 태그]까지 함께 생성됩니다.

	[태그 삽입]을 선택하지 않은 경우	[태그 삽입]을 선택한 경우
마우스를 도면 영역으로 옮겼을 때의 모습		
룸을 생성한 후 모습		

✌ 장선배의 노트 룸을 만들었는데 화면에서 안 보여요!

만약 룸 태그를 생성하지 않았다면 도면 영역에서 아무것도 안 보이지만 마우스를 룸 위치로 옮기면 룸이 강조되면서 생성된 것을 확인할 수 있습니다.

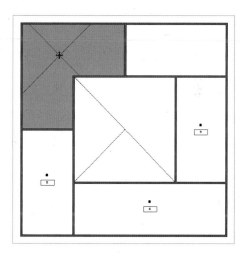

룸을 프로젝트에서 완전히 삭제하기

룸에는 다른 요소들과 다른 독특한 점이 있습니다. 다른 대부분의 요소는 화면상에서 삭제하면 프로젝트에서 완전히 지워지지만 룸은 삭제하더라도 완전히 지워지지 않으며, 보이지만 않을 뿐 프로젝트 내에 여전히 해당 룸 정보가 존재한다는 점입니다. 이런 특성 때문에 공동작업 프로젝트에서 룸을 생성하고 삭제하는 과정을 반복하다 보면 심각한 경우, 프로젝트 내에 수백 개 이상의 사용하지 않는 룸 정보가 있을 수도 있습니다. 따라서 프로젝트 내에서 룸을 완전히 삭제하는 방법을 숙지하고 더 이상 필요없는 룸은 완전히 삭제해야 합니다.

직접 해보세요!

룸을 프로젝트에서 완전히 삭제하기

:: 예제 파일 [09장] 폴더/[본문 실습] 폴더/Room-1.rvt

룸을 프로젝트 내에서 완전히 삭제하는 방법은 [룸 일람표(Room Schedule)]을 생성하고 일람표 내에서 지우는 것입니다. 프로젝트에서 사용하지 않는 룸을 [룸 일람표]를 이용해 삭제해 보겠습니다.

완성된 모습

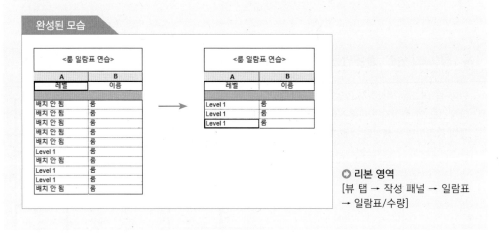

◎ **리본 영역**
[뷰 탭 → 작성 패널 → 일람표
→ 일람표/수량]

1. 예제 파일을 열고 프로젝트 탐색기에서 [평면 → Level 1]이 열려 있는지 확인합니다.

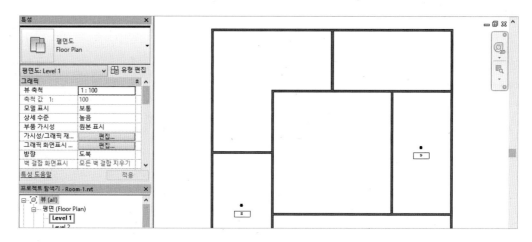

2. 리본 영역 선택하기

룸 일람표를 생성하기 위해 [뷰 탭 → 작성 패널 → 일람표]를 클릭해 [일람표/수량]을 선택하거나 프로젝트 탐색기에서 [일람표/수량]을 마우스 오른쪽 버튼으로 클릭해 [새 일람표/수량]을 선택합니다.

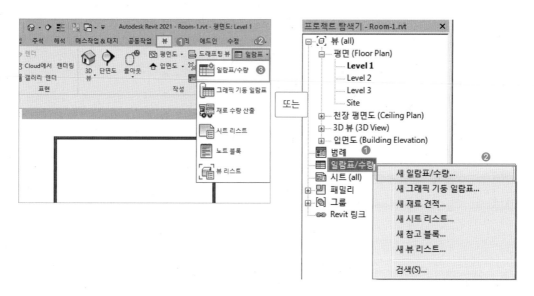

3. [새 일람표] 팝업 창의 왼쪽 [카테고리] 부분에서 [룸]을 선택하고 오른쪽 [이름]에 [룸 일람표 연습]이라고 입력한 후 [확인]을 누릅니다.

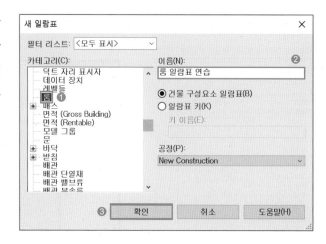

4. 다음에 뜨는 [일람표 특성] 팝업 창에서 [일람표]에 포함하고 싶은 [사용 가능한 필드]를 선택해 [매개변수 추가] 버튼을 누르면 일람표 필드에 포함됩니다. 여기서는 룸을 삭제하는 것이 목적이므로 [레벨]과 [이름]만 추가합니다.

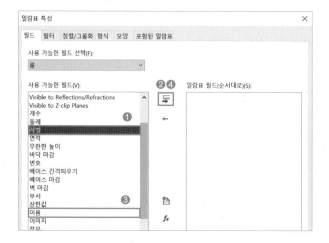

5. [레벨]과 [이름]을 추가한 후 [확인]을 누르면 일람표가 생성됩니다.

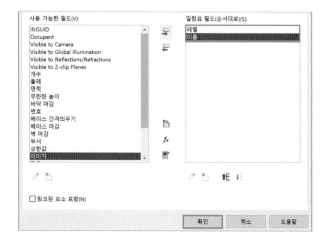

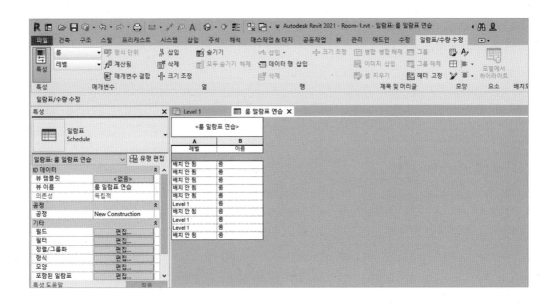

6. 프로젝트에서 다시 사용하지 않지만 아직 남아 있는 룸을 찾기 위해 특성 창에서 [정렬/그룹화] 옆의 [편집...] 버튼을 누릅니다.

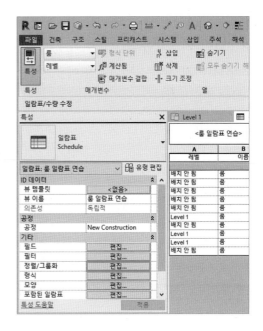

7. [일람표 특성] 팝업 창에서 [정렬 기준]을 [레벨]로 선택하고 [확인]을 누릅니다. 그럼 일람표가 레벨 기준으로 정리됩니다.

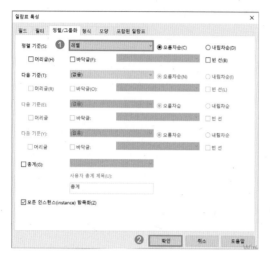
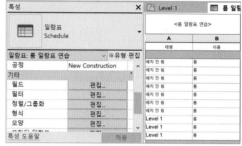

8. [레벨]이 [배치 안 됨]으로 되어 있는 룸은 화면상에서 지워졌지만 프로젝트에 존재하는 요소입니다. 지우려는 룸의 [레벨]이나 [이름]을 한 번 클릭한 후 리본 영역의 [행] 패널에서 [삭제] 버튼을 누릅니다.

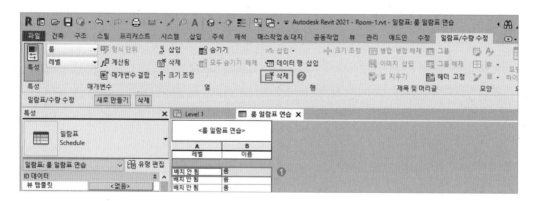

---

9. 선택한 룸과 연관된 룸 태그를 삭제하겠냐는 팝업 창에서 [확인]을 누르면 선택한 룸이 프로젝트에서 완전히 삭제됩니다.

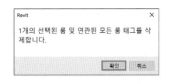

지웠던 룸을 프로젝트에서 재활용하기

레빗에서 룸은 각 뷰에서 삭제해도 [룸 일람표]를 이용해 지우지 않는 한, 프로젝트 내에 존재하므로 기존 룸 정보를 다시 사용할 수 있습니다. 예를 들어 'A'라는 룸을 생성하고 [마감]이나 [점유], [부서] 등의 정보를 입력한 후 나중에 삭제해도 프로젝트 내에 정보가 저장되어 있으므로 그 정보 그대로 다시 룸을 생성할 수 있습니다.

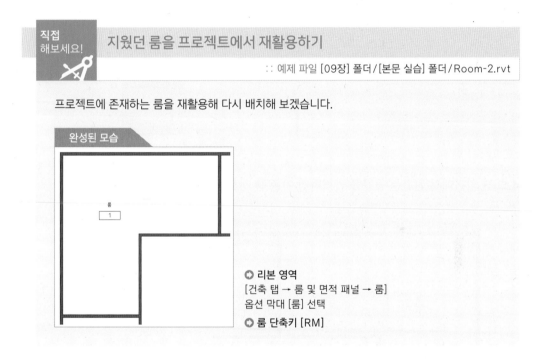

직접 해보세요! 지웠던 룸을 프로젝트에서 재활용하기

:: 예제 파일 [09장] 폴더/[본문 실습] 폴더/Room-2.rvt

프로젝트에 존재하는 룸을 재활용해 다시 배치해 보겠습니다.

완성된 모습

⊙ 리본 영역
[건축 탭 → 룸 및 면적 패널 → 룸]
옵션 막대 [룸] 선택

⊙ 룸 단축키 [RM]

1. 예제 파일을 열고 프로젝트 탐색기에서 [평면 → Level 1]이 열려 있는지 확인합니다.

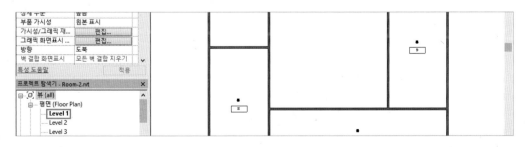

2. 리본 영역 선택하기

지웠던 룸을 다시 배치하기 위해 [건축 탭 → 룸 및 면적 패널 → 룸]을 클릭합니다.

3. 아이콘을 선택한 후 옵션 막대의 [룸] 부분을 클릭해 원하는 룸 정보를 선택합니다. 여기서는 [1 룸]을 선택하겠습니다.

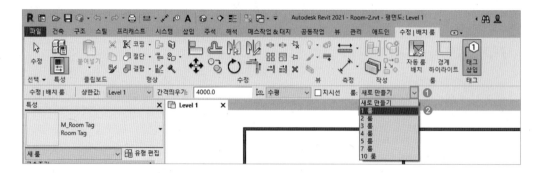

4. 도면 영역에서 원하는 공간을 클릭하면 기존 룸 정보가 다시 그대로 생성됩니다.

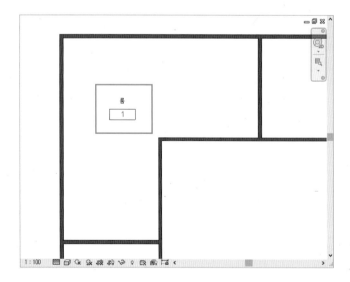

[자동 룸 배치]로 한 번에 룸 생성하기

[자동 룸 배치] 기능은 레빗 2016 버전부터 새로 추가된 기능으로 룸을 일일이 생성할 필요 없이 벽을 비롯한 경계로 생성된 영역에 룸을 일괄적으로 배치하는 기능입니다. 레빗 2015 버전까지는 10개의 룸을 생성하기 위해 도면 영역에서 10개 영역을 일일이 선택해야 했지만 이 기능을 이용하면 룸을 모든 닫힌 공간에 한 번에 생성할 수 있습니다.

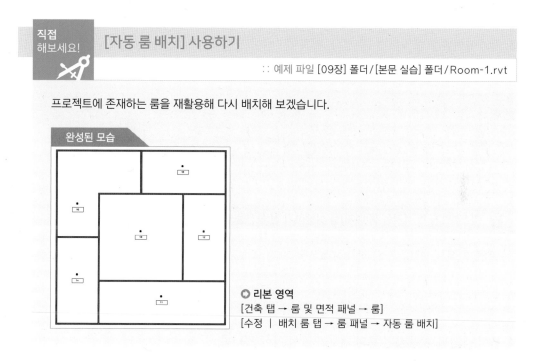

> **직접 해보세요!** **[자동 룸 배치] 사용하기**
>
> :: 예제 파일 [09장] 폴더/[본문 실습] 폴더/Room-1.rvt

프로젝트에 존재하는 룸을 재활용해 다시 배치해 보겠습니다.

완성된 모습

◑ **리본 영역**
[건축 탭 → 룸 및 면적 패널 → 룸]
[수정 | 배치 룸 탭 → 룸 패널 → 자동 룸 배치]

1. 예제 파일을 열고 프로젝트 탐색기에서 [평면 → Level 2]를 더블 클릭해 엽니다.

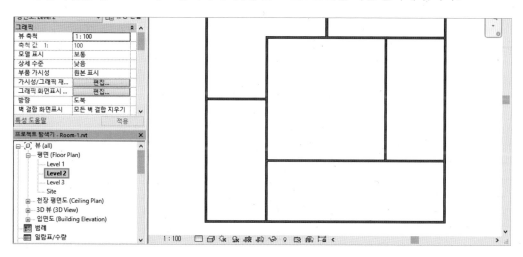

2. 리본 영역 선택하기

[건축 탭 → 룸 및 면적 패널 → 룸]을 클릭합니다.

3. [룸] 아이콘을 클릭하면 [수정 | 배치 룸] 탭이 생성되는데요. 여기서 [자동 룸 배치]를 선택하면 해당 뷰의 모든 공간에 룸이 자동으로 생성됩니다.

> ✋ **장선배의 노트** [자동 룸 배치]를 실행하기 전 옵션을 변경하고 싶어요!
>
> [자동 룸 배치] 아이콘을 선택하기 전 옵션 막대에서 룸 설정을 변경하면 룸이 배치될 때 그대로 적용됩니다.

4. 룸이 생성된 후 생성된 룸의 개수가 팝업 창에 뜹니다.

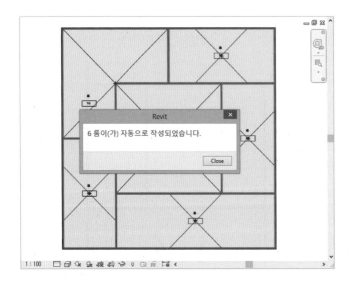

09-2 면적 – 자유롭게 공간 정보 나타내기

일반적으로 면적은 '넓이'와 같은 의미로 사용되지만 레빗에서 면적은 단순히 넓이만 의미하는 것이 아니라 특정 공간에 대한 넓이와 둘레, 이름 등의 다양한 정보를 포함한 2차원적 요소입니다. 따라서 면적과 면적 평면도를 잘 이용하면 각 공간의 넓이와 둘레 같은 정보를 정확히 계산할 수 있고 2차원적으로도 효율적으로 표현할 수 있습니다.

룸과 비교해 면적의 장점 살펴보기

앞에서 언급한 룸도 넓이 정보를 제공하므로 굳이 면적 기능이 필요한지 의문을 가질 수도 있습니다. 하지만 룸과 면적은 용도상 차이가 있습니다. 바로 면적은 각자 원하는 대로 면적 경계를 설정할 수 있으므로 좀 더 정확한 넓이 정보나 그래픽을 생성할 수 있다는 것입니다. 그럼 룸과 비교해 면적은 어떤 특징이 있으며 어떻게 사용하는지 좀 더 자세히 살펴보겠습니다.

	룸	면적
치수	면적, 둘레, 체적(3차원적 요소)	면적, 둘레(2차원적 요소)
적용 가능한 뷰	3D 뷰와 드래프팅 뷰를 제외한 모든 뷰	면적 평면도에서만 사용 가능
면적 산출 기준	변경 불가능(일괄적으로 적용)	변경 가능

사용자 편의대로 면적 산출 가능

룸은 설정에 따라 경계 마감면, 중심선, 코어 레이어, 코어 중심선 등으로 영역을 설정하는 것이 가능하지만 일괄적으로 모든 뷰에 적용되므로 룸에 따라 영역을 따로 설정하지 못합니다. 따라서 특정 영역이나 뷰에 대해 사용자가 원하는 다른 기준으로 면적을 생성할 수 없고 설정된 면적 산출 기준을 일괄적으로 적용하므로 정확한 넓이 정보를 생성할 수 없습니다. 즉, 건축 면적을 산출할 때 건물 외벽은 보통 마감면 외부를 기준으로 하고 실내 공간 면적을 나눌 때는 벽의 중심선을 기준으로 합니다. 그런데 면적을 룸으로 산출하면 마감면 외부나 중심선 중 한 가지 규칙만 적용할 수 있으므로 정확한 면적을 산출할 수 없습니다. 반면, 면적은 룸처럼 벽과 같은 주변 경계를 자동으로 읽어 영역을 설정하는 것이 아니라 면적 경계로 공간을 구분합니다. 따라서 사용자가 원하는 대로 면적 경계를 사용해 면적을 생성하며 정확한 넓이 정보를 산출할 수 있습니다.

자유롭게 도면 표현 가능

면적 산출 외에도 면적 경계를 이용해 다이어그램이나 프레젠테이션용 도면 등을 생성하는 데도 면적을 많이 씁니다. 룸을 이용해도 색상표 기능을 적용해 평면도나 단면도 등을 재생성할 수 있지만 룸 정보에 따라 표현되므로 면적 평면도보다 여러 가지로 제한적일 수밖에 없습니다. 반면, 면적은 원하는 영역을 면적 경계를 이용해 자유롭게 설정할 수 있으므로 훨씬 다양하게 사용할 수 있습니다.

직접 해보세요!　　**[면적 경계] 생성하기**

:: 예제 파일 [09장] 폴더/[본문 실습] 폴더/Area-1.rvt

면적을 배치하기 위해 먼저 프로젝트에 [면적 경계]를 생성해 보겠습니다.

완성된 모습

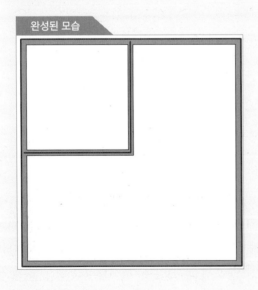

◉ 리본 영역
[건축 탭 → 룸 및 면적 패널 → 면적 경계]

1. 예제 파일을 열고 프로젝트 탐색기에서 [면적 평면도 → Level 1]을 더블 클릭해 엽니다.

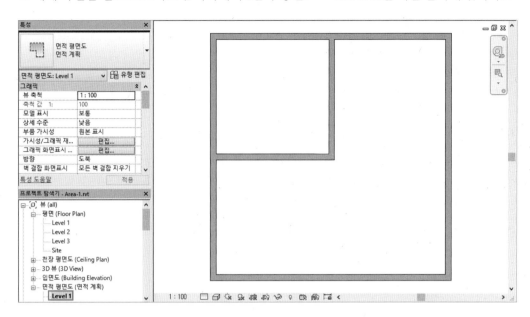

> ▶ [면적 경계]를 생성하려면 먼저 [면적 평면도]를 생성해야 합니다. [면적 평면도]를 만드는 방법은 189쪽을 참고하세요.

2. 리본 영역 선택하기

[건축 탭 → 룸 및 면적 패널 → 면적 경계]를 클릭합니다.

3. 옵션 막대에서 [면적 규칙 적용]을 체크 해제하고 [그리기 패널 → 선 선택]을 클릭합니다.

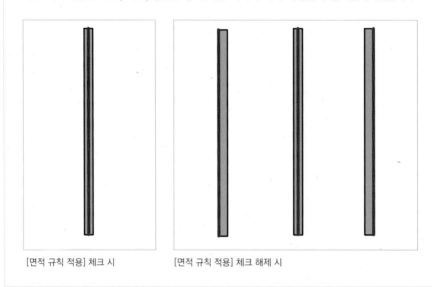
4. 벽의 마감면 외부와 내부에 면적 경계를 생성합니다. 경계를 모두 선택했다면 리본 영역의 [수정]을 클릭하거나 Esc 를 눌러 경계 생성을 마칩니다. 면적 경계 생성을 마쳤습니다. 이제 이 경계를 토대로 면적을 만들어 보겠습니다.

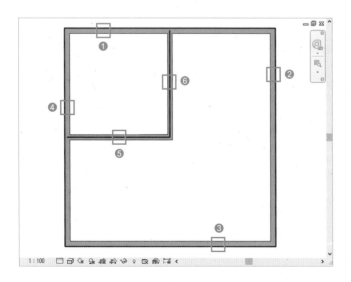

직접 해보세요!   면적 생성하기

:: 예제 파일 [09장] 폴더 / [본문 실습] 폴더 / Area-1.rvt

면적 경계가 생성된 면적 평면도에 [면적]을 생성해 보겠습니다.

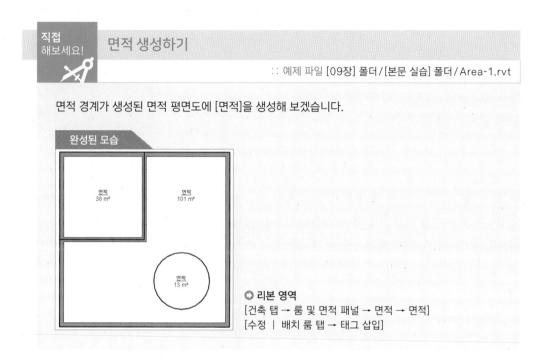

❍ 리본 영역
[건축 탭 → 룸 및 면적 패널 → 면적 → 면적]
[수정 | 배치 룸 탭 → 태그 삽입]

1. 예제 파일을 열고 프로젝트 탐색기에서 [면적 평면도 → Level 2]를 더블 클릭해 엽니다.

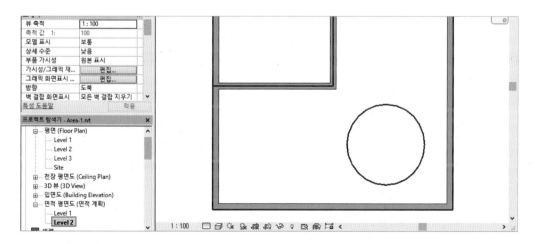

2. 리본 영역 선택하기

[건축 탭 → 룸 및 면적 패널 → 면적]을 클릭해 [면적]을 클릭합니다.

3. 면적과 함께 [면적 태그]를 생성하기 위해 [수정 | 배치 면적 탭 → 태그 삽입]을 클릭해 활성화합니다.

▶ 옵션 막대의 내용은 [룸]과 같습니다.

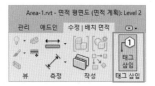

4. 면적 평면도에서 면적 경계에 의해 구분된 공간으로 마우스를 이동하면 룸과 마찬가지로 경계가 강조되면서 면적 태그가 나타납니다.

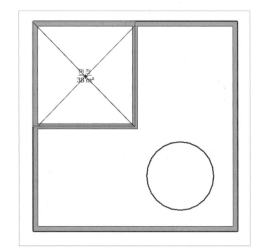

5. [면적]과 [태그]를 생성할 지점을 클릭하면 [면적]이 생성됩니다. Esc 나 리본 영역의 [수정]을 클릭하면 면적 생성이 완료됩니다.

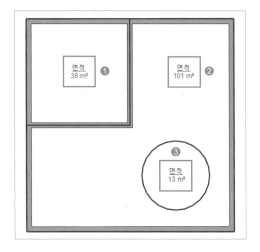

장선배의 노트   면적 합계를 쉽게 확인할 방법은 없나요?

면적 합계를 확인하려면 먼저 영역 일람표(면적 일람표)를 생성해야 합니다. 룸을 프로젝트에서 영구적으로 삭제하기 위해 룸 일람표를 생성한 것처럼 [뷰 탭 → 작성 패널 → 일람표 → 일람표/수량]을 눌러 [면적]을 선택해 영역 일람표를 생성합니다.

일람표를 생성한 후 [일람표 특성] 팝업 창의 [정렬/그룹화] 탭 옆의 [편집...]을 클릭해 [총계]를 체크합니다.

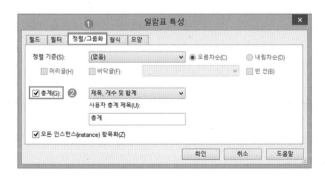

[형식] 탭에서 [면적]을 선택하고 오른쪽 아랫부분에 있는 [표준]을 [총합 계산]으로 바꾸고 [확인]을 누르면 일람표에서 면적 합계를 확인할 수 있습니다.

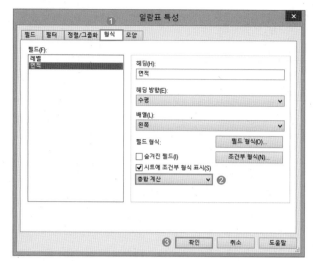

<영역 일람표 (면적 계획)>

A	B
레벨	면적
Level 2	38 m²
Level 2	101 m²
Level 2	13 m²
총계: 3	151 m²

일람표에 대한 자세한 내용은 초보자가 이해하기 쉽지 않아 이 책에서는 다루지 않습니다.

빌라 사보아 평면도에 룸 추가하기

:: 미션 파일 [09장] 폴더 / [미션] 폴더 / 도전 미션-8_시작.rvt

과제 1층 평면도에 룸을 추가해 보세요!

1층 평면도에 룸을 추가해 보세요.

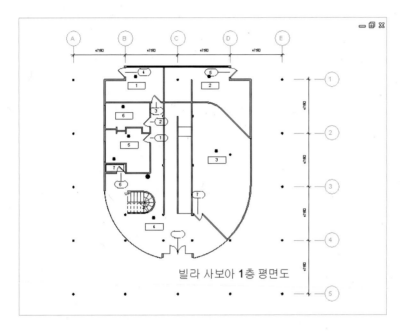

빌라 사보아 **1층 평면도**

힌트

① 예제 파일 [도전 미션-8_시작.rvt]을 열고 프로젝트 탐색기에서 [평면도 → Level 1]이 열려 있는지 확인합니다.

② [건축 탭 → 룸 및 면적 패널 → 룸]을 선택해 1층 평면도에 룸을 추가합니다.

:: 정답 파일 [09장] 폴더 / [미션] 폴더 / 도전 미션-8_완성.rvt

10 공동작업

건물을 만드는 것은 여러 사람이 협업해야 가능한 일입니다. 설계, 전기, 설비, 구조 등 참여 분야도 다양하죠. 이 많은 사람들이 하나의 파일로 함께 작업한다고 상상해 보세요. 누군가 파일을 열고 있다면 그가 파일을 닫을 때까지 모두 기다려야 하니 시간이 매우 오래 걸릴 것입니다. 또한 서로 다른 파일로 작업하고 합치려면 공유되지 않은 부분이 생겨 다시 의견을 조율해야겠죠. 이런 상황을 방지하고 효율적으로 일하기 위해 '공동작업'이 필요합니다. 이 장에서는 공동작업의 흐름과 주의점에 대해 살펴보겠습니다.

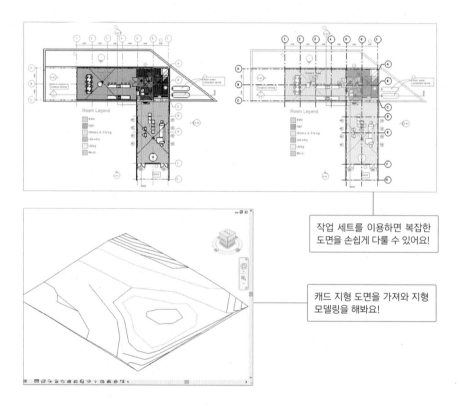

작업 세트를 이용하면 복잡한 도면을 손쉽게 다룰 수 있어요!

캐드 지형 도면을 가져와 지형 모델링을 해봐요!

10-1 공동작업, 모두를 위한 기본기

학교에서 레빗을 사용하면 캐드와 마찬가지로 파일을 혼자 사용하므로 공동작업으로 설정된 레빗 파일을 사용해 볼 기회가 없습니다. 따라서 학교를 졸업하고 실무에서 레빗을 사용하기 시작하면 가장 많이 혼동되는 부분이 바로 공동작업입니다. 먼저 공동작업으로 설정된 파일의 개념과 특징을 알아봅시다.

공동작업이란?

캐드와 달리 레빗은 공동작업이 가능합니다. 캐드의 경우, 한 명이 특정 파일을 열면 다른 사람들은 해당 파일을 열어 수정하거나 저장할 수 없습니다. 따라서 똑같은 파일에 두 명 이상이 동시에 작업할 수 없습니다. 그러나 레빗은 공동작업이 가능하도록 프로젝트 파일을 설정하면 여러 사람이 동시에 파일을 열어 작업하고 저장할 수 있습니다.

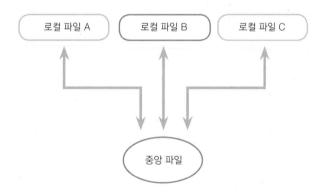

좀 더 엄밀히 말하면 하나의 같은 파일을 동시에 여는 것이 아니라 하나의 [중앙 파일]에 연결된 각 [로컬 파일 A, B, C…]에서 작업하고 작업 내용을 각자의 [로컬 파일 A, B, C…]에서 [중앙 파일]로 보내 저장하는 방식입니다. 각 사용자가 작업하는 [로컬 파일]은 [중앙 파일]에서 복사된 것으로 각자의 저장 공간에 저장되며 중앙 파일과 네트워크로 연결되어 있습니다. 쉽게 말해 중앙 파일은 모든 구성원의 프로젝트 작업 내용을 취합해 저장하는 역할을 하며 로컬 파일은 각자 작업하고 중앙 파일과 정보를 주고받는 역할을 합니다.

공동작업에서 주의할 것

로컬 파일에서 동기화해야만 중앙 파일에 저장됩니다

공동작업할 때 많은 사람이 오해하기 쉬운 것은 [중앙 파일]과 [로컬 파일]이 네트워크로 연결되어 있으므로 작업 내용이 실시간으로 업데이트된다고 생각하는 것입니다. [로컬 파일]과 [중앙 파일]이 네트워크로 연결되어 있기는 하지만 자동으로 [중앙 파일]로 업데이트되지는 않습니다. 작업 정보가 실시간으로 업데이트되면 편리할 수도 있지만 작업 속도가 느려지고 작업 효율에도 문제가 생길 수 있기 때문입니다.

만약 [로컬 파일]에서 수정한 내용을 공유하고 싶다면 각 [로컬 파일]에서 동기화해야만 업데이트된 정보가 [중앙 파일]에 저장됩니다. 또한 다른 구성원들이 [중앙 파일]에 저장한 정보도 동기화해야만 [로컬 파일]로 불러올 수 있습니다.

권한 정보는 실시간으로 저장됩니다

전체 파일은 실시간으로 업데이트되지 않지만 각 요소에 대한 권한 정보는 실시간으로 저장됩니다. 이때 권한이란 특정인이 특정 요소에 대해 소유권을 갖고 수정하거나 작업하고 있다는 것을 나타내는 정보로 레빗에서 권한을 가지면 다른 사람들은 같은 요소에 대해 수정할 수 없고 어떤 권한도 가질 수 없습니다. 따라서 실시간으로 수정된 정보들을 확인할 수는 없지만 권한을 통해 누가 어느 부분을 작업하고 있는지는 알 수 있습니다.

특정 요소의 권한을 얻는 방법

일반적으로 특정 요소에 대한 권한을 가지려면 해당 요소의 정보나 속성을 바꾸거나 위치를 수정하는 등 프로젝트 내에서 직접 뭔가 작업을 해야 합니다. 하지만 때로는 해당 요소를 클릭만 해도 권한이 생기는 경우도 있습니다.

> 특정 요소의 권한을 얻는 방법은 동일한 네트워크에 있는 두 명 이상의 사용자가 실제로 있어야 하므로 따로 실습하지 않습니다.

일단 권한을 가지면 권한자가 [중앙 파일]에 동기화해 권한을 양도하고 정보를 저장하기 전에는 다른 사람이 수정할 수 없습니다. 따라서 다른 사람이 권한을 가진 경우, 상대방에게 해당 요소에 대한 권한을 양도해달라는 요청을 해야 합니다. 요청을 보내면 작업하는 상대방에게 곧바로 전달되는데 권한자가 양도하면 요청인이 [다시 로드]나 동기화한 후 권한을 얻어 작업할 수 있습니다.

따라서 공동작업하는 파일을 열고 별다른 작업을 하지 않았더라도 [로컬 파일]을 열었다면 동기화하고 파일을 닫는 것이 안전하며 작업하지 않고 특정 정보를 확인하기 위해 파일을 열 경우, [중앙 파일]에서 분리해 여는 것이 가장 안전합니다.

동기화하지 않고 파일을 확인할 때 - [주 데이터 경로에서 분리]

만약 레빗 프로젝트를 열어 확인만 하거나 저장이 필요하지 않을 때는 파일을 열 때 [주 데이터 경로에서 분리]해 여는 것이 가장 바람직합니다. 파일을 [주 데이터 경로에서 분리]하면 해당 파일은 중앙 파일과 전혀 상관없는 독립적인 파일로 생성되며 중앙 파일과 네트워크로 연결되지 않으므로 무슨 작업을 해도 상관없고 나중에 저장하지 않고 파일을 닫아도 아무 문제가 없습니다. 정리하면 [주 데이터 경로에서 분리]는 동기화하지 않아도 되고 중앙 파일에 전혀 영향을 미치지 않아 중앙 파일을 여는 가장 안전한 방법입니다.

주 데이터 경로에서 분리하기

:: 예제 파일 [10장] 폴더/[본문 실습] 폴더/Collaborate-1.rvt

1. 프로젝트를 열기 위해 [열기]를 선택합니다.

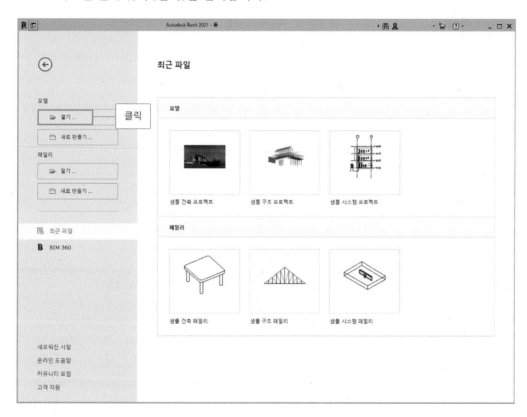

2. [열기] 팝업 창에서 예제 파일 [Collaborate-1.rvt]를 선택하고 팝업 창의 아래쪽에 있는 [주 데이터 경로에서 분리] 박스를 클릭해 체크합니다. 그리고 [열기] 버튼을 누릅니다.

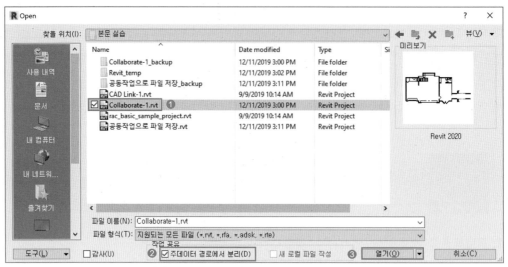

공동작업으로 설정되지 않은 파일은 [주 데이터 경로에서 분리] 체크 박스가 비활성화되어 있습니다. 공동작업이 가능한 파일로 만드는 방법은 337쪽을 참고하세요.

3. [중앙 파일에서 모델 분리] 팝업 창에서 [작업 세트 분리 및 유지]를 선택합니다.

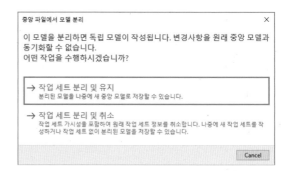

🙌 **장선배의 노트** [중앙 파일에서 모델 분리] 팝업 창의 선택지에 대해 알려 주세요!

❶ **작업 세트 분리 및 유지** - 기존 중앙 파일로부터 작업 세트를 그대로 유지하면서 여전히 공동작업이 가능한 파일로 만들어 주는 옵션으로 주로 사용하는 방법입니다. 쉽게 말해 기존 중앙 파일과 네트워크 연결만 끊어질 뿐 똑같은 파일을 복사해 파일을 엽니다.

❷ **작업 세트 분리 및 취소** - 작업 세트 구분을 없애고 공동작업이 가능했던 파일에서 혼자만 열고 작업할 수 있는 일반 파일로 바꿔줍니다. 기존 중앙 파일에서 모든 정보를 가져오는 것은 맞지만 작업 세트가 없어지기 때문에 거의 사용하지 않습니다.

▶ 작업 세트에 대한 자세한 설명은 336쪽을 참고하세요.

4. 프로젝트가 열리고 화면 맨 위에 있는 파일 이름을 보면 분리된 파일인지 여부를 쉽게 확인할 수 있습니다.

공동작업 프로젝트에서 주의할 점

[중앙 파일과 동기화]하고 파일 닫기

일반적으로 다른 프로그램은 작업 내용이 개개인의 저장 공간에 독립적으로 저장되므로 파일을 열어 놓거나 저장하지 않아도 상관없습니다. 그러나 공동작업하는 레빗 프로젝트는 반드시 동기화하고 파일을 닫아야 합니다.

레빗에서 각자가 작업하는 로컬 파일은 중앙 파일과 네트워크로 연결되어 있으므로 자기만의 파일이라고 생각하면 안 됩니다. 특히 여러 사람이 작업하다 보면 중앙 파일이 제대로 작동하지 않아 중앙 파일을 복구해야 하는 상황이 생기는데요. 이때 로컬 파일 중 가장 최신 파일을 찾아 해당 파일을 다시 중앙 파일로 만드는 복구작업이 필요합니다. 그러나 만약 누군가가 파일을 열어 놓은 채 퇴근하면 해당 컴퓨터를 강제로 종료하지 않는 이상, 복구작업을 할 수 없습니다. 특히 마감이 임박한 시점에서 이런 사태가 발생하면 한 명 때문에 많은 사람이 작업하지 못합니다. 그러므로 공동작업 프로젝트의 경우, 작업을 마치면 항상 동기화하고 파일을 닫아야 합니다.

[중앙 파일과 동기화]하는 방법

[중앙 파일과 동기화]는 신속 접근 도구 막대의 [설정 동기화 및 수정]이나 [공동작업 탭 → 동기화 패널 → 중앙 파일과 동기화]에서 할 수 있습니다.

[중앙 파일과 동기화]에는 [설정 동기화 및 수정]과 [지금 동기화] 두 가지 옵션이 있는데요. [설정 동기화 및 수정]은 동기화하기 전 [중앙 파일과 동기화] 팝업 창에서 동기화 옵션을 설정할 수 있고 [지금 동기화]는 동기화를 곧바로 실행한다는 점에서 다릅니다. 일반적으로 프로젝트를 관리하는 BIM 매니저 외에는 동기화하기 전 설정을 변경하거나 선택할 필요가 없으므로 보통 [지금 동기화]를 이용해 동기화합니다.

👋 **장선배의 노트** [중앙 파일과 동기화] 팝업 창에는 어떤 옵션이 있나요?

❶ **중앙 모델 위치** - 네트워크 내의 중앙 모델의 위치를 보여줍니다.

▶ '중앙 모델'은 '중앙 파일'과 같습니다.

❷ **중앙 모델 압축(느림)** - 컴퓨터 하드 디스크를 압축하는 것처럼 이 기능을 주기적으로 실행하면 파일 크기를 조금이나마 줄일 수 있습니다. 그러나 동기화할 때 이 기능을

체크해 실행하면 동기화하는 데 훨씬 많은 시간이 걸리므로 BIM 매니저 외의 다른 사용자들은 일반적으로 사용하지 않습니다.

❸ **동기화 후 다음 작업 세트 및 요소 취소** - 동기화할 때 작업한 요소 및 작업 세트의 권한을 다른 사용자가 사용할 수 있도록 권한을 포기할 수 있습니다. 보통 작업한 내용이나 업데이트된 정보들이 자동으로 체크되므로 설정을 변경할 필요는 없습니다.

❹ **중앙 파일과의 동기화 이전 및 이후 로컬 파일 저장** - 동기화할 때 중앙 파일에 저장하는 동시에 각자의 로컬 파일에도 업데이트된 정보를 저장하는 것으로 일반적으로 항상 체크하는 것이 좋습니다.

[새 로컬 파일 작성] 체크하고 프로젝트 열기

공동작업 프로젝트를 열 때는 항상 [새 로컬 파일 작성]을 체크해 열어야 합니다. 이 옵션이 체크되어 있지 않으면 중앙 파일을 직접 열 수도 있기 때문입니다. 따라서 다른 프로그램 파일을 여는 것처럼 파일을 더블 클릭해 프로젝트를 열지 않도록 항상 주의해야 합니다.

👋 **장선배의 노트** **공동작업 파일을 사용할 때는 항상 조심해야 해요!**

공동작업 파일은 말 그대로 여러 사람이 동시에 작업하는 파일이므로 다양한 문제가 발생할 수 있습니다. 따라서 개인의 편의보다 프로젝트 내의 규칙이나 BIM 매니저의 지시를 따라 파일을 이용해야 합니다. 지금 소개한 내용만 숙지해도 다른 사람에게 피해를 주는 것은 충분히 막을 수 있으니 실무에서 레빗을 사용할 때는 위의 내용을 반드시 기억하고 작업하세요.

10-2 작업 세트 사용하기

공동작업과 마찬가지로 실무에서 레빗을 직접 사용해 보기 전에는 작업 세트를 사용해 볼 기회가 거의 없습니다. 따라서 막상 실무에서 가장 많이 혼동하며 실수하는 부분 중 하나가 작업 세트와 관련된 것입니다. 실무에서 작업할 때 필수적으로 알아야 하는 작업 세트를 다루는 방법과 레빗이나 캐드 파일 등을 프로젝트 내로 가져오는 방법 등을 살펴보며 실무에서 좀 더 효율적으로 작업할 수 있도록 준비해 보겠습니다.

작업 세트 만들기

레빗을 사용해도 모든 파일에서 공동작업이 가능한 것은 아닙니다. 공동작업이 가능한 파일로 바꾸지 않으면 여러 사람이 동시에 작업하고 저장하는 것이 불가능합니다. 따라서 두 명이상의 사용자가 동시에 작업하려면 먼저 '작업 세트'를 만들어 공동작업이 가능하도록 프로젝트 파일을 바꿔야 합니다.

작업 세트란 의미가 조금 다르지만 캐드의 '레이어(Layer)'와 비슷한 개념이라고 볼 수 있습니다. 작업 세트는 프로젝트 규모가 크거나 작업 구성원 수가 많을 때 사용해 작업효율을 높이는 데 많은 도움이 됩니다. 예를 들어 많은 3D 요소들이 존재하는 대규모 프로젝트의 경우, 불필요한 요소에 해당하는 작업 세트를 닫으면 작업 속도를 높일 수 있고 필요하면 원하는 작업 세트에 속한 모든 요소의 권한을 갖는 것도 가능합니다. 따라서 공동작업으로 설정된 대규모 프로젝트의 경우, 작업 세트를 어떻게 나누고 설정하느냐가 전체 프로젝트의 효율을 좌우할 만큼 중요합니다.

> **장선배의 노트**   실무에서는 작업 세트를 위치나 레벨로 나눠요!
>
> 실무에서 작업 세트를 나누는 방법은 여러 가지인데요. 단일 건물의 경우, 일반적으로 가장 많이 사용하는 방법은 '위치'에 따라 구분하는 것입니다. 이 방법은 지하 부분을 하나의 작업 세트로 지정하고 대지, 건물 내부, 건물 외부 등으로 작업 세트를 나누는 것입니다. 이후 필요하면 작업 세트를 더 세분화할 수도 있는데요. 건물이 크고 3D 패밀리가 많이 존재하는 경우, 건물 내부 작업 세트를 '레벨'에 따라 각 레벨 작업 세트(레벨 1, 레벨 2, …)로 더 세분화하기도 합니다.

공동작업이 가능한 파일로 바꾸기 – 작업 세트 만들기

:: 예제 파일 [10장] 폴더/[본문 실습] 폴더/rac_basic_sample_project.rvt

레빗에서 작업 세트와 공동작업은 연결되어 있습니다. 작업 세트가 있는 파일은 공동작업이 가능한 파일임을 의미하며 작업 세트가 없는 파일은 아직 공동작업이 설정되지 않은 파일이라고 보면 됩니다. 이제 작업 세트를 만들어 프로젝트 파일을 공동작업이 가능하도록 설정해보겠습니다.

1. 예제 파일을 열고 프로젝트 탐색기에서 [평면 → Level 1]을 클릭해 뷰를 이동합니다.

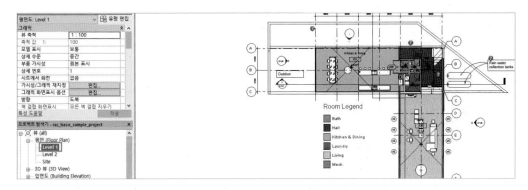

2. 리본 영역 선택하기

예제 파일을 열고 [공동작업 탭 → 공동작업 관리 패널 → 공동작업]을 클릭합니다.

▷ A360 애드인을 설치하지 않았다면 화면이 다르게 보일 수도 있습니다.

3. [공동작업] 팝업 창이 뜨면 개인 컴퓨터나 회사 네트워크에 저장하기 위해 첫 번째 옵션인 [네트워크 내에서]를 선택하고 [확인]을 누릅니다.

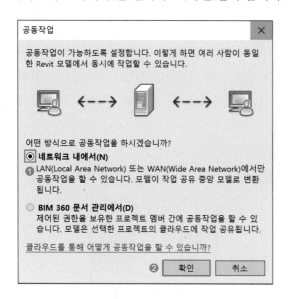

👋 **장선배의 노트** [공동작업] 팝업 창은 무엇을 의미하나요?

레빗 2016 버전까지는 중앙 파일을 만들면 개인 컴퓨터나 네트워크로 연결된 회사 서버의 저장 공간에만 저장할 수 있었습니다. 하지만 2017 버전부터는 오토데스크에서 제공하는 클라우드 공간인 A360에 중앙 파일을 저장할 수 있게 되었습니다. 그래서 이 팝업 창에서 중앙 파일을 개인이나 회사 네트워크에 저장할지 아니면 A360에 저장할지 묻는 것입니다.

두 번째 옵션인 [BIM 360 문서 관리에서]를 선택하면 오토데스크에서 운영하는 A360 사이트에 파일을 저장합니다. 그러나 인터넷 연결이 되어 있어야만 작업이 가능하므로 일반적으로 많이 사용하지 않습니다.

4. [작업세트1]과 [공유 레벨 및 그리드]라는 작업 세트가 생성됩니다. 도면 영역의 아래쪽을 보면 작업 세트가 프로젝트에 생성된 것을 알 수 있습니다.

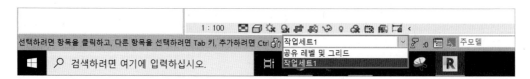

5. [작업세트1]에는 레벨과 그리드를 제외한 모든 요소들이 자동으로 포함되며 레벨과 그리드는 [공유 레벨 및 그리드]에 포함됩니다.

[공동작업 → 공동작업 관리 패널]에서 [활성 작업 세트]를 바꿔가며 [비활성 작업 세트를 회색으로 표시]를 선택하면 현재 작업 세트를 제외한 다른 작업 세트의 요소가 회색으로 표시되어 어느 요소가 어느 작업 세트에 지정되어 있는지 쉽게 확인할 수 있습니다.

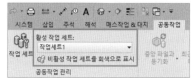

▶ 치수나 문자 등은 뷰 특정 요소이므로 작업 세트를 지정할 수 없어 항상 회색으로 표시됩니다.

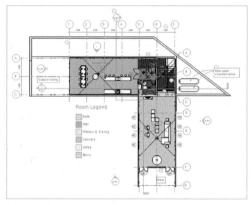

[작업세트1] 선택

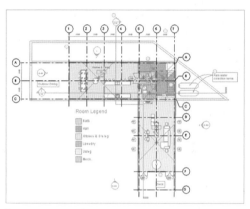

[공유 레벨 및 그리드] 선택

6. 파일을 저장하기 위해 [파일 → 다른 이름으로 저장 → 프로젝트]를 클릭합니다.

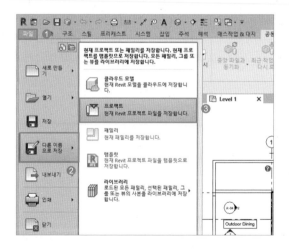

7. 팝업 창이 뜨면 파일 이름을 [공동작업으로 파일 저장]으로 입력하고 [저장] 버튼을 누르면 중앙 파일이 생성됩니다.

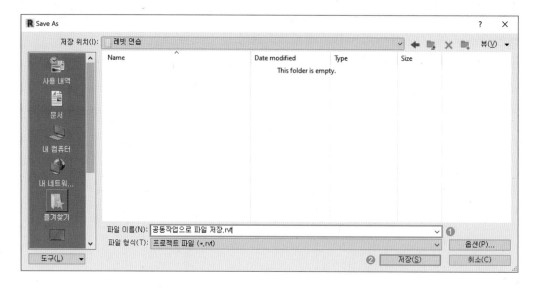

8. 저장하고 나면 신속 접근 도구 막대에서 [저장] 버튼이 비활성화되고 [설정 동기화 및 수정] 버튼이 활성화된 것을 확인할 수 있습니다. 이것은 중앙 파일로 저장되었음을 의미합니다.

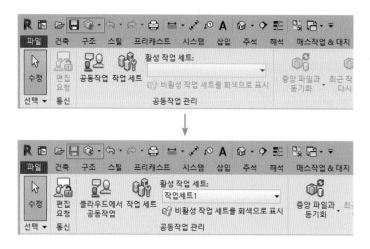

작업 세트 수정하기

작업 세트 정보는 도면 영역의 아래쪽 중앙에서 확인하고 바꿀 수 있습니다. 현재 열고 있는 작업 세트의 이름을 여기서 확인할 수 있고 [드롭다운 화살표]를 클릭해 원하는 작업 세트로 변경할 수도 있습니다. 단순히 작업 세트를 변경하는 것이 아니라 작업 세트를 수정하고 싶다면 작업 세트 이름 칸 왼쪽에 있는 [작업 세트]를 클릭하면 뜨는 팝업 창에서 수정할 수 있습니다.

▶ [작업 세트] 아이콘을 누르면 작업 세트를 만들 때 나타났던 팝업 창이 뜹니다.

작업 세트를 수정할 때   다른 작업 세트로 변경할 때

:: 예제 파일 [10장] 폴더/[본문 실습] 폴더/공동작업으로 파일 저장.rvt

직접 해보세요! 작업 세트 추가하기

앞에서 설명한 것처럼 공동작업이 가능하도록 설정된 파일에는 기본적으로 [공유 레벨 및 그리드]와 [작업세트1] 등의 작업 세트가 있습니다. 이제 프로젝트에 필요한 작업 세트를 추가하는 방법에 대해 살펴보겠습니다.

1. 중앙 파일 준비하기

작업 세트를 추가하려면 먼저 중앙 파일로 만들어야 합니다. 337쪽 '[직접 해보세요!] 공동작업이 가능한 파일로 바꾸기'를 실습하고 오지 않았다면 다시 돌아가 실습하고 오세요. 실습을 거쳐 [공동작업으로 파일 저장.rvt] 파일을 생성했다면 파일을 닫습니다.

2. 중앙 파일 열기

레빗을 실행하고 [열기...]를 클릭합니다.

3. [Open] 팝업 창에서 [공동작업으로 파일 저장.rvt]를 선택하고 [열기]를 누릅니다.

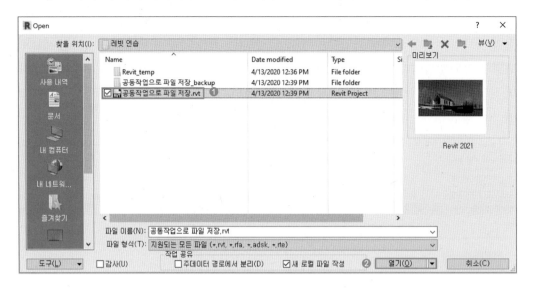

4. 리본 영역 선택하기

작업 세트 팝업 창을 열기 위해 화면 아래쪽 중앙의 [작업 세트] 아이콘을 클릭하거나 [공동작업 탭 → 공동작업 관리 패널 → 작업 세트] 아이콘을 클릭합니다.

5. [작업 세트] 팝업 창의 오른쪽 위에 있는 [새로 만들기] 버튼을 클릭합니다.

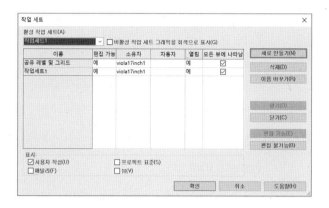

6. [새 작업 세트] 팝업 창에서 [새 작업 세트 이름 입력] 부분에 [새로운 작업 세트 생성]을 입력하고 [확인]을 누르면 작업 세트가 생성됩니다.

🖐 **장선배의 노트** [작업 세트] 팝업 창의 항목에 대해 설명해 주세요!

❶ **활성 작업 세트** - 캐드의 '현재 레이어'와 비슷한 개념으로 현재 설정된 작업 세트를 보여주는 칸이며 새 요소를 추가하면 이곳에 작업 세트로 추가됩니다.

❷ **비활성 작업 세트 그래픽을 회색으로 표시** - 이 옵션을 체크하면 [활성 작업 세트]가 아닌 다른 작업 세트에 속한 요소는 회색으로 나타납니다. 다음 그림을 보면 [공

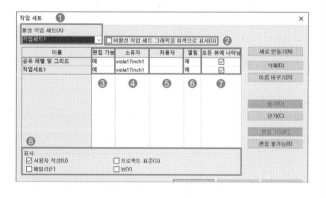

유 레벨 및 그리드]가 활성화된 경우, 레벨과 그리드를 제외한 모든 요소가 회색으로 나타나지만 [작업세트1]이 활성화되면 다시 원래 색으로 바뀝니다.

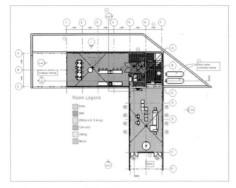

[공유 레벨 및 그리드] 활성화   [작업세트1] 활성화

❸ **편집 가능** - 작업 세트의 편집 가능 여부를 보여줍니다. 보통 공동작업 프로젝트의 경우, 모든 작업 세트의 [편집 가능] 상태가 [아니오]로 설정되어 있습니다. [아니오]로 설정되어 있으면 오른쪽 위의 버튼들이 비활성화되므로 수정하고 싶다면 [편집 가능] 상태를 먼저 [예]로 바꿔야 합니다. 보통 실무에서는 [아니오]로 설정해 쉽게 변경할 수 없게 해 둡니다.

❹ **소유자** - 작업 세트의 소유자를 보여주는 칸으로 작업 세트의 [편집 가능]을 변경할 때 사용자 이름이 이곳에 나타납니다. 앞에서 말한 '권한'을 가진 사람의 이름이 여기에 나타납니다.

▶ 권한에 대한 자세한 설명은 330쪽을 참고하세요.

❺ **차용자** - 작업 세트에 속한 요소를 수정할 때 수정하는 사용자의 이름을 보여주는 칸입니다.

❻ **열림** - 캐드에서 레이어를 끄고 켜는 기능과 비슷한 개념으로 [예]는 작업 세트가 열려 있어 화면에서 보인다는 의미이고 [아니오]는 해당 작업 세트가 닫혀 있어 보이지 않는다는 의미입니다.

❼ **모든 뷰에 나타남** - 이 옵션을 체크하지 않으면 해당 작업 세트의 모든 요소들이 모든 뷰에서 보이지 않습니다. 이 옵션을 체크하지 않은 작업 세트에 속한 요소를 나타내고 싶다면 해당 뷰의 가시성/그래픽을 조절해야 합니다. 이 기능도 혼동을 불러일으킬 수 있으므로 보통 체크한 상태로 유지하며 BIM 매니저가 관리합니다.

❽ **표시** - 일반적으로 [사용자 작성]만 체크해 사용합니다. [패밀리]는 패밀리의 유형과 종류에 따른 작업 세트 구성 방식을 나타내며 [프로젝트 표준]은 말 그대로 프로젝트 내의 표준에 따라 작업 세트를 구성해 보여줍니다. [뷰]는 각 뷰의 종류와 이름에 따라 작업 세트를 보여줍니다.

10-3 레빗에서 캐드 다루기

레빗으로 프로젝트를 진행하더라도 지적도나 측량도를 사용해 프로젝트의 위치와 기준점을 정할 때는 캐드 파일을 사용해야 하는 경우가 종종 있습니다. 이때를 대비해 레빗에서 캐드 파일을 가져오는 방법과 지적도를 이용해 지형을 모델링하는 방법을 배워 보겠습니다.

[CAD 링크] vs [CAD 가져오기]

캐드 파일을 레빗으로 가져오는 방법에는 [CAD 링크]와 [CAD 가져오기]가 있습니다. 두 가지 방법 모두 캐드 파일을 레빗 프로젝트로 불러들인다는 점에서는 같지만 [CAD 링크]로 가져온 캐드 파일은 나중에 캐드 파일을 수정해 저장했을 때 [다시 로드]해 업데이트된 캐드 정보를 프로젝트에 반영할 수 있는 반면, [CAD 가져오기]로 가져온 캐드 파일은 같은 캐드 파일에 수정된 정보를 저장해도 수정된 정보를 레빗 프로젝트로 가져올 수 없습니다. 따라서 잠시 참고할 목적으로 캐드 파일을 가져올 때는 [CAD 가져오기] 방법을 사용해도 되지만 일반적으로 실무에서는 [CAD 링크]로 캐드 파일을 불러옵니다.

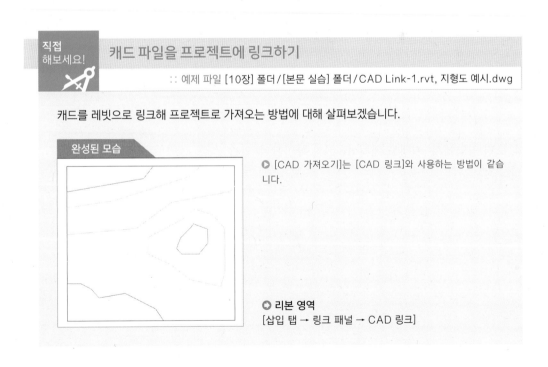

직접 해보세요! **캐드 파일을 프로젝트에 링크하기**

:: 예제 파일 [10장] 폴더/[본문 실습] 폴더/CAD Link-1.rvt, 지형도 예시.dwg

캐드를 레빗으로 링크해 프로젝트로 가져오는 방법에 대해 살펴보겠습니다.

완성된 모습

▶ [CAD 가져오기]는 [CAD 링크]와 사용하는 방법이 같습니다.

◉ **리본 영역**
[삽입 탭 → 링크 패널 → CAD 링크]

1. 예제 파일을 열고 프로젝트 탐색기에서 [평면 →
Site]를 더블 클릭해 엽니다.

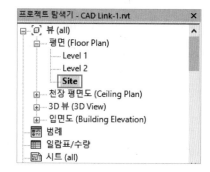

2. 리본 영역 선택하기

[삽입 탭 → 링크 패널 → CAD 링크] 아이콘을 클릭합
니다.

3. [CAD 형식 링크] 팝업 창에
서 [지형도 예시.dwg]를 선택
해 [열기] 버튼을 누릅니다.

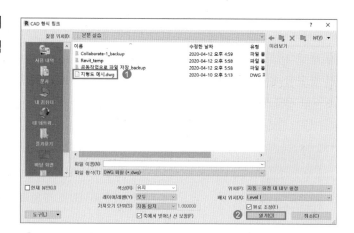

4. 도면 영역에서 [지형도 예시.dwg]를 확인할 수 있습
니다.

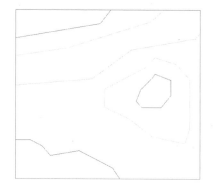

[CAD 링크]를 누르면 나오는 [CAD 형식 링크] 팝업 창에서 레빗 프로젝트로 불러올 캐드 파일의 설정을 변경할 수 있습니다.

❶ **현재 뷰만** - 일반적으로 캐드 파일을 프로젝트로 가져오면 모든 뷰에서 보입니다. 그러나 이 옵션을 체크하면 캐드 파일을 가져왔을 때 링크를 실행한 뷰에서만 보이고 다른 뷰에서는 볼 수 없습니다. 뷰 특정 요소처럼 다른 뷰에는 나타내지 않고 오직 하나의 뷰에서만 나타내고 싶을 때 이 옵션을 체크합니다. 여기서 기억할 것은 다른 뷰와 달리 3D 뷰에서는 이 기능이 비활성화되므로 사용할 수 없다는 것입니다.

❷ **색상** - 캐드를 가져올 때 그래픽을 [반전], [흑백], [유지] 세 가지 옵션 중에서 선택할 수 있습니다. [반전]은 캐드의 그래픽을 반대로 바꿔 불러오는 것으로 어두운 색이 밝은 색으로 바뀌고 [유지]는 캐드의 그래픽을 변경 없이 그대로 불러오며 실무에서 가장 많이 사용합니다. [흑백]은 캐드의 그래픽을 흑백으로 바꿔 불러옵니다.

| [반전]을 선택한 경우 | [흑백]을 선택한 경우 | [유지]를 선택한 경우 |

▶ 실무에서 [유지] 옵션을 가장 많이 사용하는 이유는 나중에 [가시성/그래픽]에서 뷰의 사용 목적에 따라 색상이나 선 두께를 조정할 수 있기 때문입니다.

❸ 레이어/레벨 - 캐드 파일의 레이어 중 어느 레이어를 가져올지 정하는 옵션으로 [모두], [보이는 경우], [지정] 세 가지 옵션이 있습니다. [모두]는 모든 레이어, [보이는 경우]는 캐드 파일 내에서 켜져 있는 레이어만, [지정]은 원하는 레이어를 정해 불러옵니다.

실무에서는 특별한 경우가 아니면 [모두]로 설정합니다. [보이는 경우]나 [지정]은 파일을 가져온 이후 [다시 로드]해도 다른 레이어를 불러올 수 없기 때문입니다. 따라서 [모두]로 모든 레이어를 가져온 후 [가시성/그래픽]에서 뷰의 사용 목적에 따라 불필요한 레이어를 끄는 것이 효율적입니다.

❹ 가져오기 단위 - 캐드 파일 단위를 지정할 수 있는 옵션으로 일반적으로 [자동 탐지]로 설정하면 사용하는 데 큰 문제가 없습니다.

❺ 축에서 벗어난 선 보정 - 이 옵션을 체크하면 파일을 레빗으로 불러올 때 0.1°보다 작은 범위 내에서 축으로부터 약간 벗어난 선을 자동으로 수정해 가져옵니다. 보통 실무에서는 체크한 상태로 사용합니다.

❻ 위치 - 캐드 파일을 가져올 때 어느 곳을 기준점으로 가져올지 결정하는 것으로 [자동 - 중심 대 중심], [자동 - 원점 대 내부 원점], [자동 - 공유 좌표별], [수동 - 원점], [수동 - 중심]의 다섯 가지 방법이 있습니다.

옵션	내용
자동 - 중심 대 중심	캐드 파일의 중심을 레빗 프로젝트의 중심으로 불러들입니다.
자동 - 원점 대 내부 원점	캐드 파일의 원점(0,0,0)을 레빗 프로젝트의 원점으로 가져옵니다. 공유 좌표가 설정되어 있지 않은 경우, 일반적으로 많이 사용하는 방법입니다.
자동 - 공유 좌표별	두 파일 사이에 공유 좌표가 설정되어 있는 경우, 공유 좌표를 기준으로 파일을 불러들입니다.
수동 - 원점	레빗 프로젝트에서 클릭하는 지점이 가져오는 캐드 파일의 원점이 됩니다.
수동 - 중심	레빗 프로젝트에서 클릭하는 지점이 가져오는 캐드 파일의 중심이 됩니다.

▶ [자동 - 원점 대 내부 원점]을 선택하는 것만 알고 넘어가면 됩니다. 자세한 내용은 심화 과정이므로 이 책에서는 생략합니다.

❼ 배치 위치 - 캐드 파일을 가져올 레벨을 정할 수 있습니다.

❽ 뷰로 조정 - 프로젝트 내에서 진북(True North)과 도북(Project North)이 다를 때 유용하게 사용하는 옵션입니다. 이때 진북이란 실제 북쪽 방향을 의미하며 도북은 도면상의 위쪽 방향입니다. 이 내용은 중급자 이상이 이해할 수 있는 내용이므로 자세한 설명은 생략하겠습니다. 단, [축에서 벗어난 선 보정]과 마찬가지로 체크한 상태로 사용한다는 것만 기억하세요.

레빗에서 대지의 모양이나 형태를 표현할 때는 지형면을 사용합니다. 등고선 정보가 있는 캐드 파일을 이용하면 레빗에서 지형면을 쉽게 만들 수 있습니다. 지형면을 만드는 방법에 대해 살펴보겠습니다.

완성된 모습

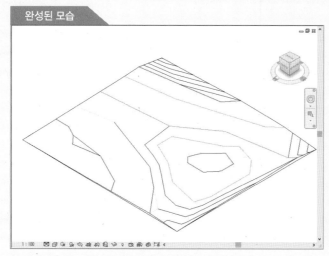

○ **리본 영역**
[매스작업 & 대지 탭 → 대지
모델링 패널 → 지형면]
[수정 | 표면 편집 탭 → 도구
패널 → 가져오기에서 작성 →
가져오기 인스턴스 선택]

1. 리본 영역 선택하기

지형면을 만들기 위해 [매스작업 & 대지 탭 → 대지 모
델링 패널 → 지형면]을 선택합니다.

○ 345쪽 '[직접 해보세요!] 캐드 파일을 프로
젝트에 링크하기'가 선행되어야 합니다.

2. [수정 | 표면 편집 탭 → 도구 패널 → 가져오기에서 작성 → 가져오기 인스턴스(instance) 선택]을 클릭합니다.

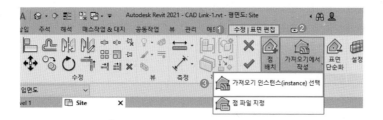

3. 도면 영역에서 [지형도 예시.dwg]
를 클릭합니다.

4. 캐드 파일을 선택하면 [선택된 레이어에서 점
추가] 팝업 창이 뜨는데요. 캐드 파일의 레이어
중에서 지형면으로 작성하고 싶은 레이어를 선
택할 수 있습니다. 이 예제의 경우, 캐드 파일에
있는 모든 선을 선택해야 하므로 [모두 선택]을
클릭해 모든 레이어를 선택하고 [확인]을 누릅
니다.

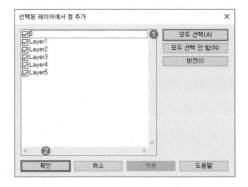

5. 지형면 생성을 완료하려면
[수정 | 표면 편집 탭 → 표면 패널
→ 표면 마감]을 클릭합니다.

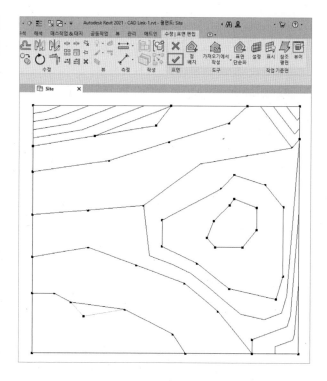

6. 프로젝트 탐색기에서 [3D 뷰 → {3D}]를 누르면 지형면이 생성된 것을 알 수 있습니다.

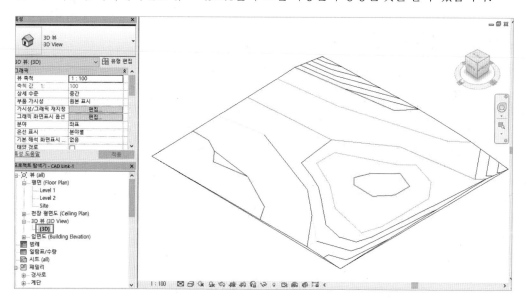

패밀리

패밀리는 레빗에서 가장 중요한 요소인 동시에 가장 어렵고 복잡하므로 초보자가 자세히 이해하기는 어렵습니다. 따라서 부록에서는 실무에서 반드시 필요한 패밀리의 기본 개념만 설명하겠습니다. 여기서 배우는 시스템 패밀리와 매개변수의 기본 개념만 이해하면 레빗의 기본 과정은 충분히 이해했다고 할 수 있습니다.

패밀리란?

반복적으로 사용하는 요소를 묶어 그룹을 지어놓으면 작업속도가 훨씬 빨라집니다. 이런 기능을 캐드에서 '블록' 명령어가 담당했다면 레빗에서는 '패밀리'가 담당합니다. 캐드의 블록과 비슷하게 레빗의 패밀리도 수정이 빠르고 간편하다는 장점이 있습니다. 문 패밀리를 프로젝트에 로드해 여러 곳에 넣었다고 가정해 봅시다. 만약 문을 조금 수정하고 싶다면 모든 곳을 클릭해 수정하는 것이 아니라 패밀리 파일만 수정하면 됩니다. 다시 말해 패밀리 파일을 열어 정보를 변경하고 저장해 다시 로드하면 프로젝트에 있는 모든 문 패밀리가 일괄적으로 업데이트됩니다.

매개변수로 만드는 패밀리의 유형

오직 하나의 유형만 담을 수 있던 캐드의 블록과 달리 패밀리는 매개변수를 이용해 여러 가지 유형을 만들 수 있습니다.

문을 예로 들어 설명하겠습니다. 하나의 프로젝트 내에는 수많은 문이 있기 마련이죠. 일반적으로 그중 유리창이 없는 여닫이문을 하나로 묶어 다음 그림과 같이 하나의 패밀리(M_Single-

Flush)로 만듭니다. 그리고 이 패밀리 내에는 외형은 같
지만 크기가 다른 여러 유형을 만들어 사용합니다. 이
렇게 패밀리 내에서 다른 유형을 만들 때는 매개변수를
사용합니다.

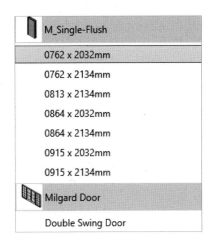

패밀리 매개변수의 종류

레빗에서 매개변수는 사용자가 특정 수치나 설정을 효율적으로 조절하고 관리하기 위해 사
용하는 요소입니다. 매개변수의 종류로는 프로젝트 매개변수, 패밀리 매개변수, 공유 매개변
수, 전역 매개변수 네 가지가 있습니다. 이런 매개변수는 레빗에서 가장 포괄적인 이해가 필
요한 부분이므로 초보자가 이해하고 사용하기에는 어렵습니다. 따라서 이 책에서는 패밀리
매개변수만 살펴보겠습니다.

패밀리 매개변수는 사용 방법과 특징에 따라 유형 매개변수(Type Parameter)와 인스턴스 매
개변수(Instance Parameter)로 나뉩니다. 두 매개변수는 특징이 다르므로 각 매개변수의 특징
과 용도를 정확히 이해하고 적절히 이용해야 좋은 패밀리를 만들 수 있습니다.

유형 매개변수

유형 매개변수는 말 그대로 패밀리의 유형을 만드는 매
개변수입니다. 예를 들어 오른쪽 그림의 직사각형 기
둥 패밀리에는 [475 x 475 mm], [475 x 610 mm],
[610 x 610 mm] 세 가지 유형이 있습니다. 이렇게 서
로 다른 깊이와 폭을 가진 것을 미루어 보면 이 기둥 패
밀리에서 유형은 기둥의 깊이와 폭으로 나눠진다는 것
을 알 수 있습니다. 이때 깊이와 폭에 적용하는 것이 바
로 유형 매개변수입니다.

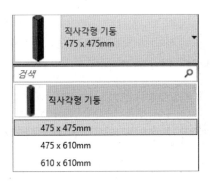

 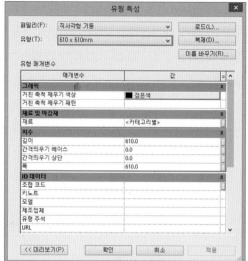

일반적으로 패밀리에서 유형 매개변수는 치수에 많이 사용되는데요. 이것은 보통 하나의 패밀리에 여러 크기의 유형이 존재하기 때문입니다. 앞에서 언급한 문 패밀리도 디자인이나 외관, 재료 등은 모두 같지만 다양한 크기의 문이 필요하므로 크기와 관련된 치수를 유형 매개변수로 조절한 것입니다. 만약 치수에 유형 매개변수를 적용하지 않는다면 유형의 개수만큼 패밀리 파일이 필요해 작업이 번거로워집니다.

유형 매개변수가 치수에 많이 적용되기는 하지만 반드시 치수에만 적용되는 것은 아닙니다. 하나의 패밀리 내에서 특정 정보에 따라 유형이 달라지면 유형 매개변수를 적용할 수 있습니다. 예를 들어 앞의 직사각형 기둥에서 기둥 재료도 유형에 따라 다르다면 재료도 유형 매개변수를 적용해 조절할 수 있습니다. 이처럼 레빗에서 유형 매개변수는 패밀리에 가변성과 유연성, 효율성 등을 제공하는 유용한 요소입니다.

인스턴스 매개변수

인스턴스 매개변수는 패밀리의 유형과 상관없이 각 패밀리 요소마다 다른 정보를 넣을 수 있도록 도와주는 매개변수입니다. 앞에서 언급한 직사각형 기둥 패밀리를 예로 들면 같은 [475 x 475 mm] 유형의 기둥이더라도 인스턴스 매개변수는 다를 수 있습니다. 다시 말해 인스턴스 매개변수는 패밀리의 유형과 상관없이 각 요소에 독자적으로 적용하는 변수이므로 같은 유형의 패밀리더라도 인스턴스 매개변수는 다를 수 있고 다른 유형의 패밀리더라도 인스턴스 매개변수는 같을 수 있습니다.

다시 기둥을 예로 들어 설명하겠습니다. 직사각형 기둥 패밀리를 선택해 특성 창을 살펴보면

[베이스 레벨], [상단 레벨], [상단 간격띄우기] 등의 [구속조건]이 있는데요. 이것은 패밀리의 유형과 상관없이 각 요소가 생성된 위치를 보여주는 정보이므로 모두 인스턴스 매개변수에 속합니다. 달리 말해 다른 크기나 다른 유형의 기둥이더라도 같은 레벨에서 생성된 기둥은 모두 인스턴스 매개변수인 [베이스 레벨]에 같은 레벨 정보로 입력됩니다.

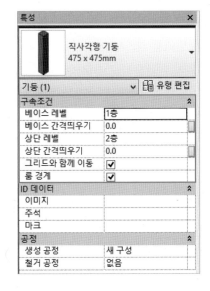

✋ 장선배의 노트 유형 매개변수와 인스턴스 매개변수를 쉽게 구분하는 방법은 없나요?

프로젝트에서 특정 요소를 선택하면 특성 창에 보이는 정보들이 인스턴스 매개변수에 해당하며 특성 창의 [유형 편집]을 선택해 나타나는 [유형 특성] 팝업 창에서 보이는 정보들이 유형 매개변수에 해당합니다. 또한 [유형 특성] 팝업 창은 프로젝트에서 요소를 선택한 후 [수정 | OO 탭 → 특성 패널 → 유형 특성]을 클릭해 열 수도 있습니다. 이때 OO은 선택한 요소의 카테고리를 의미합니다. 예를 들어 기둥을 선택하면 [수정 | 기둥] 탭이 나타나며 벽을 선택하면 [수정 | 벽] 탭이 나타납니다.

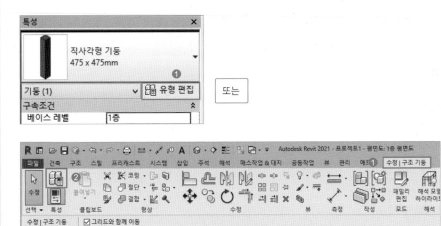

시스템 패밀리

패밀리는 시스템 패밀리, 로드 가능한 패밀리, 내부 패밀리 세 가지 종류로 나뉩니다. 그중 가장 자주 사용하고 건물의 기본 골격을 표현하는 시스템 패밀리만 이 책에서 다루겠습니다.

시스템 패밀리에는 건물을 형성하는 벽, 바닥, 천장, 계단 등의 기본 요소들이 포함됩니다. 또한 프로그램 내에 기본적으로 내장되어 있으므로 새로운 패밀리를 쉽게 만들거나 지울 수도 없습니다. 예를 들어 벽에서 특정 유형을 지울 수는 있지만 벽 패밀리를 모두 지울 수는 없고 최소한 한 가지 유형은 남겨 둬야 합니다. 만약 모두 삭제할 수 있다면 [벽] 아이콘을 눌러 벽을 생성할 때 아무 것도 나타날 것이 없다는 것을 생각하면 쉽게 이해할 수 있습니다. 따라서 기존 시스템 패밀리와 다른 새로운 패밀리가 필요하다면 기존 유형 중 하나를 선택해 복사하고 수정해 새로운 유형을 만드는 것이 유일한 방법입니다.

앞에서 말했듯이 시스템 패밀리는 레빗에 기본적으로 저장되어 있으므로 임의로 프로젝트로 로드할 수 없고 독립적인 파일로 존재하지도 않습니다. 따라서 다른 프로젝트에서 똑같은 시스템 패밀리가 필요하다면 단순히 복사해 붙여넣기하거나 [관리] 탭의 [프로젝트 표준 전송] 기능을 이용해야 합니다. [프로젝트 표준 전송]에 대한 자세한 내용은 뒤이어 나오는 실습으로 배우겠습니다.

▶ [프로젝트 표준 전송]으로 시스템 패밀리뿐만 아니라 그래픽 설정 등 다양한 정보와 설정을 주고받을 수 있습니다.

☑ 객체 스타일	☑ 배선 설정	☑ 입면도 유형	☑ 콜아웃 태그
☑ 거터 설정	☑ 배선 유형	☑ 입체 문자 유형	☑ 키노트 설정
☑ 건물 유형 설정	☑ 배선 표준 유형	☑ 재료	☑ 탐색기 구성
☑ 경사 유리 유형	☑ 벽 스윕 유형	☑ 전기 부하 분류	☑ 태양 설정
☑ 경사로 유형	☑ 벽 유형	☑ 전기 설정	☑ 파이프 설정
☑ 계단 경로 유형	☑ 보강 철근 피복 설정	☑ 전기 청구 요소 정의	☑ 파이프 세그먼트
☑ 계단 난간 유형	☑ 분배 시스템	☑ 전선관 크기	☑ 파이프 시스템 유형
☑ 계단 유형	☑ 뷰 참조 유형	☑ 전압 유형	☑ 파이프 유형
☑ 공간 유형 설정	☑ 뷰 템플릿	☑ 절단 마크 유형	☑ 파이프 일람표 유형
☑ 공정 설정	☑ 뷰포트 유형	☑ 조합 코드 설정	☑ 패널 일람표 템플릿 - 데이터 패널
☑ 구조 설정	☑ 상단 난간 유형	☑ 주석 패밀리 레이블 유형	☑ 패널 일람표 템플릿 - 분기 패널
☑ 그리드 유형	☑ 색상 채우기 스키마	☑ 중간색 및 언더레이 설정	☑ 패널 일람표 템플릿 - 스위치 보드
☑ 기본 분할 설정	☑ 선 두께	☑ 지붕 유형	☑ 프로젝트 매개변수
☑ 기초 슬래브 유형	☑ 선 스타일	☑ 지붕 처마밑면 설정	☑ 프로젝트 정보
☑ 단면도 유형	☑ 선 패턴	☑ 지정점 치수 설정	☑ 플렉시블 덕트 유형
☑ 대지 설정	☑ 수정기호 설정	☑ 채우기 패턴	☑ 플렉시블 파이프 유형
☑ 덕트 규격	☑ 슬래브 모서리 설정	☑ 채워진 영역 유형	☑ 필터
☑ 덕트 설정	☑ 시공 유형	☑ 처마돌림 설정	☑ 하중 유형
☑ 덕트 시스템 유형	☑ 와이어 단열재 유형	☑ 천장 유형	☑ 해석 링크 유형
☑ 덕트 유형	☑ 와이어 설정	☑ 철근 배근 설정	☑ 핸드레일 유형
☑ 레벨 유형	☑ 와이어 온도 등급 유형	☑ 치수 스타일	☑ 화살촉 스타일
☑ 면적 및 체적 계산	☑ 와이어 유형	☑ 커튼 시스템 유형	
☑ 모서리 받침 유형	☑ 와이어 재료 유형	☑ 커튼월 유형	
☑ 문자 유형	☑ 와이어 크기	☑ 케이블 트레이 설정	
☑ 바닥 유형	☑ 유체 유형	☑ 케이블 트레이 유형	
☑ 반복 상세정보 유형	☑ 인쇄 설정	☑ 케이블 트레이 크기	

프로젝트 표준 전송이 가능한 목록

[프로젝트 표준 전송]을 이용해 벽 유형 복사하기

:: 예제 파일 [부록] 폴더/Project Standard-1.rvt, Project Standard-2.rvt

[프로젝트 표준 전송]은 시스템 패밀리를 프로젝트 사이에 복사할 때 유용하게 쓰입니다. 시스템 패밀리에 속하는 벽 유형을 [프로젝트 표준 전송]을 이용해 복사해 보겠습니다.

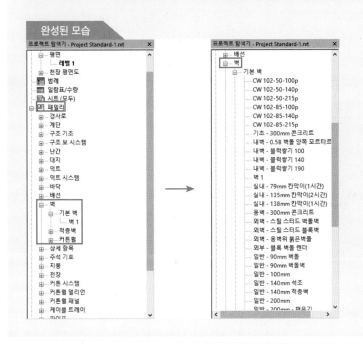

1. 예제 파일(Project Standard-1.rvt)을 열고 프로젝트 탐색기에서 [패밀리 → 벽 → 기본 벽]을 선택하면 벽 유형이 [벽 1] 밖에 없는 것을 확인할 수 있습니다.

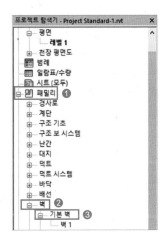

2. 이제 [Project Standard-1.rvt]로 벽 유형을 복사해 가져올 예제 파일(Project Standard-2.rvt)을 열기 위해 [파일 → 열기 → 프로젝트]를 클릭합니다.

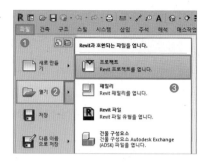

3. 팝업 창에서 [Project Standard -2.rvt]를 선택하고 [열기]를 눌러 예제 파일을 엽니다.

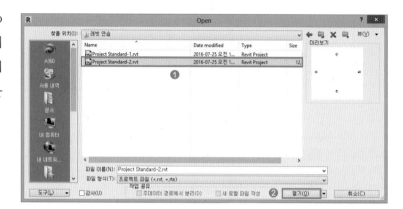

4. 이제 예제 파일(Project Standard-1.rvt)로 다시 이동하기 위해 신속 접근 도구 막대에서 [창 전환 → Project Standard-1.rvt - 구조 평면: 레벨 1]을 선택하거나 뷰 탭의 [레벨 1]을 클릭합니다.

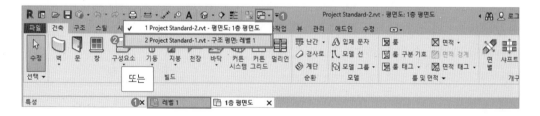

5. 리본 메뉴 선택하기

현재 창을 [Project Standard-1.rvt]로 이동한 후 [관리 탭 → 설정 패널 → 프로젝트 표준 전송]을 클릭합니다.

6. [복사할 항목 선택] 팝업 창에서 복사 위치가 [Project Standard-2.rvt]인 것을 확인하고 [모두 선택 안 함]을 선택해 선택된 항목을 모두 없앱니다. 그다음 [벽 유형]만 체크하고 [확인]을 누릅니다.

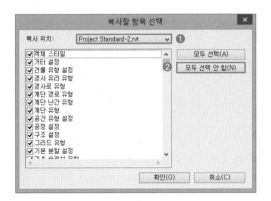 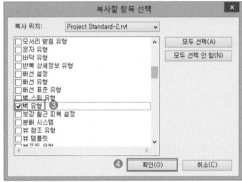

7. [복제 유형] 팝업 창에서 [덮어쓰기]를 선택합니다.

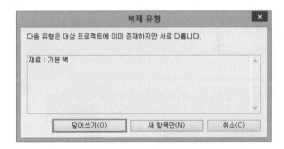

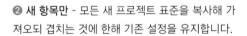 **[복제 유형] 팝업 창의 옵션에 대해 설명해 주세요.**

❶ 덮어쓰기 – 모든 새 프로젝트 표준(예제에서는 모든 벽 유형)을 복사해 가져오고 겹치는 것에 한해 새 프로젝트 표준으로 재지정합니다. 예제에서는 [덮어쓰기]를 클릭했을 때 [재료: 기본 벽]이 동일하므로 현재 설정이 새 프로젝트 표준으로 바뀝니다.

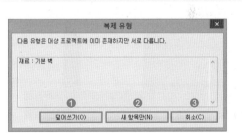

❷ 새 항목만 – 모든 새 프로젝트 표준을 복사해 가져오되 겹치는 것에 한해 기존 설정을 유지합니다.

❸ 취소 – 말 그대로 프로젝트 표준 전송을 취소합니다.

8. [Project Standard-2.rvt]의 벽 유형이 [Project Standard-1.rvt]에 그대로 복사되었습니다.

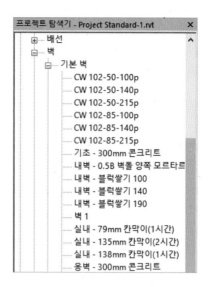

일반 패밀리 VS 개념 매스 패밀리

개념 매스(Conceptual Mass)는 패밀리의 일종으로 일반 패밀리와 용도가 약간 다릅니다. 이번에는 개념 매스와 패밀리 사이에 어떤 상관 관계가 있고 차이점은 무엇인지 살펴보겠습니다.

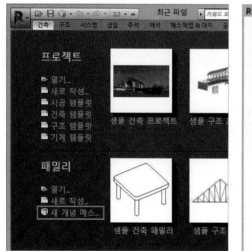 

▶ 레빗 2018 버전까지는 레빗 프로그램을 열면 다음 그림과 같이 새 개념 매스 패밀리가 보였지만 2019 버전 레빗부터는 나타나지 않습니다.

패밀리에는 가구, 문, 창과 같이 다양한 종류의 패밀리가 있으며 이런 패밀리의 종류를 레빗에서는 '카테고리'라고 부릅니다. 그리고 새로운 패밀리를 생성할 때 카테고리별로 패밀리 템플릿이 다르므로 원하는 카테고리의 패밀리 템플릿을 열어 패밀리를 생성해야 합니다. 예를 들어 가구 패밀리를 생성하려면 가구 패밀리 템플릿을 열어야 하고 문 패밀리를 생성하려면 문 패밀리 템플릿을 열어 작업해야 합니다. 이처럼 개념 매스도 패밀리의 일종으로 '매스'라는 카테고리에 속하는 패밀리입니다.

개념 매스는 일반적으로 단순한 모양의 매스를 만들어 디자인할 때 주로 사용하는 패밀리이지만 일반 패밀리를 만들 때도 사용할 수 있습니다. 다시 말해 일반적으로 가구 패밀리를 만들려면 가구 패밀리 템플릿을 사용하지만 개념 매스 템플릿를 이용해 가구를 생성할 수도 있다는 말입니다.

각 카테고리 패밀리 템플릿은 용도와 필요에 맞게 기본 설정이 되어 있으므로 패밀리를 생성할 때 좀 더 편리합니다. 개념 매스 패밀리는 일반 패밀리 템플릿과 달리 3D 뷰에서 레벨과 참조 평면 등을 볼 수 있으므로 복잡한 모델링을 할 때 좀 더 편리합니다. 따라서 개인 선호도나 상황에 맞게 두 가지 패밀리 중 하나를 선택해 패밀리를 생성하면 됩니다.

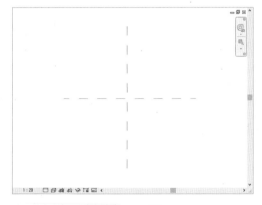

가구 패밀리의 2D 시작 화면

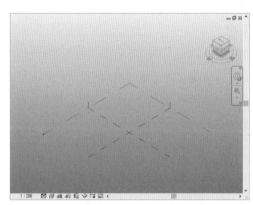

개념 매스의 3D 시작 화면

단, 개념 매스 템플릿를 이용하는 경우, 저장할 때 반드시 패밀리 용도에 맞게 적절한 카테고리로 변경해야 합니다. 예를 들어 개념 매스 템플릿을 이용해 가구 패밀리를 만들었다면 나중에 반드시 카테고리를 '매스'에서 '가구'로 변경해야 합니다. 그렇지 않으면 가구 패밀리를 아무리 만들었더라도 레빗에서는 매스 패밀리로 인식합니다.

실무에서 패밀리를 실제로 사용하는 사람은 고급 기능까지 통달한 레빗 전문가라고 할 수 있습니다. 그렇지 않은 일반인은 이 책에서 다룬 내용을 숙지하고 이미 만들어진 패밀리를 가져와 사용하기만 해도 실무에서 사용하는 데 문제없을 것입니다. 덧붙여 모델링 후 바로 렌더링할 수 있는 다른 프로그램과 달리 레빗에서는 렌더링도 패밀리에 대한 이해가 바탕되어야 합니다. 따라서 이 책에서는 렌더링에 대해서는 다루지 않습니다.

레빗 2021 신기능

1. 경사벽

벽을 생성한 후, 손쉽게 경사벽(Slanted Wall)으로 변경할 수 있는 횡단면(Cross-Section) 매개변수가 벽 카테고리에 추가되었습니다. 벽을 선택하고 특성 창의 [횡단면] 매개변수를 [수직]에서 [경사]로 변경한 후, [수직에서의 각도]에 원하는 각도를 입력하면 경사벽으로 변경됩니다.

이와 더불어 벽에 있는 문이나 창문도 경사벽의 각도에 맞춰 방향을 변경할 수 있는 [방향] 역시 문과 창문의 매개변수로 추가되었습니다. 아래 그림과 같이 창문의 [방향]을 [수직]에서 [경사]로 변경하면 경사벽의 각도에 맞춰 문과 창문이 정렬됩니다.

2. PDF 파일 가져오기

레빗 2021 이전 버전에서는 캐드 파일이나 이미지 파일만 레빗으로 가져올 수 있었습니다. 하지만 레빗 2021 버전부터는 [삽입] 탭의 [링크 PDF]나 [PDF 가져오기] 기능을 사용하면 PDF 파일을 레빗으로 가져올 수 있습니다.

[링크 관리] 팝업 창에도 [PDF] 탭과 [이미지] 탭이 추가되어서 PDF 파일과 이미지 파일을 쉽게 레빗으로 가져와서 관리할 수 있게 되었습니다.

링크 이름	상태	참조 유형	위치 저장되지 않음	저장된 경로	경로 유형	로컬 별칭

3. 제너레이티브 디자인

제너레이티브 디자인(Generative Design)은 디자인하려는 대상의 필요 조건과 환경, 목표 등을 매개변수로 지정하면 프로그램이 이 조건 안에서 만들 수 있는 모든 디자인을 옵션으로 제공해서 사용자가 그 내용을 바탕으로 디자인을 도출해내는 과정을 말합니다.
[관리 탭 → 제너레이티브 디자인 패널]에 [연구 작성]과 [결과 탐색] 아이콘이 추가되어 제너레이티브 디자인을 레빗에서도 적용할 수 있게 되었습니다.

4. 태그 패밀리를 요소의 각도에 맞춰 회전하기

태그 패밀리에 [구성요소와 함께 회전] 매개변수가 추가되었습니다. 이 매개변수에 체크하고
태그 패밀리를 프로젝트로 가져오면 태그가 각 요소의 각도에 맞게 회전됩니다.

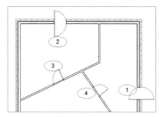
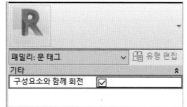
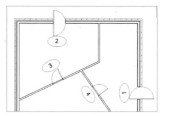

5. 필터 사용 옵션

가시성/그래픽 팝업 창에서 [필터] 탭으로 이동하면 [필터 사용]이라는 옵션이 추가되었습니
다. 2021 이전 버전에서는 필터를 더 이상 사용하지 않을 경우 필터를 제거해야 했지만, 2021
버전부터는 필터를 굳이 제거하지 않아도 [필터 사용] 옵션으로 필터 사용 여부를 조절할 수 있
습니다.

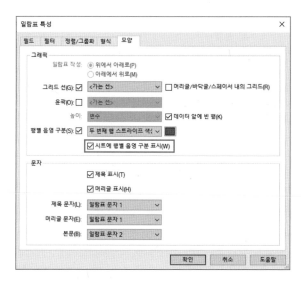

6. 일람표의 [시트에 행별 음영 구분 표시] 옵션

일람표의 각 행에 흰색과 지정한 색을 번갈아 가며 적용하는 [시트에 행별 음영 구분 표시] 옵션이 추가되었습니다. 일람표 팝업 창의 [모양] 탭에서 [시트에 행별 음영 구분 표시]를 적용하면 지정한 색과 흰색이 번갈아 가며 나타납니다.

이외에도 패밀리에서 보이드 형상을 조절하기 위한 [형상 절단] 기능이 추가되었고, [사실적 비주얼 스타일] 기능이 개선되는 등 다양한 부분이 향상되었습니다.

한글

평면도 그리기부터 치수 문제 해결까지!
초보자도 6일이면 설계 도면 그린다!

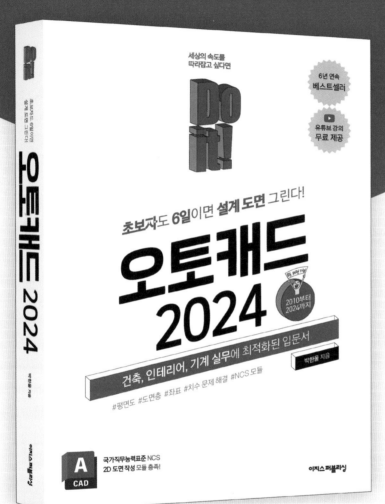

6년 연속
베스트셀러!

매년 새 버전으로
업그레이드되는 책!

유튜브
동영상 강의
100강!

지금 당장
써먹는
도면으로
배운다!

캐드 고수의
노하우
모음.zip!

프로에게
배우는
사진 노하우
&
카메라
제대로 쓰는 법

**DCM 일본 프로 사진가들의
테크닉 모음집 시리즈 [전 6권]**

미즈노 카츠히코 외 지음
세트 가격 129,600원

프로 사진가들의
아름다운 사진 촬영법

나도 한번쯤 아름다운 사진을
찍어보고 싶다!

하기하라 시로 외 지음 | 27,000원

프로 사진가 92명의
사진 구도와 풍경 사진

전문가의 비법이 담긴
'구도 가이드' 부록 수록!

하기하라 시로 외 지음 | 27,000원

프로 사진가들이 사용하는
노출과 조리개값

지루한 개념은 이제 그만.
38가지 프로 테크닉으로 빛을 정복하자

요코기 아라오 외 지음 | 27,000원

프로 사진가들이 알려주는
사진 촬영 특강

사진 초보자를 위한
카메라 걸음마 교실!

후쿠다 켄타로 외 지음 | 27,000원

프로 사진가들의
사진 보정과 렌즈 활용법

프로는 연장을 탓하지 않고,
과하게 보정하지 않는다!

이시다 아키히사 외 지음 | 27,000원

전문 사진가
68명의 실전 촬영법

일본 최고 사진 전문가들의
진솔한 이야기

미즈노 카츠히코 외 지음 | 27,000원

4차 산업 혁명 시대
꼭 읽어야 할
데이터 과학

빅데이터의 다음 단계는
예측 분석이다

이제 예측 분석의 키워드를
이해하는 기업만 살아남는다!

에릭 시겔 지음 | 18,000원

데이터는 어떻게
자산이 되는가?

데이터 산업의 모든 것!
데이터 수집·생성부터
유통·생태계까지!

김옥기 지음 | 18,000원

기계는 어떻게
생각하는가?

4차 산업 혁명을 이끌 창의적인
개발자·CTO를 위한
인공 지능 교양서!

숀 게리시 지음 | 18,000원